近代史資料

专刊

鄂州血史

EZHOU XUESHI

蔡寄鸥 著

本书叙述辛亥革命的情况。记事以湖北、武汉为主，兼及各地。其时间自1900年唐才常自立军之役起，至1913年末，赣宁之役结束，『国会』被解散，袁世凯完全『篡窃』了政权为止。武昌起义时，著者在武汉参与其事，所记不少为亲身经历。书中所叙起义前湖北、武汉社会和革命党人活动的情况，起义当时的一些过程，起义后湖北地区政治、军事，文化各方面的变迁，等等，均较详细，可作为研究辛亥革命史的参考资料。

中国社会科学院近代史研究所《近代史资料》编译室 主编

知识产权出版社
全国百佳图书出版单位

内容提要

本书叙述辛亥革命的情况。记事以湖北、武汉为主，兼及各地。其时间自1900年唐才常自立军之役起，至1913年末，赣宁之役结束，“国会”被解散，袁世凯完全“篡窃”了政权为止。

武昌起义时，著者在武汉参与其事，所记不少为亲身经历。书中所叙起义前湖北、武汉社会和革命党人活动的情况，起义当时的一些过程，起义后湖北地区政治、军事、文化各方面的变迁，等等，均较详细，可作为研究辛亥革命史的参考资料。

责任编辑：兰　涛

图书在版编目（CIP）数据

鄂州血史/中国社会科学院近代史研究所《近代史资料》编译室主编．—北京：知识产权出版社，2013.1

（近代史资料专刊）

ISBN 978-7-5130-1676-6

Ⅰ.①鄂…　Ⅱ.①中…　Ⅲ.①辛亥革命—史料—湖北省　Ⅳ.①K257.2

中国版本图书馆CIP数据核字（2012）第255824号

近代史资料专刊

中国社会科学院近代史研究所

《近代史资料》编译室　主编

鄂州血史

蔡寄鸥　著

出版发行：知识产权出版社

社　址：	北京市海淀区马甸南村1号	邮　编：	100088
网　址：	http://www.ipph.cn	邮　箱：	bjb@cnipr.com
发行电话：	010-82000860转8101/8102	传　真：	010-82000860转8240
责编电话：	010-82000860转8325	责编邮箱：	lantao@cnipr.com
印　刷：	北京中献拓方科技发展有限公司	经　销：	新华书店及相关销售网点
开　本：	787mm×1092mm　1/16	印　张：	18.25
版　次：	2013年1月第1版	印　次：	2013年1月第1次印刷
字　数：	272千字	定　价：	50.00元

ISBN 978-7-5130-1676-6/K·158(4525)

再版前言

《近代史资料专刊》是由中国社会科学院近代史研究所《近代史资料》编译室主持编辑的专题性近代史资料的总称。《近代史资料》编译室以整理发表近代历史最新资料为职志，也是国内从事近代史料整理编辑工作最早的机构。自1954年组建以来，经过几代学者不间断地努力，先后编辑出版了120余期的《近代史资料》刊物、数十部《近代史资料专刊》及《北洋军阀》等大型专题史料集，为新中国近代史学的建立和发展、为新中国史学工作者的成长都做出了应有的贡献，在海内外均具有较大影响。

《近代史资料》编译室最初叫《近代史资料》编辑组。近代史研究所成立初期，为推动中国近代史学科的建设与发展，在所长范文澜先生主持下，于1954年成立了以荣孟源先生为主编的《近代史资料》编辑组，负责近代史料的搜集整理，编辑出版《近代史资料》期刊。郭沫若院长亲自为《近代史资料》题写了刊名。除“文革”时期曾一度被迫停刊外，数十年来《近代史资料》编译室坚持为近代史学术研究与教学服务为宗旨的办刊理念，陆续整理刊出1840~1949年间中国政治、经济、文化、军事等各方面的档案文献史料，受到广大读者的肯定和欢迎。因《近代史资料》期刊每期的容纳量仅有20万字左右，针对篇幅较大、期刊无法容纳的专题性史料，从1957年开始又创办《近代史资料专刊》，专门发表专题史料，不定期出版。以

《近代史资料专刊》名义出版这些专题史料，不仅选题精道，而且篇幅容量较大，内容充实丰富。某个专题的新史料一次性大量公布出版，往往会对于相关领域或专题的研究起到极大的推动作用，如《太平天国史料》、《山东义和团案卷》、《辛亥革命先著记》以及《一九一九年南北议和资料》等。可以说，这些《近代史资料专刊》的整理出版，都曾为推动相关领域的研究发挥过重要作用，许多都已成为该领域研究必不可少的基础史料。

因为种种原因，20 世纪 80 年代中期以后，《近代史资料专刊》的编辑出版一度中断。但是实际上编译室的同仁并未曾停止专题性史料的整理工作，也陆续整理出版了《梦蕉亭杂记》、《民国人物碑传集》和《翁文灏日记》等，只是未加以专刊之名。近年来，在所领导的支持和学界朋友的鼓励下，我们在坚持编辑《近代史资料》期刊的同时，尝试着恢复了这项传统工作，先后又以《近代史资料专刊》的名义出版了《抗战时期西北开发档案史料选编》和《倪嗣冲函电集》。然而，对于那些由于出版年代较久，如今已流传较少的专刊史料，精选其中部分重新再版，于学术研究及文化保存也是一件很有意义的事情。此次重新整理再版的《近代史资料专刊》，最早出版的一本是 1957 年由科学出版社出版的《辛亥革命先著记》，距今已超过半个世纪，最晚的是 1984 年由齐鲁书社出版的《太平军北伐资料选编》，距今也近三十年了。因为出版时间较久，特别是早期的版本现在存世很少，随着社会经济的发展和对历史文化的重视、中国近代史研究者的更新换代，以及研究思想与方法的变化等因素的影响，许多旧的历史结论已经成为陈迹，在审读史料中重构历史，解读其中未曾被重视的历史信息，已经越来越为新的研究者们重视。因此重新整理发表这些珍贵史料，也具有重要的学术价值和不可替代的作用。

此次再版《近代史资料专刊》，不是简单的旧籍重印，而是将过去 50 余年中陆续刊出的史料予以重新整理，并按照近代历史发展时序重新编排。各卷目次、初版时间及出版社名称如下：

《鸦片战争时期思想史资料选辑》，中华书局 1963 年版。

《太平天国资料》，科学出版社 1959 年版。

《太平天国文献史料集》，中国社会科学出版社 1982 年版。

《太平军北伐资料选编》，齐鲁书社 1984 年版。

《山东义和团案卷》（上、下），齐鲁书社 1980 年版。

《义和团史料》（上、下），中国社会科学出版社 1982 年版。

《筹笔偶存》，中国社会科学出版社 1983 年版。

《庚子纪事》，科学出版社 1958 年版，中华书局 1978 年再版。

《杨儒庚辛存稿》，中国社会科学出版社 1980 年版。

《辛亥革命先著记》，科学出版社 1957 年版。

《鄂州血史》，龙门联合书局 1958 年版。

《云南杂志选辑》，科学出版社 1958 年版。

《云南贵州辛亥革命资料》，科学出版社 1959 年版。

《辛亥革命资料类编》，中国社会科学出版社 1981 年版。

《华侨与辛亥革命》，中国社会科学出版社 1981 年版。

《徐树铮电镐》，中华书局 1963 年版。

《一九一九年南北议和资料》，中华书局 1962 年版。

《秘笈录存》，中国社会科学出版社 1983 年版。

《五四爱国运动》（上、下），中国社会科学出版社 1979 年版。

《五四运动回忆录》，中华书局 1959 年版。

《陆海军大元帅大本营公报选编》，中国社会科学出版社 1981 年版。

《陕甘宁边区参议会文献汇辑》，科学出版社 1958 年版。

以上凡 22 种 25 册，约 1000 余万字。

再版整理工作采取极为审慎的态度，并遵循以下基本原则：

1. 初版之时的序、前言或编者说明之类的文字原则上不再重印，由再版整理者重新编辑说明，对初版整理工作给予必要的介绍和说明。

2. 对于原稿或初版时因印刷等原因存在的明显讹误之处，再版整理者径加改正；对于校勘修订之处，均于舛误文字后加正文，并以〔 〕号标明；脱字或无法辨识者，标以□号；漏字增补者，以【 】号标明；疑问处加（?）标明；原稿文中加注之处，原为双行排印者，均改为单行排印，或加（）标明，或用小字排印；原始资料行文或署名中并列双排者也均改为单行，个别文件除外；疑有脱字或衍文者，于页下脚注标出。

3. 个别史料中，同一人名、地名前后用字不统一的现象，记录史实前后矛盾或表述不一致的现象，均保留原样未予擅改；清朝或北洋政府文献中对革命党、起义民众等污蔑诋毁之词，也都一律保留原样，以存历史之真，均请读者使用中注意。

此次能将几十年间陆续出版的《近代史资料专刊》重新整理出版，要特别感谢知识产权出版社这种嘉惠学林的眼光与勇气。兰涛编辑不辞辛劳，往来联络指导，以及各位编辑的认真工作，都应该得到学界和社会的掌声。

参加此次再版整理编辑工作的有，《近代史资料》编译室的刘萍、卞修跃、孙彩霞和李学通。由于整理者水平有限，其中如有不当之处，尚请读者批评指正。

李学通

中国社会科学院近代史研究所
《近代史资料》编译室　主任
2012 年 9 月

编辑说明

《鄂州血史》是叙述湖北辛亥革命历史的重要著述，也是研究辛亥武昌首义的重要参考资料。本书是蔡寄鸥的遗作，经《近代史资料》编译室编辑整理，于 1958 年由龙门联合书局出版。

蔡寄鸥（1889—1954），原名天宪，又名乙青，号乌台。湖北黄安人。早年由蒋翊武介绍加入中国同盟会，辛亥革命后转为国民党党员。辛亥前后历任《民心报》、《震旦民报》、《大汉报》和《正义报》等报刊编辑、主笔、主编。《鄂州血史》系作者根据自身见闻、访问笔记，并结合当时报刊、档案等资料撰写的以湖北地区为主的辛亥革命历史。该书起自 1900 年唐才常的自立军之役，至 1913 年赣宁之役、袁世凯解散国会为止。

作者是辛亥武昌起义的亲历者、参与者，其所述许多事件均为亲身经历，因此对于起义前湖北、武汉地区的社会状况、革命党人的组织及活动情况，起义的具体过程，以及起义后湖北地区政治、军事、文化各方面的变迁，黎元洪与袁世凯的关系，特别是革命党内部不同组织派系间的分歧、分合等，都有较为详细的记录和描述，颇有参考价值。

全书共分为三十章，每章围绕一个主题展开。也许因为作者是记者出身，书中笔调生动，文学色彩颇浓，然而作者自己特别声明“有些地方像小说的写法，但绝对不是写小说”，“这全靠我当时亲身的经历”，或采访所得，或当时新闻与名人笔记的依据。书后附录有作者所列参考书目。当然也有一些记事或所录文件与其他著述有出入者，初版整理时编者对在史实上尚有疑问之处，于页下加注，供读者参考。此次再版整理工作，除将原繁体字改为简体外，仅就初版中个别文字、标点舛误之处略加修正，其余一仍其旧，以存史料原貌。因编者水平有限，错误之处尚请读者指正。

编　者

2012 年 9 月

目 录

第一章　唐才常血的评价

鸭蛋洲边的月夜　“星摇不定飕飕风，舟行无碍滔滔水。鸳鸯夜语菰蒲丛，有人独卧蓬窗底。”在蕲黄溯江而上的鸭蛋洲边，正值金乌西坠、玉兔东升的时候，有扁舟一叶，橹声欸乃，荡漾于芦苇丛中，渔火微明，村烟俱敛，但觉风声飒飒，流水潺潺。这时候虽是初秋，天气却有些寒冷。舟中有个少年，推窗外望，信口吟成四句诗。正在四顾苍茫万籁岑寂的时候，忽听得岸上有人呼道：“船来，船来！带我到汉口去。”少年听着呼唤的是北方的口音，向艄公讲道：“船老板，快拢岸吧，他是远路人，黑夜孤行，两头不遇店，怪可怜的，我们行点方便吧！”艄公冷笑道：“理他呢，天色黑了，他尽可到鸭蛋洲去投店。这时候赶船，晓得他是好人还是歹人？”岸上又喊道：“船老板，我是到汉口办药材的正当商人，带着银两走夜路，很危险的，你行点方便吧。要多少钱，我给多少钱，带我到汉口去。”船上的两位艄公听着这话，咬着耳朵，打了两句局子，就把船撑到岸边。只见那位客人，肩荷包裹，足登芒鞋，一跃上船，在船头盘膝而坐。舱内少年认为他是肩挑担荷、抱布贸丝的粗人，也就不同他攀谈。过一会儿，船上要做夜饭，在垂杨深处，暂行停泊。少年带着的一位随从，由舱里取出现成的酒肴来，也唤请那位客人一同饮啖。他并不谦让，也没有一句谢辞，酒吃醉了，饭吃饱了，他还是踞坐船头，靠着桅杆打瞌睡。这一夜，芦苇丛中，不时有小船走动着。两艄公喁喁私语，有一个用指头拨动唇舌，发出尖峭的啸声。那位客人叱问道：“有甚么响动吗？”一面问着，一面从包裹中抽出一柄宝剑，爬着桅杆，像猿猴一般轻捷地攀援到顶，探望一下，又如落叶一般地跳下船来，骂道："妈的，有我王老五在此，看你们有几个脑袋！"这两句话，舱内的少年听得亲切，才晓得那位客人是江湖上很有本领的强徒。原来这位少年，姓屈，名子厚，是麻城豪富人家的子弟。他进了秀才，在经心书院读书。此次从乡间来，带着行李箱笼同火食篮子，行色是极其壮丽的，所以引起强盗的觊觎，打算在中途打劫。幸亏有搭船的客人拔刀相助，才得化险为夷了。船到青山，用饭，天已大明，艄公也有事上坡去了。屈子厚把那位客人请进舱来用饭。问道："昨天夜晚，险遭不测，幸亏壮士保护，不然，我等性命休矣。请问壮士高姓大名？"客人道："你不认识我，我可认识你咧。你不是麻城秀才屈子厚吗？"子厚道："是，我们在那里会过，记不起来。"客人道："你和你的同学——天门胡石庵不是常到谭复生的寓所吗？我们在那里会过，我就是大刀王五。"子厚道："哦，是的，我们还联过诗，说起来，我们还是诗友。谭复生死的时候，有一首绝命诗：'望门投止思张俭，忍死须臾待杜根。我自横刀向天笑，去留肝胆两昆仑。'所说的两昆仑，据说一个是唐才常，一个是你，是不是？"王五道："正是。他未被逮捕的前两点钟，我向他提出保证，可以救他出京，劝他走，他立誓不走。他说：'要想立宪，就要流血。各国的宪法，都是血染成的。中国不曾流血，怎能够凭空掉下宪法来呢？要流血，就从我谭嗣同始。'说完了这几句话，就将他时常所舞的宝剑交给我，说道：'好朋友，你拿去作为纪念，凭着这只剑，斩他奸佞头。我死了，你们踏着我的血迹奋勇前进吧！'你看，这就是他的遗剑。"说着，从包裹中取出光芒夺目的宝剑，交给子厚玩赏。子厚玩赏良久，叹道："不错，这只剑叫做凤矩，另外还有一只名叫麟角，都是削铁如泥的利器。你看这上面刻着两行细字，不是他的双剑铭吗？"念道："横绝太空，高倚天穹。矧兹崆峒，蕤宾之铁。蚁鼻有烈，取之有截。"王五道："是的。那一只麟角剑，我给他殉葬了，他就义之后，丧葬的事是我替他料理的。"子厚道："复生太可惜了，可惜他走错了路。要想立宪，就要革命，谁教他保皇呢。为保皇而流血，太不值得。"王五道："你哪里知道，他本心并不保皇。在维新派中，他是主张硬干的激烈分子。可惜他死早了，要是他不死，很可以同兴中会的人同心协力地干。"子厚道："你从北方来，义和团的情况，究竟何如？"王五道："没有希望了。要想驱逐外寇，必须革命图强。他们拥戴西太后，岂不是大笑话？"子厚道："你到武汉来，为的甚么？"王五道："我因为接得唐才常的信，前来找他。听说他成立了五路的自立军，看他是怎样的做法。"子厚道："唐拂尘定有办法的。听说自立军的头目有好多兴中会的人，我的同学入会的也不少。你们江湖上的英雄，入会的也不少。"王五道："照这看来，你也是自立会的同志了。我想自立会一定不会保皇的。"子厚道："你怎见得？"王五道："要是保皇，他们反对保皇的人，岂肯加入？"子厚道："我也是这么想。"王五道："到了汉口，我们在拂尘那里会。地址在英租界汉报馆左隔壁，你晓得不？"子厚道："晓得。拂尘也有信给我。"说到这里，艄公二人在岸上吃酒吃得醉醺醺地回船来了。"逢人便说三分话，未可全抛一片心。"子厚和王五，便把话匣子收着，不再多说。船开了，一帆风顺，霎时间就拢了龙王庙码头。登岸的时候，王五向子厚叮嘱道："我住的地点你记得着么？在那里再见。"子厚道："记着了，我今天过江，往书院报到，明天再见。"

唐才常思想的矛盾　旧英租界与前后花楼街邻接的地方，有条横马路，名曰歆生路。因为当时的汉口巨商刘歆生，在英国洋行当买办，号称地皮大王，近英租界的地皮，有很多是他的，故名其路曰"歆生路"。路旁日本人所办的汉报馆左隔壁，有一所半西式的洋楼。门首挂着一块东文译社的招牌，楼下有一个客厅，一间阅报室，一间编译员的办事房。楼上一层，就是唐才常和林述唐的住所。室内写字台上，纵横地堆着洋装书和线装书。有卢梭的《民约论》和《忏悔录》，有孟德斯鸠的《万法新理》，有斯宾塞的《社会平均论》，有严译的《天演论》，有谭嗣同的《仁学》，有施耐庵的《水浒传》等书。壁上补白的，有朱元璋、洪秀全的画像，有戊戌六君子遗像，有孙中山、康南海、张南皮的近影，有世界地图，湖北、湖南两省分图，有灰绿粉红的中国国耻图。布置虽极其简单，但是充满着井井有条、簇簇生新的景象。来来去去的宾客，中国人也有，外国人也有，兴中会也有，保皇党也有，学生也有，青红帮也有，男的、女的、粗的、细的，形形色色的人都有。主人思想和机关组织的复杂，由这段描写，可以看得出来。革命欤？保皇欤？唐才常胸膛里面，一颗热腾腾活跃的心，好像自鸣钟内的摆，老是在两边摇摆着。他是湖南浏阳人，和谭嗣同是同乡，在南学会中都居于领袖地位，肝胆论交，极称莫逆。谭遇害后，他有一挽联，云："与我公别几何时，忽警电飞来，忍不随二十年刎颈交，同赴泉台，漫赢将去楚孤臣，箫声幽咽；近至尊刚廿一日，被群阴构死，甘永抛四百兆为奴隶，长埋地狱，只留得扶桑三杰，剑气摩空。"这副挽联，曰"孤臣"，曰"至尊"，明明是保皇的口气；曰"甘永抛四百兆为奴隶"，又是革命的口气了。尤其是令人费解的，是他自己所作的正气会序文，我把他录在下面：

> 四郊多垒，卿士之羞；天下兴亡，匹夫有责。忧宗周之陨，为将及焉；兴四方之瞻，蹙靡骋矣。昔者鲁连下士，蹈海而摈强秦；包胥忠臣，哭庭而存弱楚。蕞尔小国，尚挺英豪，讵以诸夏之大、人民之众、神明之胄、礼乐之邦，文酣武嬉，蚩蚩无睹，方领矩步，奄奄欲绝。低首腥羶，自甘奴隶，至于此极。将收江表王气，终于三百年乎？夫日月所照，莫不尊亲；君臣之义，如何能废？盘根所由别利器，板荡所以识忠臣。是以甘陵党部，范孟博志在澄清；宋室遗民，谢皋羽尝闻痛哭。诸君子者，人怀伟抱，世守忠贞。或功勋余荫，名缥天阁之家；或诗礼传人，领袖清流之望。当此楚氛甚恶，越甲尝鸣。讵知酣寝积薪之上，拱立岩墙之下。长蛇荐食，骑虎势成。将军何以得故宠？彼皆收用其私人；有粟岂得而食诸？无家何以为归矣！束手待毙，噬脐何及。所愿咸捐故态，同登正觉。卓荦为杰，发愤为雄。一鼓作气，喁然向风，上切不共戴天之仇，下存何以为家之思，庶竭一手一足之能，冀收群策群力之效。国于大地，必有与立。非我族类，其心必异。毋诱于势利，毋溺于奇衺。共图实际，勿盗虚声。俾中外系其安危，朝野倚为轻重。勿使新亭志士，寄感慨于山河；故宫旧臣，述哀思于禾黍。幸甚幸甚！嗟乎，地有横流之海，精卫思填；石当缺陷之天，女娲能补。任重道远，黾勉以赴。霜钟频警，辍笔怅然。

这篇文章，矛盾的地方太多了。既曰"非我族类，其心必异"，又曰“君臣之义，如何能废”。既不愿人当奴隶，又要勉人做忠臣。一面对兴中会谈革命，一面对康梁派谈保皇。两边讨好，实则两不讨好。唐才常的大好头颅，就是在这夹攻的中间断送的。

未曾动手先流血 唐才常准备起事的前夕，在东文译社的楼上，集合自立会的同志们，讨论大计。大刀王五、毕永年、屈子厚、胡石庵等，都在跟前。还有汉报馆的两个日本人，一个叫甲斐，一个叫田野橘次的，也在跟前。子厚问道：“拂尘，你准备起义，各路的军队都布置好了没有？”才常答道：“都布置好了。自立军分为五路：前军由秦力山统率，驻扎大通；后军由田邦濬统率，驻扎安庆；左军由陈犹龙统率，驻扎常德；右军由沈盖统率，驻扎新堤；中军由林圭统率，驻扎汉口。还要成立总会的亲军与先锋军，由我亲自统带，并指挥各路的军队。这里发动，各路都响应起来，声势还不够浩大吗？”甲斐说：“不见得吧。刚才我们报馆接着电讯说，秦力山在大通已经失败了。吴禄贞运动巡防营，又不曾得手。你这里没有得着报告吗？”才常惊道：“这消息的确吗？”田野橘次道：“本报特约专电，千真万确。”才常说：“既是如此，那就非速干不行。不然，我们就束手待死了。”王五说：“时局变得太狠。我从北方来的时候，西太后已经命令义和团同外国人开仗。你这次起事，还是用原来的勤王名义去打义和团呀？还是帮忙义和团去保卫西太后呢？”唐才常道：“把湖北、湖南占据了，再作道理。”石庵问道：“有那多的军队，饷在哪里？军火在哪里？你有准备没有？”唐默然。田野橘次道：“康先生和梁先生派他前来，一定有接济的，决不会教他做一个光杆总司令。”唐才常这时表现着很愤懑的态度说：“不提，提起来太伤脑筋。他们在南洋群岛募集了五十多万块钱，在坎拿大更筹得不少，叫我先到汉口，说饷和械马上运到。我留着林述唐在星加坡守候，屡次催问，他们拖延不理。我打了好几次电报去催他们，连电也不回。巧妇难为无米炊，教我有甚么法想呢？”甲斐道：“时局变了，各方面的人情也变了。这个地方是想不出甚么办法的。”唐才常道：“还有一点希望。林述唐有电报来，今天准到。他到了，械也有了，兵也有了。”毕永年道：“他又是哪来的钱？哪来的人？”田野橘次道：“还不是康先生和梁先生的运筹吗？”才常道：“不是的，是我的一个好朋友帮助。他姓邱，名叫菽园，在星加坡做寓公，曾办一报，名曰《天南新闻》。我曾经在他的报馆里头当过主笔，所以感情很好。现在他听说我在闹革命，急于要用钱，慷慨捐出三万元，交给述唐买枪，并介绍海上英雄三十人，组织敢死队，供我调遣。有了这一批接济，我们还怕甚么。”正说到这里，听得楼下一片哎唷啊嗬的声音，有几班码头工人，抬着木箱上楼，都盖着日本洋行的印记。林述唐在后面押着，一同上楼。才常喜道：“你们看，述唐果然回来了！”大众迎接述唐，相与握手为礼。甲斐道：“林先生一路辛苦，应该摆酒接风吧。”才常道：“我接得电报，晓得他今天准回，早已吩咐厨房把酒菜办好了，趁大家在此，正好痛饮一番。述唐，你带来的人呢？”述唐说：“人太多了，这里也容不下，又怕惹人注目。旅馆茶房接客的时候，我已经分派他们到各旅馆去了。”甲斐道：“几只箱子，都是装的军火吗？”述唐说：“是的。三万元到手，我都买了手枪。还有海上英雄三十人，每人随身都有。”甲斐说：“好，发难的时候，正是要用手枪。”坐了一会儿，厨房送上酒菜来，大家入席。才常道：“林同志万里长征，胜利回来，大家进一杯酒。干杯！干杯！”说毕，众同饮。才常又向王五举杯道：“王子宾同志是北方数一数二的英雄，我们加了生力军，应该进一杯酒。干杯！干杯！”说毕，众同饮。才常又向甲斐和田野橘次道：“日本豪杰，感谢你们赞助我等革命，大家进一杯酒。干杯！干杯！”说毕，众同饮。田野橘次一连饮了十几杯，向王五道：“我们这样饮，大概是哥老会的饮法吧？”才常道：“这不是哥老会的饮法，乃是香港流行的饮法。我曾在香港经过兴中会朋友的介绍，会见日本的革命文学家白浪滔天。他每次同革命党饮酒，老是这般痛痛快快的饮法。”他说到这里，笑道：“我有诗为证。诗曰：神州若大梦，醉眼为谁开；湖海诗千首，英雄酒一杯。”胡石庵、屈子厚两人都会做诗，接着和了几首，兹不备载。酒席散了，大家都吃醉了，唐才常坐在办事室里头写起义的命令，以七月三日（公历 7 月 28 日）为期。所有自立军运动的区域，如新堤、崇阳、监利、巴东、荆沙、麻城，处处都有密电或专人传递消息。起事的那一天，才常于百忙之中，抽出一点工夫来，唤来一个理发匠，上楼理发。盥洗既毕，理发匠拿着小刀，为他剃头。他忽然想起辜尚俊来，连忙喊道：“屈子厚，你快来，我派老辜今晚到汉阳布置，他去了没有?”屈子厚说：“我不晓得，刚才我还会着他，他在看报，好像没有事的样儿。”才常道：“险些误了大事，第一步，夺取龟山要紧。你快过河去，补送命令要紧。”屈子厚去了。理发匠听着此话心内一惊，手中的刀禁不住有些颤动，才常的额角被他割了一刀，涔涔地流出一淌血来。石庵在旁边站着，问道：“你这理发匠，心里想些甚么?”才常骂道：“他这不是剃头，简直是在杀头了。石庵，我想起剃头的两句诗，你记下来，‘未曾动手先流血，偶尔粗心便杀头’。”石庵说：“他太粗心，你也太大意了。”理发匠自称该死，说了一大套好话，才战兢兢地退下。你道这位理发匠是谁?他就是江汉道稽察长徐升派来的“水客”（替稽察处探消息的，谓之“水客”）。过了一会儿，汉口巡防营奉到密令，派遣大批军探，把汉报馆和东文译社围得水泄不通。屈子厚到汉阳去了，幸免于难。大刀王五拿着一只凤矩剑和军队厮杀，只见白光闪烁，像龙飞凤舞一般。进门的军探，很被他斫倒几个。冷不防枪声一响，王五的右腕中了一枪，才负痛突围而出。[1]会里头有一个江湖卖艺会踩软绳的女郎，帮着他杀了一阵，才把胡石庵和王五救出重围。后来石庵作《马上女儿传》一书，就是记载此时事实的。这次自立会机关的破获，计捕去唐才常、林述唐、唐才中、辜尚俊、张振声等三十余人。还有汉报馆几个日本人也同时被捕。那些住在后花楼旅馆的海上英雄，因为都有手枪，拒捕逃走的甚多；因为没有防备，被捕的也不在少数。唐才常被捕的时候，态度极其从容，解到巡防营时，口吟二绝如下：

> 新亭鬼哭月昏黄，我欲高歌学楚狂；莫谓秋声太肃杀，风吹枷锁满城香。低首为奴太可哀，同胞迷梦总难开；断头台上凄凉夜，多少朋侪唤我来。

张之洞斩唐才常　唐才常一批人犯解到巡防营，案子太大了，巡

---

[1] 按狄葆贤《平等阁笔记》（卷一）载：1900 年八国联军侵入北京后，王五“辄与其徒数十人日以杀此辈为事。十一月某日，有石某之宅为西兵围困，五经其地，愤与之斗，手杀数十人，继以中弹过多，遂被执。西人以为义和团之余党也，枪杀之，弃其尸。”梁启超说：王五于“庚子八月，为义和团所戕。”（见三联版《谭嗣同全集》第 496 页附注，引梁启超在谭嗣同著《秋雨年华之馆丛脞》书上的眉批）均与本书所记不同。

防营不敢处理，向湖广总督衙门请示。总督衙门回示道："大批匪党，不便解过江来，仰该营问了口供，再作道理。"当即派道员冯启钧前往讯问口供。被捕的日本人，由日本领事要去了。冯先提唐才常，拍案问道："唐才常，汝乃读书之人，为何造反？"唐答道："天下兴亡，匹夫有责，我要救国，并非造反。"冯问："勾结会匪，组织自立军，非造反而何？"唐答："张之洞想成立自立政府，才教我组织自立军，要说我造反，他就是造反的头子。"冯拍案厉声喝道："胡说。你明明是保皇党，也不应该造反呀？"唐答："想保皇，就保皇；要造反，就造反。"冯启钧因事关重大，不便再问，亲自到制台衙门报告情形。这时候，巡抚于荫霖正在同张之洞商量此事。冯禀道："唐才常勾结会匪起事，供认不讳。还有英国领事馆送来照会，指称内有大刀王五是义和团肇事的人，非缉拿归案不可。应如何办理，请大帅指示。"于荫霖道："王五在逃，通令缉拿。被捕的人一律斩决，不就结了吗？"张之洞沉默良久，捻须说道："唐才常住在英租界，是英领事许可的。这笔案子，也要知会英领事才好。"冯禀道："那却无妨。我们捉人和引渡，是经过英领事签字的。"张道："人捉得很多，也应该分别办理。所有会党，当然杀无赦。唐才常是有用之才，还有些年少无知的学生，我觉得要成全他们，为国家保持元气才是。"于正色答道："血性男儿，谁不爱国。读书种子，谁不怜才。但是为我朝大局着想，只有杀一人以安天下。我意已决，非杀不行。大帅要姑息养奸，我只有同你一路进京面圣了。"张怒道："你要参我吗？"于怒道："你包庇乱党，希图割据，我同你讲啥客气。"言时，以手拍案，声色俱厉。慌得冯启钧和文案房的几位师爷都上前来解围，才把于荫霖劝走了。这一天夜晚，汉口巡防营接到命令，在附近空坪之上，处决了唐才常、林述唐、唐才中、辜尚俊、张振声等三十余人。连同各地捕来的会党，共计不下百余人。

上海国会之解散 在庚子（1900）年义和团举事，清廷与帝国主义开衅期间，东南各省的封疆大吏，如袁世凯、刘坤一等，以东南互保名义，与英帝国主义者接洽。其时瓜分中国之说，甚嚣尘上，英帝国想独占长江各省，也乐得有此等傀儡组织抓在自己掌握间。上海英租界张园的中国国会和唐才常的自立军，就是由此诞生的。自立军失败，上海国会也就势难存在。张之洞于杀了唐才常后，有一篇“劝告国会”的大文。其文如下：

近日汉口、长沙、岳州诸处，捕获会党多名，搜出伪檄、伪簿、逆信、富有票、军械等物。内有正会长康有为、副会长梁启超伪示、伪札、伪通饬。有国会总会、分会及自立会、自立军等名目。总会设在上海，分会设在汉口。唐才常供词，牵涉国会诸人。其伪札有报告上海国会开有关防之语。其弟才中供词，去年康、梁及才常设立自立会，今年六月，将自立会并入国会，在上海印富有票三十万招匪起事等语，不胜骇异。国会中人，大率诵读诗书，或曾挂名仕籍。尊亲之义，岂有不明？顺逆之理，岂能不辨？国事艰危，至于此极，凡朝廷政治之得失，中外大臣之愆谬，弊政何者宜除，要政何者宜举，苟有所见，婉切直陈，以自附于工谏师箴之列，有何不可？今计不出此，而下乔入谷，去顺效逆。其知康、梁之乱而从之耶？抑谓康、梁为志士而附之耶？沿江沿海匪徒，专以焚杀劫掠为事，人皆痛恨。今不惜委曲就其名目，以叛逆君父，而美其名曰勤王；以贼杀商民，占夺城池，而饰其说曰保国；以之自立，不认国家，而矫其词曰保皇。返之于己而不安，喻之于人而不解，验之于事而不相应，揆之于势而不可能。其万万无幸，不待智者而知之矣。夫兵犹火也，燎原既成，谁能收之；会匪犹决堤也，横流四出，谁能限之。沿江沿海，会匪本多，今诸人乃设法鼓煽之，并资助之。果如所谋，群匪并起，肆其焚杀淫掠，辗转迸流，此剿彼窜，吾恐自立会伪札之墨沈未干，而若辈之乡里亲戚，残毁尽矣。又况鹬蚌未决，渔人乘之。徒作滔天之恶，终必无立足之地。世界各国，岂肯与朝生暮死之流寇立约通商乎？且其会以自立为名，以自主为教。此数十万之会匪，自必遵其宗旨，人人皆有大者王小者侯之思。唐藩镇王武俊有云：不臣九叶之天子，而臣叛逆乎？吾知诸人之仆隶，亦皆将为彭宠之奴、翟让之将。而此起事之人，率皆文弱书生，自必先就剪屠，不待言矣。卿本佳人，何为从贼？吾为国会诸人百思之而不得其解也。至各省出洋学生，费国家之巨款，赖国家之翼护，资之出洋，俾其就傅，凡所造就，皆出生成。今闻亦有惑于国会邪说而附和之者，不思朝廷之恩，不念官师之教，乃歆羡逆党，以为志士仁人之所为。稍有一艺之片长，转作反噬倒戈之用，谋以自覆其宗国，不亦悖乎？夫鸟穷而啄，兽穷而攫，岂尽本心。今日除康、梁二人外，其党徒曾与诡谋而逆迹未著者，果能悔悟改行，自不株连穷治。即使曾经随同滋事现在通缉之列者，若早能诣官首悔，尚可许其自新。不然，则本部堂粗明大义，有扶植名教之心；忝列封圻，有保守疆土之责。倘必自干法网，又岂本部堂之所能宽耶？

此文发出后，上海国会中人，都如鸟兽散。英捕房也派出巡捕，将张园里头的国会住址一律封闭了。康有为和梁启超见势成瓦解，立将保皇会名义取消，改为帝国宪政会，表示不保皇，不革命，向西太后那拉氏干脆地屈膝投降。由此信用扫地，恼怒了一般受骗的革命青年，参加自立军的吴禄贞，离开大通，依然到日本留学；在保皇党负有重责的秦力山，宣布脱离该会，而投到孙中山先生名下。保皇会的群众一天减少一天，兴中会的群众就一天增多一天。

革命党与保皇会的斗争 兴中会与保皇会之一度合作，是由于日本名流犬养毅从中斡旋，有以促成之。梁启超是很会投机的，他一面对孙中山说："我们虽然用保皇名义，实际还是革命。"一面对康有为说："我们虽然是革命行动，归根到底，还是保皇。"他的目的，是想利用兴中会的名义，在国内好号召会党，在国外可以劝募华侨的捐款，拉拢一般留学的青年。他不仅是骗会党、骗华侨、骗青年、骗革命党魁孙中山先生，就是他自己的信徒唐才常，也还是受他的骗。这一次骗局揭穿，遂造成汉口大流血的惨剧。保皇会的信用扫地，革命党的怒气冲天，由此展开斗争，成为势不两立的仇敌。保皇会在香港创办一家《岭海报》，一家《商报》，兴中会也在香港创办一家《中国日报》，与之对抗。保皇会在檀香山创办一家《新中国报》，兴中会在檀香山也创办一家《民生日报》，与之对抗。保皇会在旧金山创办一家《文兴报》，兴中会也在旧金山创办一家《大同报》，与之对抗。保皇会在日本东京创办一家《新民丛报》，革命党人先创刊《二十世纪之支那》与之对抗。同盟会成立后复出版机关刊物《民报》，与保皇派进行尖锐的斗争。真个是交锋对垒，旗帜分明。梁启超的一枝笔，本来是容易抓住读者的，但是事实胜于雄辩，他的文章毕竟不能够改变事实。同时又到处碰壁，遇着不能克服的对手，他在国内外言论界所占独执牛耳的地位，都被革命的作者推翻了。然而他并不服气，还是继续地坚持着，有一次，在东京锦辉馆开政闻社成立大会，这是鼓吹君主立宪的机关，幕后牵线的人，就是梁启超。他们的党徒大概有两百多人，中国留学生和革命党进去侦察动静的，差不多有七八百人。梁启超登台，有几个力士在两边卫护着，是恐怕革命党当场捣乱，所以有此准备。会场的席次，政闻社的社员坐在前排，革命党人坐在政闻社的后排，所有留学生都坐在革命党的后排。梁启超演说，讲了些现代国家都是立宪的话，向大众问道："各位，这个时候，我们中国已经颁布了皇帝的诏书，预备立宪。诸君子听着大概很兴奋吧！"话没说完，张继操着日本话厉声叱道："马鹿……马鹿。"站起来又高呼道："不要脸，该打！……打……打……打。"果然攘臂一呼，全座响应，留学生和革命党一致涌到前面，动起手来。梁启超从楼口跌下，跌得好半天不能动弹，革命党人还有的踢了他几下，说："滚，滚，滚远些。"张继更一跃上台，高呼："打倒保皇会！打倒替满奴做奴才的政闻社！我们需要的，是革命，不是君主立宪。主张君主立宪的，就是满人的奴才，就是四万万人的仇敌！"喊一句，全场都响应一句。这么一来，给与梁启超以重大的打击。然而他还是不肯罢休。他觉得在东京开会，有革命党人做对头；回到国内开会，是不会有人反对的。于是派遣会员，纷纷回国，拿着立宪的名义到处活动着。请愿立宪的呼声，甚嚣尘上。湖南有熊范舆等联名向清政府请愿，要求设立民选议院。接着，湖北有宪政筹备会，湖南有宪政公会，江、浙有立宪请愿会，有预备立宪公会，有国会请愿同志会。渐至北京城内，也天天开会演说。这都是政闻社的运动"成绩"，表明着忠心耿耿，好借立宪的高潮扑熄革命的火焰，以维护万世一系的满族皇朝。然而顽固的清廷并不理会，而且认为讨厌。尽管派五大臣出洋考察宪政，尽管有预备立宪的上谕，尽管有九年后召开国会的诺言，不过是拖延时期，欺骗国人而已。因为西太后那拉氏，从西安回到北京，出卖国家，与各国订下《辛丑条约》，得保金銮殿上垂帘听政的宝座。依然是作威作福，掌握着全国政权，她肯立宪吗？所以她对于立宪党人，都认为大逆不道。在政闻社活动期间，把法部主事陈景仁革职看管，就是因为他与政闻社有关系。并且严谕各省督抚，缉拿政闻社社员。“保皇帝不保太后”的传说，深深的印入那拉氏的脑中，那拉氏活着一天，总是不准立宪的，总是不容许保皇会的人在国内抬头的。她病的时候，听着左右说：“佛爷有病，皇帝面有喜容。”她冷笑一声，把载湉唤来讲道：“痴儿，我不会死在你前头！”因为戊戌的仇恨永远不能忘怀，生恐载湉登台，少不得实行立宪。果然那拉氏逝世的前一日，载湉竟“无疾而终”。亡命海外怅望故国的梁启超，终于一筹莫展了。倒是革命党人，总是蓬蓬勃勃轰轰烈烈地活动着。

资政院时代之政团 因为立宪派在国内活动之结果，终于有资政院之设立。虽然国会请愿，未能如愿以偿，此似是而非之代议机关，总算虚应故事，于公历一九一〇年十月十三日产生出来了。计议员名额二百。由清廷敕选者，分配为宗室王公世爵十六名，满汉世爵十二名，外藩王公世爵十四名，宗室觉罗六名，各部院衙门七品以上者三十二名，“硕学通儒”十名，多额纳税者十名，共计一百名。由各省咨议局议员互选者，共计一百名。此二百名，在资政院中分为三个团体，一曰宪政实进会，由敕选之贵胄议员与“硕学通儒”议员共同组织而成。干部人物为庄亲王、劳乃宣、陈宝琛、赵炳麟、沈林一、俞长霖等，而以劳、陈、赵三氏居于领袖地位。二曰辛亥俱乐部，乃当时资政院中之官僚党。其组成分子，为赵椿年、陈懋鼎、王璟芳、刘道仁诸人，均为敕选议员；互选议员之参加者，则有牟琳、易宗夔、罗杰诸人。三曰宪友会，以国会请愿同志会为基础而组成。本部设于北京，支部达于十省。干部人物有孙洪伊、汤化龙、谭延闿、徐佛苏、雷奋、蒲殿俊、林长民、梁善济、刘崇佑、袁金铠诸人。在资政院中，则以雷奋、籍忠寅等为其领袖。其各省支部首领，湖北为汤化龙、张国淦、胡瑞霖、郑万瞻；江苏为马良、沈恩孚、黄炎培、汪秉忠；山西为梁善济、李素；四川为蒲殿俊、罗敦融、陈登山；江西为谢远涵、宋名璋、黄为基；福建为林长民、刘崇佑、林志钧；奉天为袁金铠；安徽为李国珍；山东为周树标；湖南为谭延闿。以上三个政团，一为敕选议员所组织，属于保守派；二为敕选与民选之混合组织，属于中和派；三为民选议员，多为各省谘议局之优秀分子，则属于急进派。历来之政治斗争，则以第三个政团中之人物参加者居其多数。特志其政治系统于此，以供参考。

第二章　湘鄂间之革命运动

黄兴创立华兴会　湖北与湖南两省，在历史上统称荆楚，向来是血肉相连，有不可分的关系。在清朝统治时期，两省共设置一个总督，名曰湖广总督。在一个总督管辖之下，无论军事、政治、文化、经济，都在通盘筹划与统一管理之中。其管理机关，名义上都冠以“两湖”二字。所以名为两省，实际上等于同一地域。湖南的学生，有很多人留学于湖北武昌的两湖书院，即包括湖北、湖南两省而言。这是一八九〇年张之洞督鄂时，就省会都司湖地址创建的。置斋舍二百余间，调取湖北、湖南两省秀才，每省各一百名，入院肄业。其中任掌教和分教的，都是两省的名士。如杨锐、易顺鼎、姚晋圻、周树模、陈三立、杨裕芬、汪康年、黄福、吴兆泰等，由总督聘任之。南北两库，博集图书，分门讲习，因而作育的人才不少。革命巨子黄兴，就是其中肄业的一人。黄兴原名轸，号廑午，别号克强，于一八九八年即戊戌政变的一年，肄业于两湖书院。时从月课试卷中阐发时事，文气豪放，有类东坡，因而为监督梁鼎芬所重。唐才常之役，党碑甲乙，他也列名其中。由于梁鼎芬的设法成全，得免逮捕。兴即往日本东京，就学于弘文学院，并创办《湖南游学译编》刊物，作为宣传革命的源泉。一九〇三年回国，两湖书院同学在正学堂开会欢迎。黄兴在会场演说，痛诋清廷政治的腐败，外交的软弱，说明瓜分之祸，即在目前，要想救亡，非推倒清朝，改革政制不可。听者莫不鼓掌。事为张之洞所闻，立命监督梁鼎芬驱逐黄兴出境。黄去时，将所携带的新书四千余部分送军学各界，计有邹容所著的《革命军》，陈天华所著的《猛回头》等两种弹词，都是鼓吹革命唤醒同胞的作品。分送完毕，才回到长沙。同年十一月，黄与陈天华、杨守仁、刘揆一、陈其殷、柳聘农、柳继忠、秦效鲁、赵幼梅、罗良铎等，创立华兴会于长沙省城之连升街。一时留东学生及湖南军学界加入者，五百余人，举黄为会长。其革命根据地，择定长沙，并联合各地会党及武汉军界，与相呼应。

联络会党的同仇会 华兴会成立后，会众多系知识分子。黄兴恐其与会党接洽，难免发生隔阂，乃别倡同仇会，以联络会党的下层组织，并仿照日本的将佐尉各级军制，编组为革命军旅，黄自任大将，兼掌会长的职权。以刘揆一任中将，掌理陆军事务；马福益任少将，掌理会党事务。湖南浏阳的普集市，向例于每月某某等日，开牛马交易大会，莅会者凡数万人，为湖南有名的集会。与会的群众，以哥老会籍的人为多。因而哥老会亦规定是日为拜盟宣誓的佳节。同仇会的会员，即择定是日为少将马福益举行就职与授旗典礼。由刘揆一代表会长黄兴授旗，并给以长枪二十支、手枪四十支、马四十匹。仪式颇为隆重。自是以后，哥老会会员之相继入同仇会者，不下十万余人。其时江西吉安也有个自强会的组织，推派会员邹永成到长沙，与同仇会会长黄兴商讨联合举义的办法。

武昌之科学补习所 因为湖南方面有华兴会与同仇会的组织，所以武昌方面也与相呼应，而有科学补习所的组织。这个革命机关，是湖北陆军第八镇士兵沔阳人张难先及湖南桃源人胡瑛等所发起的。先是一九〇四年春间，武昌学界人士刘敬庵、曹亚伯、胡瑛、张难先、吕大森、何季达、欧阳瑞骅等，在时象晋住宅谈及革命进行方略，都认定要想革命，必须运动军队；要想运动军队，非亲身投入行伍不可。是时湖北方训练将弁，为改编新军准备，秀士入伍者甚多，如朱元成、范腾霄、曹进等，均已入伍。刘敬庵则已在马队营入伍。因而张难先、胡瑛等，都投入工程营当兵。是年四月，假座斗级营之同庆酒楼商议组织机关，定名为科学补习所。推举武高等学生吕大森起草章程。所址设多宝街，举吕大森为所长，胡瑛为总干事，曹亚伯任宣传，时功璧任财政，文普通学生湖南桃源宋教仁任文书，康建唐任庶务。同年六月，黄兴来鄂，告以湖南同志的计划，预定于是年十月十日（一九〇四年十一月十六日），乘西太后那拉氏七十岁生辰，全省官吏在皇殿行礼时，预埋炸药，炸毙官吏，即于纷乱中起义。科学补习所同志一致赞同，约定湖南发难，湖北即起而响应。由此积极进行，发展很快，原有住址不敷应用，乃于七月间迁至魏家巷一号办公。秘密筹购械弹，并印就军用票三十万张，以备起义时发行。不料长沙准备起义之前十日，有会党何少卿、郭鹤卿二人，因事机不密，在湘潭县城被捕，大体计划，已被县役探悉。湘潭县令即向湖南巡抚衙门告变。驻湘潭的哥老会中有一会员，绰号"飞毛腿"，人极机警，行动亦极其迅捷，晓得事已泄露，官厅必大举搜索，罗织成囚，于是昼夜赶到长沙报告黄兴。黄兴即密电武昌补习所，谓事已失败，须早为布置，以避免清吏查缉。所中同志，因将文件名册一律毁尽，并移藏军火于汉阳鹦鹉洲。布置就绪，湖北总督部堂果然派遣军警前来围搜，一无所获；复由梁鼎芬从中缓颊，谓事涉学界青年，不可穷追究治，以免事态扩大，只将欧阳瑞骅、宋教仁等开除学籍了事。此案遂告一结束。而科学补习所之革命运动，至此亦陷于停顿。

黄克强亡命之经过 长沙革命运动失败后，黄兴避居于龙砚仙家中，由黄吉亭牧师与金华祝、张继等，设法移居于圣公会楼上，曹亚伯、宋教仁亦住其中。其时长沙城内，风声鹤唳，草木皆兵，湘省巡抚庞鸿书以重价购一会党作引线，以捕拿与黄同谋之其他会党。捕去会党游得胜及萧桂生两名，每次审问，必以酷刑逼供，将铁链烧红，使之露膝跪下，登时膝肉生烟，恶臭满室。跪后，更继以扭麻花、上夹板、敲胫骨、刺指甲等惨刑。如此逼供，何求不得。由此供出黄兴为首领，宋教仁、胡宗琬、马福益、刘揆一等均皆名列前茅。按名索捕，急如星火。因为搜查革命党与防制党人起事，那拉氏之所谓万寿节不敢举行，仅于大街上悬几盏走马灯，以示点缀。过了那一天，平安无事，把捕获的会党游得胜、萧桂生二人斩首示众，官厅的防范，才慢慢地松懈下来。黄吉亭才同黄兴、袁礼彬等化装为海关办事人员，一同出城，搭沅江丸安抵汉口，转搭江亨轮，前往上海，住于新闸路余庆里之爱国协会。不料因万福华刺杀王之春一案，索涉到蔡元培和章士钊二人，捕房查明住址在余庆路爱国协会，即派武装捕探将该会包围搜索，同时被捕者，有郭人漳、张继及黄兴等二十余人。幸郭人漳为江西统兵大员，由江西巡抚夏旹来电保释。郭人漳保出时，谓黄兴、张继等为其来沪聘请的教习，故亦同时释放。黄兴出狱之夕，即与张继乘三菱公司轮船东渡。而湖南之革命工作，则由马福益和刘道一两人继续进行。

刺杀铁良王汉就义 长沙失败、科学补习所被封以后，胡瑛与王汉同居于凄凉的旅舍中，抑郁无聊，不免静极思动。其时革命风潮传至北京，对于湖北、湖南，清廷极为注目。因派铁良为钦差大臣，南下考察，借与两省疆吏协商“弭乱”方针。王汉闻此消息，谓胡瑛曰：“革命的空气，这些时，我觉得太岑寂了。天下之祸，迫在眉睫。而士夫犹昏昏无所觉，醉生梦死，可为寒心。现在铁良南下，吾欲与此獠俱死。倘幸而一击获中，就可以唤起国人的迷梦，掀动革命的怒潮。不中呢，我拼着杀身成仁，死而无恨。汝意以为如何？”瑛拍案大呼道：“此壮举也，我当助你行事。”刘敬庵在旁说道：“这事做得。切不可在武汉地方做，怕的事一发动，当道的禁网又严，我等不能立足于武昌，如何谋大举。”汉道：“你这话说得有理。我决定往彰德车站等候行事，生死以之。”胡瑛同王汉两人，前往彰德。汉谓瑛曰：“我一人拼命，不愿累你俱死。你可别寓一旅店，俟我死，为我收尸。并以我的死状遍告同志，教他们各抱牺牲的志愿奋勇前进，就得了。”未几，铁良抵彰德，汉一人怀着手枪，候于车站的月台。见铁良下车，连发几枪，都不获中。卫兵纷纷来捕，汉随走随放枪，子弹完了，卫兵快赶到了，道旁有井，奋身一跃，投入井中。卫兵因井太深，无法捕获。铁良命彰德府捞尸追究。次日，发其尸于井中，得汉所写的绝命书数千言，皆阐述民族、民权大义，及痛骂清廷之出卖国家、奴隶人民事实，愿以自身殉国，为天下倡。铁良见了此书，才对彰德府讲道：“这是革命党所做的事，与你所管辖的地方无关，用不着你追究吧。”胡瑛装扮行商的模样，向彰德的绅商交涉，收殓汉尸，葬之。汉字怒涛，蕲水人，死之时，年才二十有二。

萍醴一役的牺牲者 一九〇六年春，马福益谋起义于洪江，黄兴由东京回国，准备亲往指挥，并助给枪械。舟抵沅陵，闻马已失败被擒，又折回日本去了。马被擒后，清吏用铁链锁其肩骨，解至长沙。审讯之时，更施用极惨酷的刑罚。马直供不讳，声言：“革满人的命，为汉人复仇，我一人杀头，有四万万同胞接踵而起，只要冤仇得报，死而无怨。”讯毕，处斩于浏阳门。马既遇害，洪江会党大愤，其中头目如李金其、欧阳笃初、萧克昌、姜守旦、龚春台、王胜，急于想揭竿而起，以雪此恨。其时年岁饥馑，工人和农民都受生活的压迫，刘道一利用机会，决计在湖南和江西边境发难。各地会党，无不踊跃相从。攘臂一呼，立集党军三万余人，声势浩大。张之洞接到湘抚告急电报，电调赣、皖、苏各省派遣劲旅，连同鄂省军队，合力围攻。卒因党人与会党号令不一，步伐不齐，大敌当前，援军断绝，在种种不利之形势下，竟被清军击溃了。刘道一回到长沙，为抚署游击熊得寿捕获系狱。清吏用酷刑讯供不得，卒以其所佩印章刻有“锄非”二字，作为定谳，判处死刑。其时清廷任端方巡抚湖南，下车之日，即杀刘道一于浏阳门外。黄兴时在东京，闻萍醴失败消息，寝食俱废，对刘道一之死，尤为哀悼。有诗哭之，如下：

英雄无命哭刘郎，惨淡中原侠骨香。我未吞胡恢汉业，君先悬首看吴荒。啾啾赤子天何意，猎猎黄旌日有光。眼底人才思国士，万方多难立苍茫。

同盟会在东京为刘道一开追悼会，黄以所作挽诗悬挂于会场中。刘揆一读之，潸然泪下，亦作哭弟诗十章，词意哀惋。其时田桐有弟曰栋，亦因党事死于武昌。桐得讯，处之泰然。章太炎曰：“梓琴（田桐字）独不哭弟，可谓达矣。”乃信口吟一绝曰：“世间多少杀头鬼，岂仅炳生独杀头，田家不哭刘家哭，毕竟田家略胜刘。”载田梓琴《革命闲话》。

刘敬庵组织日知会　刘敬庵于科学补习所失败后，曾一度充任黎元洪之协部书记官。因与黄兴化名的张守正时常通信，其中多用隐语，被黎检查出来，疑为有革命关系，讽令辞职。刘离开协部未久，复受圣公会胡兰亭之聘，任该会的日知会司理员。日知会为圣公会附设的阅报室，地址在候补街高家巷里头。刘即利用其地址与名义为掩护，设立革命党的接洽机关，与湖南的华兴会及复仇会时通消息。萍醴之役，日知会参加的人员，不在少数。被捕的会党，在严刑之下，逼出供词，当然也供出日知会的会员。因此湖广总督张之洞，根据湖南巡抚端方的文电，特传札湖北按察使衙门，文云：

> 为札饬悬赏严拿会匪事。照得近来长江一带，乱党滋多，前承准军机处电传，钦奉谕旨，严拿会匪党羽，当即通饬凛遵在案。上月江西萍乡、湖南浏阳醴陵各处会匪起事，其头目即是该会一党。现已派拨大兵，驰往剿办。叠接北洋大臣袁、湖南抚院岑先后函电，访闻会匪党羽潜布长江一带，意图勾结逆党起事。近有大头目王胜、陈金等匪，由湘潜来鄂境，请严防密捕等因。准此，该匪等纠党倡乱，实属罪不容诛，亟应严拿重办，以正国法。合亟札行出示晓谕，悬赏严拿，并详列该匪姓名踪迹，分别赏格，如有将后开真正会首擒获送辕者，立即照格给赏，决不食言。计开王胜、陈金、姜守旦、陈绍传四名，赏格一千两；夏灵、刘家运、曹玉英、董庆武、柳际贞、刘林生、郑先声、李燮和、朱子龙、萧克昌、卢金标，每名各五百两。

此赏格悬出后，所有军警侦探和水客，都到处搜查，希冀捕得正犯，可以领取赏银。武昌日知会，遂为他们所注目，除朱子龙案上有名，可以按名逮捕外，并将案上有名之刘家运，指即日知会的会长刘敬庵。但日知会为外国人传教机关，未便迳往逮捕，于是买通内线，采用诱捕的方法。十一月十一日（一九〇六年十二月二十六日），刘敬庵召集日知会同志胡瑛、朱子龙、梁钟汉等，会议于汉阳之伯牙台，皆以财政困难，革命停滞为虑。有沔阳人郭瑶阶在座，诡言："有六合锑矿公司刘小霖，愿助十万元为革命经费，一经接洽，定可成交。"同志信之，与约定地点及时间接洽此事。会散后，瑶阶即往巡警道衙门告密，就所约时间及地点，密布侦警，为一网打尽之计。巡警道冯启钧，立从其说，于二十三日晚，诱捕朱子龙于汉阳。二十四日，由刘小霖宴胡瑛、刘敬庵于汉口名利栈，亦被捕获。随又继捕梁钟汉、季雨霖、李亚东、吴贡三、张难先、殷子衡等，前后共计九人。朱子龙临讯之时，身受重伤，死于狱中。胡瑛、刘敬庵判永远监禁。吴贡三监禁十五年，移黄冈监狱。梁钟汉监禁三年，解回原籍汉川县监狱。李亚东监禁五年，移交汉阳府监狱。殷子衡监禁十年，移转于夏口县监狱。流血尽管流血，坐牢尽管坐牢，然而同志们再接再厉，并不因失败而灰心。胡瑛在武昌模范监狱中，还是有好多同志敢于不避嫌疑，时常进去探问，胡亦时常为同志画策，以敦促革命的进行。日知会虽然失败，但它成为后来革命胜利的因素，这是应该肯定的。

第三章　湖北继起之革命团体

革命党的小组合　日知会失败后，武昌城内禁网甚严，想组织大规模的革命团体，不是容易的事。军学界的革命分子，乃各就其志同道合的友朋，组织小团体。如黄申芗、林兆栋等的种族研究会，江炳灵、丁人杰、贺公侠的文学研究社，胡石庵、邓裕厘、郑家灏等的楚社，蔡济民、吴醒汉、张廷辅、王宪章等的将校研究团，高尚志、陈孝芬、曾尚武等的自治团，王子英、曹振武、黄孝霖等的军队同盟会，杨王鹏、钟琦、李抱良、章裕昆等的群治学社和振武社，胡祖舜、赵士龙、罗人骏等的兰友社，邱文彬、黄振中等的益智社，李岳嵩、张羽等的武德自治社，谢超武、谢石钦、杜武库等的柳营诗社，向炳焜等的德育会，李春萱、何世昌等的数学研究馆，马骥云、聂豫、杨选青、余慈舫等的振武尊心会，杜邦俊等的义谱社，向海潜、李绍白、王国栋等的群英会，席正铭、耿丹、刘文岛等的竞存社，黄汉等的光复党，陈佐黄的辅仁会，陈国祯等的忠汉团，名称不一，其为秘密之开会结社，协商革命事宜则一。这些小团体，虽然不可能有大作为，但亦为党团运动之雏形，以后由小而大，化零为整，便成为大团体了。泰山不择土壤，沧海不择细流，这也是值得记述的。

同盟会　革命的同盟会，是继承兴中会而重新改组的。其时孙中山先生住在伦敦英人摩根家。一班留学欧西的湖北学生，如留法的唐易、汤芗铭，留德的朱和中、王科，留比的贺之才、魏宸组、胡秉柯、史青等，出国时在上海聚会，鉴于庚子唐才常失败和甲辰长沙的失败，认为兴中会的领导，太不紧严，有重新改组的必要。所以一到比国，就凑集一千佛郎的旅费，寄给孙中山先生，请他到比国去，商量改组的事。孙先生到了比京，与他们会面，开了一个秘密会，共商革命进行方法。朱和中主张运动新军，并叙述留日学生吴禄贞等已经与湖北军队中人，有所联络，还有些新进学的秀才们，踊跃地投笔从军。孙中山说："新军能革命，诚然再好没有。但是中国会党，为明末亡国时一般爱国志士的组织，在民族历史上意义是很大的。我们革命，应该以改良会党为入手办法。"经过这次的讨论，大家的意见是很接近的，认为军队与会党，有双管齐下的必要。贺之才等又介绍同学数十人与孙中山先生相见。孙中山因提议组织同盟会，为革命之领导机关，众皆赞同；惟魏宸组对于宣誓一层，提出异议。经孙中山先生多方解释，说："宣誓手续，是非常重要的。"大家也一致赞同。议决，便依次亲书誓词。其文曰："具愿书人某，当天发誓：驱逐鞑虏，恢复中华，建立民国，平均地权，矢信矢忠，有始有卒，倘有食言，任众处罚。"❶ 誓毕，孙中山与到会诸人以次握手，向他们贺喜道："各位已不是清朝的人了。"自此以后，留学德国、英国、法国、美国的中国学生，加盟的不在少数。一九〇五年七月，孙中山到达东京，召集留日的同志，在二十世纪之支那报社开会，谈组织同盟会问题，说："现在中国，不忧外国的瓜分，而忧中国的内讧。此一省欲起事，彼一省欲起事，不相联络，各自号召，终必演成秦末二十余国的纷争，元末朱、陈、张、明群雄角逐的纷乱。那时候各国乘隙出而干涉，中国必亡无疑。故现今革命的唯一主义，总以互相联络，互相团结为要。"这几句话，在座的都很感动。开成立会的那一天，集于赤坂区桧町内田良平的住宅，门首设有黑龙会事务所的招牌。到会者四十余人，推黄克强、蒋尊簋、汪兆铭、陈天华、程家柽、马君武六人起草章程。设执行、评议、司法各部，取三权分立制。在灵南坂子爵坂本金弥的住宅开干事选举会，黄兴提议总理一席，当然属中山先

❶ 按同盟会宣誓词，邹鲁《中国国民党史稿》（每一篇第二章）所载为："驱除鞑虏，恢复中华，创立民国，平均地权。矢信矢忠，有始有卒，有渝此盟，任众处罚。"冯自由《中华民国开国前革命史》（中卷第二十五章）记载，前半部与《中国国民党史稿》相同。惟最后二句作"如或渝此，任众处罚"。此处所录，与上二书均有不同。盖同盟会誓词在当时即不完全统一，传抄亦各不同。

生，不必投票。众鼓掌赞成。选举完毕，又决定以《二十世纪之支那》报社为党的机关报。这个报社，原是湖北人刘公、田桐、白逾桓发起组成的。同盟会组成后，接收该报，因为报名太冗长，遂改名《民报》。同盟会即以民报社为事务所。报社发行所的招牌，则悬挂于宫崎寅藏的住宅门前。党的规模，算是树立起来了。但是谈到实际的革命运动，只注重于东南，尤其是珠江流域，并不曾在武汉地方计划设立机关。只派来两个会员，一个叫余诚，一个叫温楚珩，察看情形，报告本部。余诚是湖北麻城人，中过副榜，是日知会的老同志，在革命党人中，颇负声望。可惜他得了肺病，又穷得一钱莫名。在贫病交加的景况下，又听着官厅传出的消息，说他是革命的主要分子，能制造七种炸弹，巡警道衙门正在派探查缉。他得此情报，逃往黄安山里头的龙潭寺住了一年。这座龙潭寺，极其富有，内中有个性空和尚，会写会画，而且工于诗词，余诚住在庙中，颇不寂寞，供应也非常的好。可是他的肺病，一天沉重一天，后来病到垂危，就回到麻城故乡，长眠地下了。温楚珩是山西人，湖北情形不大熟悉，可是他认识几个湖北朋友，如蕲州的黄侃和黄安的刘伯英、刘昆生，都与他是刎颈交。他到武昌来，就住在东卷棚刘伯英家中。其时有一位姓詹名瀚的青年，蕲州人，毕业于黄州府中学，他很穷，时常在报上投稿，弄点稿费度日。他笔下很快，也能够接受新的思潮，当然他要革命了。他听得温楚珩是东京同盟会派来的人，特为专诚往访，以寻觅革命的门径，还带着一卷诗稿和文稿，给温观看，以显示其自负不凡的怀抱。温读之，也很表赞许。由此往来甚密，渐渐地谈到革命的事情。詹说："我想在汉口地方创办一家鼓吹革命的报，你赞成不?"温道："好是好的，但是开办费怕不容易。"詹说："我前天下乡去，把我家剩下的几亩田卖了，钱是有一点的。"说着，把腰间的板带解开，内面官票也有，现洋也有，铜元也有，零细银块也有，合计算来，不过八十多块钱。还有一封信，许给他三十元。这一封信，是湖北省谘议局汤化龙写的。温说："你也认识汤化龙吗?"詹说："岂但认识而已。他很瞧得起我，把我当做门生看待。"温笑说："瞧不起你还有这么阔的老师，钱有用的，将来官也有做的。他是宪友会的人，你快去巴着他，闹立宪的事好了，还革甚么命?"詹说："你何苦这样地挖苦我?”温说：“老实对你讲，我们革命党人，是不和立宪派打交道的。”詹说：“既是如此，那我就写一封斩金截铁的信，马上就回绝他。不递门生帖子，不去拿他的钱，这该可以表明我的心迹吧。”说着，当即提起笔来，写了回绝汤化龙的信，当着温楚珩的面付邮。温说：“幸亏我点破了你，不然，你就会走上歧路，岂不糟蹋了一个革命的好青年。”詹说：“闲话撇开，言归正传。报馆筹备的事，你的意见如何?”温说：“党报应该由党负责，不是你个人的力量所能创办的。等我写信到东京，向同盟会本部建议，你等着好不?”詹曰：“诺。”温说：“有些人讲，你同军界的人很熟，是不是?”詹说：“是。我本来是预备投军的，因此很认识一些军人。”温说：“这倒是革命的实际运动，比办报更要紧些。我盼望你多多地介绍军人，和我接谈。”自此以后，詹和温常往营盘，联络军界同志。说是联络，也不过“联络”而已。无款无械，又无会议机关，一盘散沙，谈不上有甚么实际动作。所以武汉的革命事宜，同盟会不曾直接领导，只有让共进会代替领导。

共进会 同盟会成立后，黄兴奉命回国，做革命的实际工作去了。其时日本政府改变政策，对于中国革命党人的活动转取严禁的手段，曾讽告孙中山先生离开日本。孙先生也就毅然离开了。剩下民报馆的几个人，如章太炎、汪兆铭、田梓琴、曹亚伯等，十足的名士气派，咄咄逼人。留东的革命青年，不容易同他们接近。眼看着国内运动着着失败，本部的计划又寂寂无闻，大家都不耐烦，于是有共进会的发起，以打破同盟会的岑寂空气。共进会，也是在日本东京组织的，发起的人多半为同盟会会员。湖北人如居正、刘公、杨时杰、刘英、刘铁、孙武、彭汉一、冯亚佛、李基鸿，湖南人如覃振、焦达峰、潘鼎新、钟剑秋、谭人凤❶，皆其中骨干分子。一九〇六年三月，

❶ 据谭人凤自撰《石叟牌词叙录》云：“焦达峰（湖南人）、孙尧卿（湖北人）、张百祥（四川人）、赵伸（云南人）等十余……拟结一有势力之团体，照绿林开山立堂办法，分道扬镳。刘霖生极表赞成，适克强与余先后返，克强不甚同意；余以为反文明而复野蛮，尤力持不可。然渠等之意志已决，卒印刷章程条例，奋励进行，内地之有共进会，盖即由此时分出者也。”（《近代史资料》1956 年第 3 期，第 39 页）是知谭人凤对共进会原持反对态度，其他如邓文翚《共进会的原起及其若干制度》（《近代史资料》1956 年第 3 期）、张难先《湖北革命知之录》内有关共进会的叙述等资料中，亦未见有谭曾加入共进会的记载。

集合于四川人舒祖勋寓所，推舒为章程宣言起草员。其宣言文曰：

> 我们这个会为甚么叫做共进会呢？“共”是共同的意思，就是说在会的人，个个要同心合意，共做事业。本会以外的人，不论他叫甚么会名，我们总要联合起来，共同去做事业；“进”字就是前进的意思，认真一个正正大大的题目去做，不许有丝毫懈怠的心。我们中国，自从盘古以来，就是汉族人居住，汉族人做皇帝。别种的人进来，是要把他赶走的。到了明朝崇祯的时候，满人趁我中国有难，就乘虚杀进来了，把我们汉人杀得尸骨成山，血流成河；杀不尽的，当他的奴隶。他到如今，朝纲紊乱，只有奉承洋人，做洋人的奴隶，拿我们给洋人做三层奴隶，把我们土地，今天割一块送这个，明天割一块送那个，铁路也送给洋人，矿产也送给洋人，税关也送给洋人。他只顾请洋人来保住他做皇帝，哪管得汉人的死活。再过几年，就会把我整个的中国送给洋人。所以我们革命，一来是替祖宗报仇，二来是早些准备，免得子孙绝种。所以我要劝告我们的同胞同党，不可分门别户，各存私见。要晓得我们都是汉人，都是轩辕黄帝的子孙，合中国四万万人，都是同胞。所以我们要取这“共进”二字，增进我们哥弟的智识，共拼死力，有进无退地去杀鞑子；取回中国，仍旧汉人做主人，那才算得是英雄。

至于共进会的组织内容，其本部不设总理，还是拥戴同盟会的孙中山先生为共同的总理，表明与同盟会同一渊源。用天运甲子纪年，表示不奉清朝的正朔。徽章旗帜，用十八锥角交错形，取十八省联合的意思。会员相见的时候，另有一种隐语和口号，大都以“中华民国”四字分析嵌用为准。有的时候，也用握手礼，与同盟会大致相同。它的组织内容，定为本部总理兼中华民国大总统；各省总理，兼各省军政府大都督。大都督下，有副都督、参都督、大都尉等，一律都用会员。综阅共进会的会章，与同盟会无多区别。不过有一点不同的地方，即将同盟入会愿书十六字中之“平均地权”，改为“平均人权”，这一个字的变更，开过好几次会，是很值得注意的。后来革命胜利，无人提起民生主义问题，也就无人研究这个问题，其症结就在这里。此会成立之后，推举刘公为湖北大都督。孙武由东京回到湖北来，即资此以为号召。一时踊跃入会者，军界有杨宏胜、邓玉麟、熊秉坤、张文鼎、蔡汉卿、高尚志、陈孝芬、谢超武、李鹏升、江炳灵、金兆龙、程正瀛 、胡效骞、向海潜等；学界有李作栋、周之瀚、杨玉如、牟鸿勋、苏成章、朱峙三、邢伯谦、高振霄、张振武、陈宏诰、梅宝玑等，皆为会中骨干分子。武汉军学界之革命空气，由此一天一天地紧张起来。

文学社 文学社的组织，系由群治学社及振武社历次嬗变而来。其中分子以军界为多，学界不过十数人而已。群治学社之组织，始于一九〇八年十月湖北陆军开往安徽太湖与江南陆军会操。其时，熊成基在安庆，正谋乘此时起事，与湖北陆军亦有所联络。不料举行阅马典礼时，清太后那拉氏及光绪帝载湉之讣音传至，清廷对革命运动，防范甚严。而安徽迫不及待，又提前发动。鄂军中之群治学社社员杨王鹏、钟琦、章裕昆等，于太湖猫儿岭宿营地方左近荒冢中。开秘密会议，计划举事。忽奉令开拔，采用“强行军”办法，于是晚子正回驻小池口，克日附轮返鄂，到达原驻地方。这个起义时机就被误过了。杨王鹏回营，即邀集同志，组织群治学社，推钟琦为起草员，吸收社员不在少数。因反对铁路国有风潮，社中机密，被官厅侦悉，鄂督瑞澄饬军中严密搜检。社务遂发生停顿，因有振武学社之改组。振武学社成立于一九一〇年七月，由李抱良、黄驾白、单道康、廖湘芸、祝制六、杨王鹏、孙昌复等为发起人。推杨王鹏起草章程，扩大组织，各标营均设代表。事为黎元洪部下之施化龙所侦悉，密告于黎。黎即将参加文学社之队长潘康时撤职，并将杨王鹏及营代表钟倬宾开除。蒋翊武因约章裕昆、刘复基、詹大悲等集会于阅马厂之集贤酒馆，改组振武社为文学社，推詹大悲（詹瀚之字）起草简章。开成立大会于黄鹤楼之风度楼（后改为奥略楼），三十一标代表江光国，三十二标代表单道康，炮队八标代表李慕尧，四十一标代表廖湘芸，四十二标代表祝制六，以及蒋翊武、詹大悲、孙昌复、刘复基、章裕昆等均列席。推蒋翊武为社长，王宪章为副社长。成立仅月余，声势几达于湖北全军，机关部设于小朝街八十五号。其中主干分子以湖南人为最多，如蒋翊武、杨王鹏、刘复基、李抱良、唐牺支、祝制六、廖湘芸、王宪章、章裕昆、钟琦、龚侠初、何海鸣等都是湖南人。他们任事勇敢坚忍而又富于团结性，故会务日见扩展。其在军营中的势力，驾乎共进会而上之。居于领袖地位的蒋翊武，在上海同盟会总部已经加盟，故对于共进会不肯加入。有一天，文学社召开代表会议，约马队同志前往参加，同时共进会亦函邀开会，遂令马队同志徘徊于两个团体之间，不知所可。乃公推黄维汉到两处察看情形，以作决定。黄到了共进会，已经填了愿书，马队同志说："今日乃团体之事，不应由个人意见单独的填写愿书。"结果，一致加入文学社，当时即推黄为马队八标代表。黄为表明心迹，不能脱离团体而言个人的自由，立即修函一封，送达共进会，郑重声明退会。共进会会员陈孝芬致函章裕昆，谓宜一致行动，不可各树一帜，致生党同伐异之嫌。章裕昆回信道："向一定目标努力前进，本是殊途同归，有甚么党同伐异呢?"刘复基说："语虽如此，现在时局紧张，吾人正宜与共进会通力合作，以加强革命阵营。分门别户，各干各的，毕竟不是办法。"后来经过陈孝芬、刘复基、李作栋之努力斡旋，在起义期间，两团体开诚相见为一致的动作，八月十九夜发难，果然一举成功了。

共和会　共和会的组织，是湖北荆州府的革命青年胡鄂公、熊得山、钱铁如、覃秉清、邱寿林等所发起的，而以胡为其领袖。胡为保定高等农业学校学生，他发起共和会，于一九〇九年十月九日在保定成立，所有会员，均为北京、天津、保定等处的青年学生。成立之日，所有入会的会员，都一致剪发，同时剪去发辫的有一千多人。其后奉天学生因国会请愿而罢课，消息传至保定，胡又借此机会，到处奔走，以扩大其罢课运动，并为宣传革命创造有力的条件。一时受其感动加入共和会者，又达三千余人。事为当道所闻，封闭其学校。他回到保定时，学校已驻有军队，所有学生，全被解散。胡又逃到江西，在农业学校肄业，与新同学邝摩汉、王振新、詹天禄等成立共和会支部于南昌。一九一一年六月，因暑假回到武昌，又企图在武昌联络军界，做革命的实际工作。访问其契友聂国青于四十一标，请多多介绍军界中人加入共和会。聂说："此间军界的秘密组织，有共进会、文学社两个团体，运动革命，已到了成熟时期。汝有志革命，可往同他们接洽。"胡鄂公道："同是革命团体，还分甚么彼此吗，联合少数人而集成多数人，联合小团体而凑成大团体，任何时代、任何国家的革命事业，都是这样闹成的。我们共和会布满于京、津、通、保一带，正要在此地设立支部，以相呼应。你替我帮忙，把这个工作做好，将来北方发动，这里响应；这里发动，北方响应，岂不容易成功。”聂国青闻此议论，甚以为然。经过胡、聂两人之奔走联络，成立共和会支部于武昌。干部人物为聂国青、梁鹏、刘铁夫、郑心田、王杰、李子青、赵中朴、陈用璋、马万里、何英等。成立之后，胡与共进会刘公、文学社蒋翊武等接洽妥善，即亲往保定、开封等处布置工作。河南仁义会的组织，即是胡所策动的。以后武昌首义，袁世凯率兵南下的时期，共和会在京、津等处做了很多实际工作。这是湖北革命之别动队，是应该在这里郑重写出的。

起义前的两报馆　黄梅人宛思演，曾经与詹大悲同在黄州府中学读书。毕业之后，又到两湖总师范读书。他在学堂中镇日书空咄咄，如发狂易；谈及时事，表示其愤慨至极，至于痛哭涕零。其时詹大悲闲住武昌，急于想创办一家报馆，为着经费问题，到处呼吁，终于无人援助，徒唤奈何。宛思演向他宽慰道：“莫愁，我决计助你成功。”于是倾其家产，得银洋二千元，将湖南人刘星澄介绍之一家《商务报》承顶下来。即以宛任经理，詹任主笔，何海鸣、查光佛、刘星澄任编辑。又由星澄函召其胞弟刘复基由上海来汉，任报社会计兼发行。其时为文学社之群治学社时代，刘复基欲与群治学社结合，以便利其革命运动，乃邀蒋翊武与詹大悲用报馆访员名义，到天门、沔阳等处采访新闻，旨在从该地驻军中打听群治学社情况。行至张截港，得遇群治学社的社员蔡大辅。相谈之下，兴趣相投。蔡为京山人，进过秀才，也是两湖总师范学生，因反对学校当局，被开除学籍，投至四十一标当兵。与宛思演本是同学，所以志同道合，无话不谈。群治学社的内容，由蔡口中和盘托出。宛、詹两人，也将《商务报》实在内容竭诚相告。蒋翊武之投入四十一标，就始于此；《商务报》与群治学社的结合，也奠基于此。其时商务报馆经费支绌，由李六如（抱良字）主持，以群治学社的积款拨充报馆基金。后来商务报馆因受清廷官吏的摧残，不得已而停刊。詹大悲又创办《大江报》于汉口歆生路。一九一一年六月，全国争路风潮，异常激烈，革命运动如火如茶，正在山雨欲来风满楼的景况中，詹大悲在《大江报》著一论文，开宗明义地说："大乱者救中国之良药也。"这一声霹雳，引起清政府官吏的愤怒与震惊，立即把报馆封闭了，詹大悲、何海鸣二人同时被捕，押禁在夏口厅礼智司的监狱里头。由《商务报》到《大江报》，自始至终，是文学社一派的机关报，也就是当时的革命机关报。

第四章 辛亥革命之社会背景

各地人民反抗洋教士的运动 中国自太平天国以来，一连串的革命运动，固然是受了清朝政府压迫的影响，同时也是帝国主义者的残酷侵略，有以激之使然。甲午中日之战以及八国联军之役，丧权辱国，足以刺激人心，无论已。尤其是使人民感受切身痛苦的，则为外国人在内地传教，教民受外人之庇护，以欺压平民，并且狐假虎威，与地方官分庭抗礼，遇有关系教民的诉讼，则由教士与地方官并坐听审，人民有冤难诉，愤火中烧。一旦爆发，遂有焚烧教堂、殴打教士之暴动。北方义和团的变乱，就是由此激成的。湖北地方虽无“义和拳”一类的组织，但在义和团事变前后，亦屡有人民反抗洋教士的情事发生。如一八九一年，广济地方有教民欧阳理然，肩挑幼孩四人，行至武穴，云将送往九江，为人民郭六寿所见，指为天主教堂有残害小孩情事。一唱百和，民众沸腾，登时焚毁武穴教堂，殴毙英国教士两名。此事经两湖督署与英领交涉，卒将民众二人处死，对英教士抚恤并赔偿四万五千元结案。一八九二年，宜昌地方法国圣母堂收留幼孩甚多，人民喧传教堂有残害幼孩情事，前往查搜，发见有瞽目小孩数名。正在鼓噪间，洋人从怀中掏出手枪，将群众打伤几个，因而激动公愤，发生火烧圣母堂及天主堂情事。经官厅与法领交涉，除肇事人民分别判罪而外，并赔偿教堂银十六万四千两结案。此外还有一八九三年之宋埠教士因奸占霍家民女，被端午节看会之民众殴毙一案；一八九八年之宜施两府教案；一九〇一年之襄阳教案；一九〇四年之施南教案；一九〇六年之黄安教士怂恿教民殴伤秀才李明道一案。交涉结果，总不外乎冤杀人民和赔款两途。人民照例含冤，教士一贯凶狠，因而嚣嚣之口，布散着“百姓怕官，官怕洋人，洋人怕百姓”的传言。百姓冤沉海底，呼吁无门，因而恨洋人，兼恨官吏，感觉到要想驱逐洋人，必尽先推翻清朝，打倒怕洋人的官吏。惟其如此，所以需要革命。当时的民众，对革命的意义，当然是不大了解的。只有“排满、兴汉、灭洋”这简单的六字口号，人人都能懂得。当时之所谓会党，能够号召群众的，就利用这简单的六字口号。

湖北各地之会党组织 清廷入关以后，禁令森严，开会结社，为法律所不许；然而愈其禁止，秘密的组织亦愈多。在北方，则有白莲教与八卦教，以后演变而为义和拳，皆含有宗教的色彩。在南方，则有三点会、哥老会、天地会等等，均为政治的秘密结社。盖起于明代遗民之归依道教者，冀借此潜伏的势力，以谋光复汉族的河山。其势力范围，以福建为中心，而蔓延于两广及长江一带。洪、杨在广西金田起义，曾利用此等组织，以建立太平天国。孙中山先生革命，曾利用此等组织，以起兵于广东的惠州。唐才常之成立自立军、黄克强之成立同仇会，亦莫非号召会党，以增强其实力。张之洞督鄂时，有一奏折叙述湖北会党的情况说：

> 鄂省为南北冲要，游匪素多。始则长江上下游一带，近则襄河上下游一带，随处皆有，根株盘结，消息灵通。该匪等开立山堂，散发飘［票］布，分授伪旗伪号，与教匪游勇、流氓地痞暗相勾结，乘机煽乱。各属所获会匪各案，起到飘［票］布印章、板片及所讯名目口号，词意悖逆，显然谋为不轨。上年沿江一带，会匪滋事，动成巨案。

据此，可见湖北会党，潜力极大。刘道一萍醴之役，一声号召，立集三万余人。盖散则为民，集则成伙，当时之所谓“会匪”，实际上都是人民。

黄州府之考试风潮 清朝统治时代，黄州府管辖的地方，为黄冈、浠水、广济、黄梅、麻城、黄安、蕲州、罗田八县。科举取士，三年两考。每逢考期，各县应试的廪生、增生、秀才、童生，共计不下三万人。一九〇〇年，湖北提学使蒋式芬前往主试，考规严紧，不准考生携带书籍或抄本入场。八属考试廪增附生的那一天，有一位广济廪生，名叫饶汉菀者，进场时拒绝搜检。那狐假虎威的舍人及门卫，岂肯放松。在勉强搜查时，汉菀骂了一句，他们盛怒之下，给汉菀几下耳光。汉菀骂道："狗！士可杀，不可辱。你敢打人吗？"蒋学使正在点名，叱问道："谁敢放肆，将他驱逐出场！"此时汉菀被恶役朋殴，已经躺在地下了。舍人听得学台口令"驱逐出场"，就用高底皮靴踢了汉菀一下，喝道："快滚出去！"哪晓得这一踢，正踢中命门，汉菀登时气绝。名点完了，考生都持卷归号，蒋学台监视封门，看见一个死尸横在地下，惊问道："他是何人？"广济的两个教官鞠躬禀道："他姓饶，名叫汉菀，是广济县的廪膳生员。刚才因拒绝检查，被舍人一脚踢死。"蒋惊道："考试场有这等事，倘若被人告发，怎好收场。"教官献计道："此事是不能泄漏的，依卑职愚见，俟考生出场以后，将此尸用一小轿抬出清淮门，那门外有一道濠沟，深不可测，将死尸抛在里面，神不知，鬼不觉，以后纵被人觉见，死无对证，又待何妨。"蒋点头道："好，就是这样办理。"说着又环顾左右道："此事如被发觉，大家都有干系。事关机密，切不可走漏风声。"是日夜晚，有一顶小轿从贡院出来，抬至清淮门，有几个顽皮的考生拦着问道："黑夜三更，抬人出城，想必是寡妇改嫁吧。非看不可。"（俗例寡妇做新娘，黑夜上轿）这样一拦，两个轿夫慌了，放下轿竿，回头逃走，被街上的考生抓住，再打开轿帘一看，原来是一个死尸，冠带俱全，胸前挂有卷袋，上题"广济廪生饶汉菀"字样。当即将轿夫交黄冈县衙门严讯，才问出该生致死情由。一时众口喧传，舆情愤怒，由麻城屈子厚、蕲州程柳塘为首，纠集八属的廪增附和童生，包围贡院，封锁龙门。把贡院前后左右，围得水泄不通。冤单和揭贴，布满墙壁。围了两天，里面的供应断绝，不能举火，知府是监临官，也被关在贡院，不能出来。事情太大，知县官不能作主，城守协带几个绿营兵也弹压不住。县官作揖打躬地苦劝，也没有一人理他。蒋学台又饿又急，难以忍耐，乃派遣精干的舍人，从厕房穴壁而出，拿着学台的手令，到电报局拍一急电，向省垣督抚衙门搬兵解围，略谓"黄州会匪起事，速派大兵痛剿"等语。抚台于荫霖接得此电，不敢怠慢，立即派兵舰两艘，满载军队，开足马力，如飞地开赴黄州。所下命令原本是“痛剿”两字，经过张之洞核阅，改为“相机剿抚”四字。军舰到达时，在江中鸣放空炮示威。考生们听着炮声，如鸟兽散，纷纷地各回本寓。登时龙门开放，知府由贡院出来，冒险出城，登舰会见带兵长官，报告试场肇事实情，说城内平安，并无用兵的必要。一面再传各县的教谕训导及廪保劝考生再勿滋扰，免得事态扩大，冒犯“大逆不道杀无赦”的禁律。由此上下疏通，风潮才平息下去了。次日在军队保护下继续举行考试，有一个秀才出场后，在汉川门壁上题写通俗的反诗一首：“八属秀才进试场，刀枪剑戟排两旁；分明是个杀人厂，那有心思做文章；这个秀才我不要，不如改脚去驮枪；有朝一日起了事，要把狗官杀精光。”这个秀才，果然投笔从军去了。考试完毕，蒋学台回到武昌，见了张之洞，自请议处。张之洞道：“你是钦差，朝廷自有办法。”蒋道：“听说大帅的奏折说我以轻报重，扰动长江大局，我不能不辩清楚。这次考生闹事，的确有会匪鼓动其间，大帅不信，可派干员调查。”张之洞说：“我早已派人去了。”后来调查员的报告说有自立会的屈子厚在黄州鼓动风潮，才把蒋式芬的参案减轻了；并派兵前往麻城，捉拿屈子厚。子厚有个胞侄，名叫佩兰，在经心书院读书，得此消息，不分昼夜，跑到麻城送信。子厚才逃往黄梅的深山里头，嘱家人“报故”了案。（所谓报故，就是说此人已经亡故，当然是不再追究的。）

知识分子之出路问题　清朝用八股和词章的科举考试，来麻醉知识分子，使他们死心塌地，奴化了两百余年，实则科举场中，弊病百出。乡会两试，多半凭关节取士，读书人十载寒窗，三更灯火，至多挣得一名秀才。要想中举，就是一道铁门槛，难以跳过。即或中了举人，会了进士，点了翰林，也难得一官半职。因为官职有限，满人至少要占四分之一。世袭荫生和保举，又占四分之一。尤其是清末卖官鬻爵，捐纳的官又要占四分之一。其余由科举出身的，顶多也不过四分之一而已。世袭和保举的，都是贵族。捐纳的，都是大地主。至于读书的人，大都是寒士，只有靠科举一条窄路。所以得官之难，难于上青天。记得清末，年年派捐，捐一道员衔不过四百两，捐一空白执照的监生，不过银八两。因而流氓地痞，一个个顶戴荣身。所谓顶戴，除了吓唬一般老百姓以外，又有何用处。这一点，读书人早就看穿了。光宣两朝之交，有甚么“优拔贡”的考试，有甚么“经济特科”、“博学鸿词”等考试，还有甚么“洋进士”、“洋翰林”这一类出身的考试，都是空头支票一张，再也骗不了人了。当时有两句歌谣说：“明末无青草，清末无白丁。”这两句却是封建王朝覆灭的特征，细味之很有道理。因为没有“青草”，所以明末的农民，都苦于没有饭吃，只有跟着李闯王走，才有饭吃。因为无“白丁”，形成了“乱世功名不值钱”，所以读书人没有出路，只有投笔从军，走上革命的路线，方才有出路。因而湖北新建的陆军，都是些秀才，或者是学堂毕业的莘莘士子。科举废了，八股词章试帖经义，这些腐朽的老式文章都废了。读书人受了数百年的思想束缚，忽然解放出来，他还能够俯首帖耳再做满人的奴隶吗？他们还能不革命吗？

黄安全县之抢谷风潮　一八九八年，黄安县发生饥荒，农民没有饭吃。县城及八里湾、七里坪等处，都设有“丰豫仓”，虽然积谷很多，可是被土豪劣绅把持着。全县的大地主，每家仓内也堆有隔年的陈谷，可是锁在仓内不粜，愈是涨价，愈是奇货可居。平时的谷价，每石不过八百文，此时陡涨到两串四百文。而雇农每年的工价，才不过五串文。辛苦一年，只粜得两石谷，当然难以过活。农民忍饿不过，人山人海，齐集县正堂衙门请求设法救荒。县官巫国玉，是皮匠出身，因为他在藩台衙门做工多年，得到藩台的提拔，替他捐了一个知县。他出了告示，把谷价规定为一串六百文一石，并劝谕绅士及富户照价粜谷，以救饥荒。这种告示，绅富不作理会；饥民籴不到谷，又闹到县衙苦求。巫知县说：“他们有谷不粜，太可恶了，你们抢！”饥民说：“抢得吗？”巫知县道：“一家饱暖千家怨，怎么抢不得。”饥民听得此言，一齐欢呼而出，登时全县各乡，鸣锣集众，每人都挑着箩筐布袋，到大地主人家抢谷。三日之内，所有“丰豫仓”和富户的积谷，都被抢一空。这一年的饥荒，竟平安渡过了。可是那些劣绅和地主，岂肯干休。像雪片一般的控词纷纷向督抚和藩、臬衙门呈送，说知县纵匪行劫，全县大乱，请派兵剿办，以安地方。于抚披阅呈词，主张严究。张之洞毕竟明白，懂得官逼民变愈逼愈变的道理，将此案搁置下来，不闻不问，仅将巫知县撤职了事。当时黄安县有一个绅士，送知县一副对联，云：“四面八方，胸中有些疑惑；三横一直，身旁带点糊涂”，就“國王”两字表示其讥讽之意。我说这个知县，一点也不糊涂，在全县闹饥荒的声中，幸亏他顺从民意，不过一抢了之。假若横施压制，就难免激成大乱。自此以后，黄安的大地主们，再不敢囤积居奇过分地高抬谷价了。影响所及，临近的豫南各县，每逢大荒之年，必先从富户吃起。吃完了，再一路出去逃荒，谓之“吃大锅饭”。官厅且给以凭照，不加制止。逃荒本不是办法，因为当时的官厅不能领导百姓生产救荒，也只有这种消极的办法。这种风气，相传甚广，直至辛亥革命的前一年，湖南省城还有抢米渡荒的风潮。巡抚余诚格派军警出来弹压，激动人民，烧毁巡抚衙门。

工农生活的贫困与失业　清朝末叶，汉口开辟租界，各帝国主义者，尤其是英美的经济侵略势力，垄断了汉口贸易市场。替他们做奴役，一跃而为买办的，如刘歆生、刘子敬、杨坤山等，都以寒微出身，立致巨富。一般人都莫名其妙，艳羡他们发了洋财。其实洋人来到中国，是来发中国人的财，哪有财给中国人发。他们以成本低、出产多的工业品，在汉口市场与中国落后的农业生产品、手工业生产品争夺利益，当然操必胜之权。所以洋人发财，是发的中国财，而且是发的中国劳动人民的财。因为中国的生产品，都是从劳动人民血汗得来的，洋人尽管发财，那些买办、官僚、商人、地主们并不感受痛苦，反而从中取利。只有劳动人民，个个都感受痛苦。当时握有政治大权的洋务派张之洞，也认识到洋人发财于国计民生，太受影响。他也曾在湖北大兴工厂，以冀挽回利权。一九〇六年，在汉口硚口下首，有贫民大工厂的设立。一八九二年，在汉阳大别山下，有机器厂、铸铁厂、打铁厂的设立。一八九三年，在武昌文昌门外，有织布局的设立。一八九四年，在织布局东偏，有纺纱局的设立。同年，在武昌望山门外，有缫丝局的设立。一八九六年，在武昌平湖门外，有制麻局的设立。一九〇七年，在省城外白沙洲，有造纸厂的设立。同年，在汉阳赫山，有针钉厂的设立。在省城保安门外南湖，有制革厂的设立。在武胜门外下新河地方，有毡呢厂的设立。在省城内兰陵街，有模范大工厂的设立。这些经营，在当时的政治方面与社会方面，总算是进步的。不过弊病太多，岂能与帝国主义者的工业争妍斗胜。资本太少，不能有大规模的设备，弊一；缺乏技术人才，没有精确的计划，弊二；内部各机构没有科学的管理方法，弊三；主持其事的，有总办，有会办，有帮办，有提调，都是派的官僚，把这一件差事，当作调剂私人之用，因而札委接到，荐书纷来，都是准备着进厂发财的，弊四；机器和零件，都系购自外洋，购价既昂，运费又重，都要加在成本上面，而且厘金捐税，层出不穷，与其它纳税有限之外国工业品相较，推销时当然落后，弊五。因为有了上述的弊害，所以不易支持。招商承办，官厅既不肯放松；官督商办，商人又望而却步。由此之故，所以张之洞创办的工厂，都不能向前发展。其人存，则其政举；其人亡，则其政息。张之洞去鄂以后，事业更不如前。工厂亏本，工人得不到应得的薪红；工厂停顿，工人便陷于失业的绝地，这是产业工人所受的痛苦。此外有码头工人，则受封建码头的剥削，买一条扁担，要费去五六十元，每日工资，要扣去十分之四五。人力车工人，则受车行老板的剥削。铁路边和建造厂的苦力工人，则受大包工、二包工、三包工之层层剥削。他们都不劳而获，养尊处优，受苦的就是工人。再说到农村方面，每一个佃农，终岁辛勤，不过二十多石谷的收获。地主至少要得去十分之五，还要请稞饭、送节礼，买肥料、留种子以及添补农具等等。试问所剩还有几何。从前生活不够，还期望农妇之纺棉织布，贴补若干。自从洋货进口，土布就难以行销，农村副业，一般都受影响。因此种田亏本，只有别图生路。谈到雇工，更是悲哀得很。当时雇农的工价，上农夫不过每年十二串文，其次八串文，又其次六串文，你想这几个钱，如何能够养家。所以当时的雇农，个个都是单身汉。黄安有两句俗谚道："单身汉，莫好高，接一个老婆累断腰。"生活之苦，可想而知。中农降为贫农，贫农降为雇农，这是清末农村中的普遍现象。工人失业，便成为市井流民。农民失业，便会铤而走险。所以辛亥一役，在乡村起义，一呼就是几千人。在武汉招兵，一呼就是几万人。工人与农民，因为不堪忍受生活上之痛苦，所以需要革命，所以赞助革命。这是革命力量的重要泉源，也是当时之帝国主义与封建势力所造成的。不过当时的革命者，还没有认清此点，并充分利用此点。这确是很可惋惜的事。

瑞澂杀徐升　瑞澂在北京城中，与袁世凯同为四大恶少之一。他的父亲荣铠，做过湖北藩台。所以他在武汉做过阔少爷，情形极其熟悉。有一次来汉游历，征逐于南城公所的歌舞场中。某日正在歌女童爱爱家中厮混，忽然汉口大流氓徐升夺门而入，加以无情的毒打。徐升骂道："这是我徐大爷常到的地方，快替我滚!"瑞澂受此奇辱，即往巡警道衙门去找道台冯启钧。启钧问明他是北京的贵胄，便赔罪道："那位徐升是此地的稽查处长，捉拿革命，替皇家出力很多。这几天风声太紧了，他奉令到各处侦查，得罪之处，请你原谅为幸。"瑞澂怀恨之下，回到北京，立志要服官湖北，以报此仇。没过多时，果然被任为湖广总督。下车之日，开首就传冯启钧。启钧见了瑞澂，往事回思，历历如绘，但是又不敢提起。瑞澂说："你会办事，眼力也认得人，我很器重你的。听说长江会匪甚多，在武穴地方，勾结乱党，希图破坏大局。其中党魁姓柯名叫玉山，徒众甚多，不易拿获。你派得力密探前往设法捉拿。我已经电令武穴驻军随时协助。一经擒获，重重有赏。"冯启钧接奉密令，即将徐升传到，告以此事，勉励他善自立功。柯玉山和徐升本来是换过帖的好朋友，徐升为自己立功起见，也就顾不得朋友了。当天晚上，带了几十名便衣侦探，坐着汽船，到达武穴。先把军队接洽好了，然后密布步哨，将柯玉山的住宅包围起来，自己带领弟兄，与柯玉山作肉搏战。费了很大的力量，算是把柯玉山拿获了，当即绑上汽船，由军队荷枪实弹，押解到汉。总督衙接得报告，传令嘉奖，并谕令冯启钧在后花楼的万国春酒楼大张筵宴，犒赏徐升。正在猜拳饮酒的时候，后花楼至笃安里一带，层层地密布网罗。瑞澂由北方带来的一位军官，名叫祝书元，带着北方的打手三十余人，藏在万国春对面的隆华旅馆，候着动手。这位祝书元是北方有名的拳术家，曾经在日本东京留过学。他的哥哥祝瀛元，任农工商部右丞，为振贝子府内的红人，同瑞澂也很要好。祝书元随瑞澂上任，是准备来接巡警道的，所以带着许多的打手，同来应差，以便代替徐升部下的势力。动手的时候，祝书元带着便衣军探和一群打手，各执武器一拥上楼，吃得半醉的徐升父子两人，起来作殊死斗。祝书元枪法厉害，一弹射去正中徐升的右膀，徐升失了抵抗力，父子都束手就擒。当天就在后城马路的空坪地方，执行斩决。他父子二人，在汉口是无恶不作的，处斩之时，无人不称快事。

第五章　革命党人的生活状况

文学社经费的来源　革命者不要钱，但是革命事业不能不用钱。例如购买军火要钱，邮电交通要钱，以及设立机关、笔墨纸张火食茶水的供应在在都非钱不行。同盟会总理孙先生奔走海外，孑然一身，除了向华侨募集捐款而外，别无办法。然而所募之款，毕竟有限，不够的时候，还是要各地同志自己克服困难。文学社的章程第四项就是经济，文云："本社社员，缴入社金一元。每月按月薪缴纳月捐十分之一。各队由队代表收集，于放饷后二日送交营代表。营代表于放饷三日内，收集送交标代表。标代表于发饷五日内，集全标捐款，送本社会计点收，存放银行。开会时，会计须将簿折交会审查。"所谓十分之一，就是于四两二钱饷银内扣出四钱二分。就当时的银价折算，每人约缴月捐五百文。所有机关的一切开支，莫不取给于是。而每个会员薪饷，扣去十分之一，营盘还要扣火食，有家眷的人，还要留点钱养家。生活之苦，可以想见。

八百元的店老板　一九一一年（即辛亥年）春初，同盟会骨干分子在槟榔屿开会，孙中山先生主席，谈革命目的地问题。黄兴和赵声主张在珠江流域发难，宋教仁主张在中部长江一带，谭人凤、居正主张在武汉。各持理由，辩论极其热烈。孙中山先生说："此三处都关重要，你们要通盘计划，切不可分道扬镳。"讨论结果，还是依从黄克强的主张，决定在广州发难。不过武汉地方的新军运动，已经有了头绪，是不应该放弃的。于是责成谭人凤和居正两人到武汉主持一切。谭人凤来鄂时，带有资金八百元，交给沔阳人杨时杰，要他筹备革命的秘密机关。这一笔钱，先租房屋一栋于汉口长清里，为总机关部。再租一屋于武昌胭脂山，为分机关部。开一座同兴酒楼于黄土坡，以邓玉麟为店老板。开一个同兴学舍于巡道岭九号，以扬州谢氏妇扮作邓的爱人，来做老板娘。居正笑对玉麟道："你这两个地方好像梁山泊的朱贵酒家一样，上山入伙的梁山朋友，是要到这里投到的。"这几个门面撑开，资金已耗去大半了。不上四个月，酒店因没有本钱，只有关门大吉。学舍呢，全靠向住客预借伙食费，勉强支持。邓玉麟和孙武两人，衣服都典质以尽，只剩下旧蓝布长衫一件，谁出门，谁就穿着。也就穷苦至极了。

革命作者的文字生涯　清末，汉口有两家商办的报馆，一家是《中西报》，黄冈人王华轩办的；一家是《公论报》，下江人宦悔之办的。他们报馆的开支项下，也列有稿费一门。不过可怜得很，每一千字不过五百文钱的报酬而已。当时投稿的，有两个作家，一个署名石庵，一个署名古复子。这个古复子就是沔阳人杨玉如。他和杨时杰同乡，而又同一杨字，所以杨时杰把八百元领到手，就到报馆去找他，要他搬过江来，替他在雄楚楼十号租了一栋房屋，每月租金六串，由八百元内开支。玉如道："租金固然省掉了，伙食出在哪里？江那边报馆的事，我毕竟不能丢开。丢开，就没有饭吃了。"时杰道："你在报馆做文章，薪水多少？"玉如道："没有一定，五百文一千字，照字数给钱。有时候不登社论，或者是他们账房为节省稿费起见随便把经世文编、上海杂志择一篇做社论，那我就没有钱了。"时杰叹道："文章不值钱，这真是文人的末路。朋友，还是要努力革命啊。"玉如道："我苦，胡石庵更苦。他不是经心书院的学生、兴中会的老同志吗？他所写的《明珠血》和《马上女儿传》两种小说，不是脍炙人口吗？可是报馆的会计未免太挖苦了，从前算稿费，按行路计算，多提几个头，多加几个标点，还可以偷一点巧；现在圈点除开，空白除开，七折八扣，一千字只能折成六七百字。石庵气愤极了，他已经搁笔不写了。你看，这两天的报就没有他的小说。"时杰道："他是世家子弟，他的父亲，是点过翰林，在江汉书院当过主讲的，为何一寒至此？"玉如道："你哪里晓得，他的远祖石庄公，是明代的遗老，临死时留下遗嘱，教世世子孙不要做清朝的官。所以石庄而后，世代是穷翰林。石庵的父亲去世得早，因为同蒋状元家是亲戚，他的书，还是从蒋家读出来的。现在蒋家也式微了。他是一个无家可归的飘零者，焉得不穷。”时杰道：“穷得好，穷了，才能革命。文人的一支笔，胜于十万毛瑟枪。这是革命的好武器。要养精蓄锐，准备攻打我们的敌人。把它当作商品，贱价出售，未免太不值得。朋友，你说对不?”玉如曰：“诺。”

下乡偷菩萨的笑剧　蛇山腰的蕲州学社，是党人们时常聚会的地方。因为查光佛、田桐、詹大悲等都是蕲州人。居觉生来到武昌，也住在这里。有一天，查光佛、焦达峰、邓玉麟到学社去看他。只见觉生和蔡大辅绑腰扎裤，从外面回来，提着一大篮田鸡，笑说：“你们来得恰好，我们今天可以开一个田鸡大宴会。”吃的时候，觉生说：“这些时穷得无聊，学社大司夫讨饭钱，没有钱给，伙食越开越坏，我实在馋得难过。所以邀着老蔡到郊外去捉田鸡。竞生（查光佛字），你可以在报上大书特书某年月日，某某等，在蕲州学社，举行田鸡大会。我们在座的，都是田鸡朋友。”大家吃完了饭，由达峰提议道：“时局太吃紧了。我们发动革命，万事俱备，只欠东风。东风是甚么?就是钱，请大家想个办法!”邓说：“有甚么办法?当尽卖绝，借贷无门。明天旅馆就要断炊，我这老板，实在做不下去。”查说：“办法来了。我们县的三角山出绿毛龟，放在大金鱼缸中，毛就展开，卖给药店，可以求得善价。你们会捉田鸡，何不到三角山去捉绿毛龟呢?”觉生说：“有是有的，难得捉，也难得卖。”查说：“除此，我别无办法。请你们想个办法。”觉生说：“提起三角山，底下有一个达城庙，那里头有个金菩萨，传言是明朝荆王施舍的。偷出来，倒可以解决我们的贫困。”达峰说：“果有此事，那倒值得一偷。为着革命，穷到极处，不得已来他一个‘偷’，在我们革命的生活史上，倒是一桩有趣的事。”蔡大辅说：“宁可抢，不可偷。偷儿是没有出息的。你们会党的人，就瞧不起。”达峰道：“这倒不见得，一部《水浒》，为甚么要加上一个鼓上蚤时迁?著书的未必没有用意。说去就去，我也同去!”觉生说：“要去，你去找邹永成，借几块钱做盘川。还要你找四个大力士，带些挖窿钻窟的家伙，那才好去。”达峰说：“好，我去办。你们等我。”这回除了蔡大辅要回营销假，詹大悲要回报馆做文章而外，同去的有焦达峰、居觉生、查光佛、刘文锦、邓玉麟及达峰找来的两个大汉，坐轮船到武穴上岸，向达城庙进发。中途经过田梓琴（田桐字）家，田母杀鸡为黍，大家吃了一餐。晚上到了达城庙，觉生把两个大汉及刘文锦安置在一家旅馆里头，向查说："人太多了，怕惹起人的注意。他们在这里歇一晚，我们四个人到陈愚溪那里去。陈家离此不远，很爱客，家事也很可扰的。"查说："好。"一路走，一路笑。达峰说："竞生这样笑，其中定有文章。"邓说："莫理他，他向来是尖刻惯了的。"查说："那算巧，我未必笑也笑不得，要晓得达城庙的那尊佛，正是个挺肚张唇的欢喜佛。我记得，龛子内有一副对联，道：'大肚能容天下事，张唇长笑世间人'。横额是'皆大欢喜'。我想起这几句话头，很有趣味，所以忍不住笑。"邓说："不错。要弄到手，就是皆大欢喜。不然，就是一场大笑话。"一路说着笑着，到了陈愚溪的家。陈欣然迎接，互道寒暄。霎时间，开出酒席来，既有旨酒，又有嘉肴，招待极其周至。众人狼吞虎咽，痛快地大吃一餐。陈笑道："听说武汉此时风声很紧，你们到山里头来，是来'湾风'的呀？还是来'落草'的呢？"觉生说："落草就落草，当心来一个火并王伦。"谈笑了一会儿，因为走路太多，大家也倦极了，在陈家歇了一夜。次日清早，四人都随着烧香的人，一同进达城庙。见三层正殿，左边的神龛是锁着的，听说金菩萨就在里头。四人也随着烧香的人，一样地行叩首礼，礼毕，给和尚一块银元的香钱，和尚欢欢喜喜地接着。达峰请和尚把神龛打开看看神像，和尚始有难色，但是不好意思拒绝，终于打开了。达峰看了一会儿，并用手探了一会儿，才随同和尚到客堂吃茶。再在庙外各处察看了地形，时候已经晌午，才一同回店用饭。当天晚上，带同刘文锦和两条大汉再到达城庙，实行其偷的工作。只见庙门紧闭，万籁无声，大汉就山坡逼近庙墙，将墙脚挖了一个洞，七个人鱼贯蛇行而入。神案上的油灯一盏，荧荧未熄，达峰将灯草拨动，大放光明。拿着一柄大刀，将和尚的卧房守住，只听得里面鼾声如雷，想已睡熟，就吩咐大家动手。刘文锦、邓玉麟帮着两个大汉，用刀拨开龛门，从龛内取出菩萨，掩至后殿，慢慢的送出洞口，然后蛇行地鱼贯而出，用四个人抬，才抬得动。抬走两里多路，邓说："我真累极了，歇一会儿吧。"达峰说："让我来抬，试试份量，看是不是金的。”上前用指头敲一敲，说：“不对，这完全是古铜瓶一样的声音，我们大上其当了。”查又笑嘻嘻摇头转颈地念道：“我有诗为证：只因时运不兴隆，检得黄金变废铜。这才是皆大欢喜咧。”觉生拿着电筒，照了一照，说：“明明是金的，怎么是铜，也许是包金吧？”正在议论，那对面村里发出一阵尖哨的呵喝声。原来这个时候，正是油菜和大麦登场的时候，乡下人都轮班守夜，防备有人来偷。远望见电火闪烁，认为是鬼火。乡下人是顶怕鬼的，愈是怕，愈要示威壮胆，所以一唱百和，发出尖峭的呵喝声。他们偷菩萨的七个人，心虚胆怯，认为是庙内和尚邀着人赶得来了，于是大开步地飞跑。愈是跑得快，乡下人愈是追得快。抬的罗汉，早已抛在水塘里面了。正在危急的时候，遇着一家豆腐铺的老板起来磨豆腐，问道：“你们哪里来的？跑什么？”查答道：“我就是这跟前的人，从省城学校放假回来。天黑了，走错了路，他们无故地来追我们。”老板说：“你贵姓？”查说：“我是查光佛。”老板道：“原来是查家畈的洋老爷。”回头向追的人喝道：“你们这些人真‘鹿’得很。大水淹了龙王庙——自己不认自己人。他们从省上来的，未必还偷你们的油菜子不成？”乡下人听说，都折回而去。这天晚上，七个人就在豆腐铺里头坐到天亮，你望着我，我望着你，哭也哭不得，笑也笑不得，哑子吃黄连，苦也说不得；还恐怕庙内的和尚醒了，要赶来追问着菩萨。店老板上前安慰道：“洋老爷，你是跟前人，他们那一些蠢人，有眼不识泰山，你们还放在心里吗？”查说：“大肚能容天下事，张唇只笑世间人，这才是皆大欢喜咧。”达峰说：“大家悬极了，你还开心。明天到汉口，同你算账！”老板道：“先生，快莫这样说，查家的洋老爷说得不错，大肚能容天下事，这才是宰相肚子撑得船——他一定要高升的。”查益发笑不可抑。次日清早动身，赶到武穴，搭上水船回到汉口。起了岸，就到大江报馆，还未进门，达峰说：“昨天的事，我们莫要提吧。”一进门，詹大悲就问道：“你们辛苦呀！”觉生说：“在田梓琴家盘桓了两天，也不见得辛苦。”大悲的爱人许刚接着问道：“你们偷的金菩萨呢？”查笑道：“现成的菩萨在此，他是大悲大愿，你就是救苦救难的观世音菩萨。”许刚道：“我的首饰早已换完了，再也不能够救苦救难。”大悲道：“看你们的情形颓丧得很，大概是偷鸡不着，还蚀一把米吧？各机关都不能举火，报馆也要关门，怎办呢？”达峰说：“不怕，不怕，我去找邹永成想法子。”

邹永成在家行窃失败 湖南人邹永成，也是军界中人，为文学社的骨干分子。[1] 家中很有钱，为了革命，他也用了不少的钱，不过家中财政权掌握在婶母手里，不能由他作主。这次焦达峰去找他，他忸怩答道：“我的钱，太用多了。昨天向我婶母要钱，她已经拒绝了——我晓得她手边也实在无钱。不过我估计她的首饰积蓄得不少，怕有两三斤吧，算成银洋，也有几千元。向她借，她是不肯的，这就要偷才行。老焦，你替我想个偷的法子。”达峰说：“这很容易，弄一点麻醉剂，私自放在她吃的东西里头，把她麻醉住了，你再去偷，不是十拿九稳吗？”邹永成道：“那是行不得的，倘若麻醉死了，该当何罪。”达峰说：“何至于死。我替你弄一点，她吃了，只是昏昏沉沉睡几点钟的觉，要甚么紧。”没有一会儿，达峰把麻醉药剂弄得来了，交永成置于酒杯里头，以进于婶母。婶母吃了，果然倒在床上呼呼地睡着了。永成进她房内，正准备去打她的皮箱，她忽然惊醒了，重重地骂了永成一顿。达峰和孙武往取首饰，看见他的婶母坐在堂前，精神百倍，晓得迷药失效，垂头丧气而返。达峰叹道：“岂天公不欲我完成革命耶？何屡次失败，厄我至于此极耶？”

刘仲文捐出五千元 刘公原名湘，字仲文，湖北襄阳人。家中富于资财，留学日本，隶籍于同盟会，曾捐助三百元于二十世纪之支那报社，任总经理。共进会成立时，又被推为鄂分会总理，即革命军之大都督。回国时，携带有印信旗帜，为共进会之领导人。同志们正在困难中，听说刘仲文到了，都额手称庆道：“财神至矣，我们还愁什么。”其时清廷有旨，大考留学生，中试者赐给翰林、进士、主事、中书等官衔。仲文家庭得讯，命仲文上京赶考。仲文说：“我要革命，还考甚么官。”家庭因为怕他革命，累及家族，才要他应试做官，成天地苦口劝他。他说：“要我去应试，必须给我银子五千两。考中了，

---

[1] 据邹永成自述（《近代史资料》1956 年第 3 期），他最初加入华兴会，继而参加同盟会，并未说曾为文学社之骨干分子。又，本节所述邹永成企图盗取婶母首饰事，与邹自述经过亦略有不同。

容易运动得缺，不中我就捐一道衔；否则我决不去。”家庭答应了，立付现款五千两，兑交汉口银号收存，仲文就到省来了。杨时杰、李作栋、居觉生等开会欢迎，由时杰布置寓处，与杨玉如同住在雄楚楼十号。时杰同乡有一个姓李的女学生，在时象晋所办之女子职业学校肄业，家世寒微，乃旧社会之不幸妇女。她拼命奋斗，在恶劣环境中，自己解放出来。沔阳人哀其际遇，相约助以资斧，使之就学。她为人秀外慧中，善于交际，因有“沔阳监学”之称。每逢星期日，必到杨家，得与仲文相识。其时仲文丧偶，正欲寻找爱人。杨玉如窥知其意，因为之玉成其事。唯对监学提出条件道：“你既参加革命，必须为党立功。嫁了仲文，必须劝他尽忠于革命。听说他带来的银子不少，是打算进京捐官的，你可不能够让他捐官咧。现在党务发展，经费困难，他这一笔钱，非教他捐献于党不可。”监学道：“好，我同他订婚时，也向他提出这个条件就是。”有一天，仲文和监学联名请客，请的是李作栋、居觉生和杨玉如。这一天，杨时杰有事回乡去了，所以不曾列席。酒过三巡，杨玉如提议道：“今天是刘仲文同志和李女士订婚的喜日，应该有诗为证。划拳太闹了，闷着也无意思，行令我也不会，大家联诗助兴何如？”居觉生是会作诗的，起立道：“我赞成！此次刘仲文大哥来省，是领导我们革命的。我开场一句，就是：酒待黄龙饮。”玉如说：“起得好。我们革命，正要直捣黄龙，痛饮一杯酒。待我接下去吧：交联白马盟。”仲文想了一会儿，才接道：“功名惭蠖屈。”作栋说：“刘大哥，快莫说颓丧的话。马上革命成功，刘大哥就是大都督，何屈之有？监学，你接下去吧。”监学说：“我初学作诗，怎好班门弄斧。勉强凑成一句，休得取笑。”念道：“昧旦听鸡声。”觉生拍掌叫绝道：“这是她临时作的，一呼一应，这般的凑巧。刘大哥，爱人勉励你，你要努力呀。”仲文道：“好，努力前途！”念道：“目极三千里。”念了，又自己解释道：“这是一句老话，北京到汉口，恰恰三千里。你们莫要误会，说我想到北京捐官咧。”作栋说：“何至于呢，刘大哥是革命的领袖，哪能做满清的官。我不会做诗，也有一句，听我道来：胸罗十万兵。”仲文又道：“封侯非我愿。”玉如道：“让我来煞尾吧。”念道：“劳苦为苍生。”觉生说，“不错，接得好。革命的目的，是要为人民造幸福的。”席散了，玉如道：“刘大哥，革命的空气，一天比一天紧张，同志们盼望你，如大旱之望云霓一样，你打算怎样做法？”仲文道：“我已经发出通知，明日在汉口长清里开会。除了你们三人，还约有蒋翊武、孙尧卿、杨王鹏、查竞生、陈铁侯、彭楚藩、刘尧澄、李六如、江炳灵、潘善伯、邓玉麟一班同志，共二十余人。有重要的话向大家报告，你们可是要到的。到了开会的时候，我的真正态度，你们自然知道，再会吧。”次日，在长清里开会，到的人很多。仲文提着一个皮包，放在一张餐桌上，沉默半晌，然后很和蔼地说道：“各位同志，我回来好几天了。论理，早就应该邀集大家同志开一个恳亲会。因为是离开武汉多年，亲朋戚友，很有一点应酬，加以银钱的汇兑和存放手续没办清楚，所以挨到今天，很抱歉的。今天请各位同志来，有几点应该声明的事：第一，我这回由日本东京回国，虽说是负着共进会的使命，但是我动身的时候，曾经向同盟会本部请过示的。因为我本来是同盟会的会员，共进会与同盟会，确是一家，同志们不要误会。第二，我此次回来，并不曾在总会里头领得一文半片。带来的钱，原来是家庭拨给的，我说句不孝不悌的话，是在父兄面前欺骗得来的。试问我私人的用度有限，有甚么名义可以向父兄多要点钱？只有异想天开，利用‘捐官’名义了。因此官厅方面，都认为我要捐官。甚至于我们同志，也疑惧我要捐官。官厅的谣言，于我很有利益，那是不必理会的。同志们疑我捐官，怕我捐官，就革命的立场加以批判，不能说没有关系。但是我不但不愿气，并且很感动。惟其这样，正是同志们爱我和重视我的表示，更是同志们忠于革命的表示。我受此感动，当然要帮助同志，努力于革命的进行。第三，革命的事，是要拿命来拼的。命且不要，何有乎身外之物。听说军界同志，每月从饷银项下节衣缩食，扣出几钱银子来，作为党费，我是很钦佩的，同时也很沉痛的，拿出一点钱来，也可以减少他们的负担。第四，我奉的使命，是共进会湖北分会的总理，照章程上说，也就是起义的革命军大都督。这个重担子，我是挑不起的，而且愧不敢当。在座的各同志，与我年相若、道相似，谁不配当都督？要是争的话，谁又该让谁当都督？我本人是不愿意这样的。我觉得要想革命，必须同志们同心协力，有互相体谅的精神。否则忠义堂上，演起火并王伦的恶剧来，那是革命的损失，尤其是革命的耻辱。话说完了，这有我从东京带来的总会规章、印信、旗帜及入会愿书等件，还有我在惠通钱庄的一个存折，计银五千两，当众都拿出来，请大家公举一位同志，点明接收。我不是退避，因为这里的军界情形，我不大熟悉，这次回汉，又和军界同志很少接洽，一切都是隔膜的。再者同我往来的绅商界的人很多，每天应接太复杂，于革命进行也有些障碍。顶好是尧卿、尧澄、翊武你们几个人，任何人负责都行。我横竖是不走的，一定尽力地从旁襄助。这一席话，句句都是老实话，我想同志们一定能体谅我。"刘尧澄起来答道："刘大哥的声明，精神太伟大了，我们心里都有说不出的感动。关于刘大哥自己解释的部分，实在用不着解释。因为我们对刘大哥，绝没有甚么疑虑。捐官的事，刘大哥早已坦率地讲过。要有此意，就该讳莫如深的。况且即令捐官，不见得就不革命。徐锡麟革命，何尝不是从捐官入手呢？不过刘大哥既决计不捐官，那尤其再好没有了。关于勉励我们的部分，我们应该竭诚地接受，共进会与文学社，当然要紧密地合作起来。惟关于责任的推让问题，本人有点意见，刘大哥是总会派来的，而又是大家所敬仰的，刘大哥不出来负责，谁能负责？谁又敢负责？"说毕，众鼓掌。仲文拉着尧澄的手，诚恳地表明不能负责与不愿负责的苦衷。经大众讨论半天，结果一切事件暂由孙武接收，等共进会的干事会成立时，再由干事会分部负责。仲文交下的钱，由会计李作栋接管。仲文打开皮包，将所有证件和银折，当众点交清楚，再交孙武接收。这时候的会场，充满着皆大欢喜的气氛。会散后，一齐含笑出门。李作栋邀着彭楚藩到钱庄去兑银子，楚藩说："我穿的宪兵衣服，如何去得？"作栋道："因为兑银子怕有危险，正用得着宪兵。"楚藩借了一件长衫，在外面笼着，下截露出红线镶边的军裤，扮成便衣宪兵的样儿。到钱庄兑银，一切便利很多。银子到手，存在银行活支。次日，开主干会议，决定四事：一、五千两银子，只收五千元，其余交仲文作为私人零用。二、就武昌城内选择要点，多开几家旅社，平时通声气，有事即为集合点。三、就汉口分租密室，为制造发难应用之爆烈物品及旗帜布告之处。四、派杨玉如及居觉生前往上海购买手枪，并邀请黄兴、宋教仁等来鄂主持大计。有钱好办事，同志们的精神都加倍的振奋起来。

第六章　为武昌革命作先驱的广州革命

起义时延期与定期的争论　辛亥革命以前的流血事实，指不胜数。然或为个人之暗杀行为，或为一个地方之单独行动，与湖北同志，没有密切的联系，其影响于湖北者，也就不大。辛亥年春间广州督署之役，是与湖北有联系的。举义总计划原定广州得手后，即以黄兴统一军出湖南趋湖北，赵声统一军出江西趋南京，以实现会师长江的盛举。所以江、浙、皖、湘、鄂不可不筹设机关，联络军人，以备响应。尤其是两湖居全国中枢，更关重要，应该首尾相应，声息相通。所以广东一役，就是武昌首义的先驱，这是事实，谁也不能否认。由三月二十九日到八月十九日，不过一百一十天，武昌果然克服了。所以写武昌首义，不能不写广州。不然，就是割断历史，看不出革命的线索。广州革命，是由黄兴主持的。他于三月二十五日，邀集一般同志到达广州。其时，正值温生才刺杀孚琦的当儿，军警戒备，极其严紧。党中有人向黄提议道："官厅布置周密，这一举恐难制胜。与其一败涂地，不如留实力以待将来。顶好是速下命令，将已到的选锋队完全遣去。未到的，速发急电，教他不要来。大家回到香港，再等机会。"黄遂发一电报给胡汉民，云："省城疫发，儿女切勿回家。"即请在港同志不必来省之意。港中同志，都相顾失色。黄兴于电发之后，将到省之选锋队遣去三百余人。忽有林时爽、喻汜云两同志向黄报告，谓官厅将搜查户口，惟从速发动，始能自救。同时陈炯明、姚雨平又来报告，谓调来顺德三营，内多革命同志，现泊天字码头，即欲乘机起事。黄立命姚、陈前往商洽。回报，谓接洽已妥，人人都具决心。黄兴又电胡汉民云："母病稍瘥，须购通草来。"即暗示所有党员一齐赴省之意。原定二十九日举义的期限，便由此决定了。黄兴一面电港，促党员进省，一面写就起义时的命令。因为敌情有变化，二十七日遣去之同志未能到齐，乃将原定十路进攻的计划，完全变更。一、黄兴攻两广总督署。二、姚雨平攻小北门，占飞来庙，并延防营及新军进城。三、陈炯明攻巡警教练所。四、胡毅生以二十余人守大南门。定于二十九日下午五时半，一齐发动。是晨，黄兴致书于邓泽如，文曰："泽如先生大鉴：兴本日亲赴阵地，誓身先士卒，努力杀贼，不敢有负诸贤之期望。所有此次出入款项清册，虽细数亦有登记，当先寄呈公埠宣布，次荷属，次南北美洲各埠；无论成败，俾共晓然于此次之款，涓滴归公。弟等不才，预备或有未周，用途遂因之不当，负疚殊深。所冀汉族有幸，一举获捷。否虽寸磔吾躯，亦不足以蔽罪。惟此心公明，足以对诸公耳。绝笔。弟黄兴顿。"

总督衙门的血战　三月二十九日，黄兴率革命军举义于广州，时为下午五点半钟。黄兴集众，激昂演说毕，众皆鼓舞。朱执信赶到，即剪去长衫下截，临时加入。出发时，每人给大饼一个，毛巾一方，由小东营进攻清两广总督衙门。党人皆臂缠白布，足着黑面胶鞋，手执枪械炸弹。司号者，手执螺角，为林时爽、何克夫、刘梅卿等。一时呜呜声动，风起云涌，直扑向前。途遇警察，即开枪击毙。疾行入总督衙门，看见卫队，即高声喊道："军队中同胞听者：我们都是轩辕黄帝子孙，汉族人不打汉族人。你们切不可做满人的奴才，杀自己的同胞兄弟。"呼声未了，一颗枪弹把同志林广尘打死了（按：林广尘即林时爽，与下文所述矛盾）。林尹民在侧，目睹其族兄惨死，悲愤至极，抛掷炸弹，立毙卫兵三十余人。敌大惊，望风向内溃逃，并向后胡乱放枪，流弹如雨，林尹民也中弹而死。黄兴正督队进攻，因向大众高呼道："前进！前进！活捉张鸣岐，为同志报仇！"其时陈更新和陈可钧，因长于击技，都随从黄兴左右，尽力护卫。听着他的口令，都并力厮杀，其势如疾风扫落叶一般，所向披靡。一直冲入二门，杀其管带金振邦。二门以内的卫队，都向内逃走。两庑及大堂的卫队，则凭柱倚柱放枪，杜凤书、黄鹤鸣阵亡。黄兴再督众内进。林时爽、朱执信、李文甫、严骥、陈可钧、陈更新等，到处搜索，杳无一人。惟见衣架上有长衣数件，茶碗数具，水烟筒犹有余温。原来张鸣岐等会司道于署中，正在计议防范事宜，一闻枪响，都如鸟兽散。他们从哪里逃走呢？因为温生才刺杀案发生后，张鸣岐异常恐慌，料定革命党人定有更激烈的举动，于是同李准商议，在总督衙门内搭一天桥，与水师行台相通，所以这时候听着枪声，就偕同会议的司道人员及衙门的职员，都从天桥溜到水师行台去了。黄兴看见督衙寂静，晓得张鸣岐早有准备，遥听着四城刁斗，呼应有声，因顾左右道："敌人定下毒计，特设此空洞无人的假阵营，以诱致我们，入其罗网。如不从速退去，马上军警开到，我们就陷入重围了。"当即命令放火，火起时，即发出退却的命令。方声洞带着一队人，拥着黄兴，奋勇地杀出一条血路来。这次突围，死于署内者，有徐广滔、徐进炲、徐礼明、徐临端等。死于署外者，有曾日全一名。出了东辕门，遇李准带着亲兵大队迎头冲来，中弹而死者，又有林时爽、刘元栋二人。黄兴的右手，亦中弹。急切间，黄兴就所部分为三路：以徐维扬率花县数十人出小北门，拟与新军接应；以川闽及南洋同志往攻督练公所；黄兴自率方声洞、罗仲霍、朱执信、何克夫、李子奎、郑坤十人出大南门，拟与防营接应。黄兴与方声洞行最先，走到双门底地方，天色已黑。碰着一支军队，迎面而来。这一支军队，即为由顺德调回的三营，由赵声接洽妥善，接济革命军的。其先行之一营，哨兵为温楚雄，哨长陈辅臣，均为同盟会健全分子。其哨中同志，多属同盟会员，约城内起义时，该哨即借"拱卫"为名，直至水师行台，捉拿李准。决定未到达以前，臂上不缠白布，以免入城时遇着军队，发生阻碍。行至双门底，温持刀在前，陈辅臣殿后，猝见身着短衣臂缠白布者十余人，直趋而来，知为革命党人。温大呼："兄弟们不要走。"方声洞见这支军队，臂上未缠白布，疑为敌军要击。连发手枪，温楚雄中弹立仆。队兵迎战，陆续死者十余人，方声洞也中弹毙命了。何克夫、李子奎、郑坤随黄兴出大南门，至卫边街，被军队冲散。李子奎在高第街中弹死。黄兴出城后，逃至溪峡机关部，指血喷流不止。女同志徐宗汉见状大惊，代为裹布，并出购止血药敷之。黄晕绝数次，徐饮以葡萄酒，才觉平安。四月初一日，购灰长褂一件，为黄改装，由徐亲送赴港，乘哈德安轮船。船上已无房舱，坐厅中沙发椅上，装做打瞌睡。徐坐其侧，以身为之障蔽。到港后，入雅丽氏医院诊治。医生说两指已断，非割不可，但须亲族签字，始能开刀。徐即以黄妻名义签字。因此黄徐二人结为夫妇，这也可算得铁血姻缘吧。

慷慨认供，从容就义　广州之役，除阵亡而外，党人被捕者，不下四十余人。张鸣岐回到衙门，立召集军警长官，宣布戒严。一面提讯被捕的革命党，施与以军法上的紧急处分。当即由军警各衙门解到林觉民、陈与燊、陈更新、陈可钧、李海、庞雄、罗仲霍、姚南、喻培伦、饶辅庭、石庆宽、冯敬、吴适、吴淼娘、吴七娘等多人。审讯时，都慷慨激昂，供认革命不讳。只有吴适一人，因为年纪太小，免处死刑；吴七娘和吴淼娘，因为是妇女，也免处死刑，均定为终身监禁。其余都一律处死。当中有一最令人钦佩而悲痛的，就是林觉民。他操着满口的福建话，问官不懂，问道："你能说别处的话不？"觉民说："我是福建人，只能说福建话。无已，我说英国话，好不？"问官说："行。"觉民操着很流利的英国话侃侃而谈，畅谈世界大势，并痛诋清政府的贪污和昏愦，详述中国贫弱的原因，慷慨激昂，至于痛哭流涕。李准虽然万恶，闻之也有些动容，乃命开去镣铐，与以座位，并给与笔墨纸张，使他自己书供。觉民走笔急挥，立尽数纸，洋洋数千言。写到极悲切的地方，解衣磅礴，以手搥胸，好像是不忍再写的样子。每写完一纸，李准就郑重取去，恭奉于张鸣岐面前。鸣岐随看随读，也有一线的良心发现，表示长声太息。写完，他口中有痰，作欲唾状，恐怕污了地毯，又忍着不吐。李准亲自捧着痰盂送给他，他方才临盂而吐。给以茶烟，他也是很有礼貌地接着。不过他的供词，说到痛恨官厅之处，就咬牙切齿，不存一点客气。审讯既毕，张鸣岐私语幕友道："惜哉林觉民，面貌如玉，肝肠如铁，心地的光明如雪，真算得奇男子。"幕友说："这样可爱的人才，正是国家的元气，大帅可以成全他呀！"鸣岐道："这样好的人才，留给革命党，为虎添翼，那还了得。"主意决定，立即处以死刑。觉民临刑的时候，一切不改常态。真是视死如归啊！

黄花冈上埋英骨　诸烈士就义后，陈尸数日，无人收殓，折臂断脑，血肉模糊，尸虫蠕蠕，出于发际，路人无不酸鼻。至四月初三日，官厅以妨害卫生，始函嘱广仁、爱育、方便、广济各善堂，备薄棺收殓，移置谘议局前旷地，分十数堆，计有尸七十二具。于是葬地之议起，南海、番禺两知事，拟葬于东门外的臭冈，即刑人于市的丛葬地方。暴骨扬秽，过者掩鼻，故有臭冈之名。党人潘达微，听说要把烈士的尸身葬在这个地方，心中不忍，私往广仁善堂，哀请善董另觅他处安葬。善董徐树棠说："本堂有地一段，在沙河马路跟前，地名'红花冈'，风景清幽，可称净土，就葬在红花冈吧。"潘大喜。四月四日，潘亲往督工埋葬，见尸体霉涨，铁索相连，蝇蚋纷集，惨不忍睹。其时阴云四布，微雨霏霏，路上绝无行人，惟有殓尸的仵工，相与凭吊欷歔而已。葬后，报上纪载改名其地为黄花冈。实则花是红的，烈士流的血，亦是红的。赤血千秋，红花满地，红花冈的名字，毕竟响亮得多，为什么要改做黄花冈呢？

茫茫血海怒翻花　黄兴住在医院中，听说在广州遇害的有七十二个烈士，悲痛极了。朱执信说："他们的历史，有好多是你晓得的，应该记下来才好。"黄兴说："是的。我的手断了两个指头，怎么好写？让我来用左手写吧。"左手写字，当然困难。写了两个人，还是写不下去。胡汉民进来说："伯先的病，危险得很，医生说非割不可，要我签字。我一人不敢负责，特来请你主持。"黄惊道："我刚才看他情况，好像很好，这时又沉重了吗？我们再去看看。"赵声也住在雅丽氏医院，黄兴去到他的房间，问道："伯先，你好点么？"赵声忍了半晌，才答道："问甚么好不好，还怕死了我么。我赵声罪当万死，对不起孙先生，对不起你，对不起一班死得惨的同志，对不起代替我死的温楚雄！"伏着枕头，号啕大哭起来。黄兴道："伯先，何必这样悲伤呢，革命失败不只这一回。我们一息尚存，总须奋斗到底。"赵声哭声未了，又大笑起来。胡汉民私谓黄兴道："他这时好像失了常态，我去请医生来。"过一会儿，医生来了，仔细地检查一番，对黄兴道："赵先生的病，沉重得很。这时候，大概是受了重大的刺激，恐怕会发狂的。其实他病的危险，还不在此。我曾用爱克司光透视过，他的疡痛已经长成了，我早就教他割，他不肯，说有紧要的事；再迟延下去，恐怕难救。"黄兴说："既是如此，就赶快割吧。"说时，陈炯明、熊克武也来了，大家商议一番，都主张割。于是共同签字，当天就实行开刀。哪晓得救治太迟，终于不能救治。过了两天，病已垂危。赵声临终的时候说："克强、展堂，同志们差不多快死完了，你们未死的人，要努力呀。"言时，从表袋内搜出一个字条，说："这是我从前送吴樾烈士的一首诗，抄下来，送给你们，作为临别纪念。"胡汉民接着念道："临危握手莫咨磋，小别千年一刹那。再见却知何处是，茫茫血海怒翻花。"汉民念着，赵声微微地笑着，就在这微笑的时光，奄然长逝了。他是江苏丹徒人，性情极其宽厚。在广东任新军统领的时候，兵士都爱戴他。钦廉之役，他与革命军通声息，被清廷撤职拿办，因而亡命海外，为同盟会会员。他和黄克强私交极深，这次广州之役，完全是他的策划。因为病的纠缠，不能亲往指挥。他的病，他的死，真是革命党的大不幸。

同盟会中部总会的组织　赵声的丧事办完后，胡汉民、朱执信、陈炯明、熊克武、黄兴等开一个同盟会的善后会议。汉民说："广州虽然失败，我们还是要干的。谭石屏的意见，要从武汉着手，说那边军界运动，很有基础，应该在那里设立总机关，督促进行。我认为上海和武汉商务上息息相关，电信和船舶交通极其密切，我们同盟会若在上海设立一个总机关，就可以直接地控制武汉。商务如此，我们的革命事业也当然如此。要是在武汉设立总机关，既不能控制别的省区，同时与海外也失却联络，一切接济，定感困难。所以我的意见，主张在上海租界设立同盟会的中部总会，再在汉口设立一个分会。关于海外的款项汇兑与军火运输，可以直达上海，再由上海转交汉口，自然灵活得多了。至于人的问题，宋钝初、于右任和陈英士不是都在上海吗？宋、于两同志都是《民立报》的主笔，民立报馆又是本党的言论机关，中部总会，就让他们主持，机关就设在报馆里面，当然轻而易举，再好没有。谭石屏和居觉生两人，已经到武汉去了，武汉分会，就由他们主持。经费一层，凭着他们的力量，总可以运筹得来。我们只派人送一封信去，马上就可以举办。大家意见何如？"黄兴道："既是这样，你赶快拟一篇宣言吧。"汉民提起笔来，就把宣言拟就。其文云：

粤城一役，殉难者七十二人。日月无光，山河变色，同人等激发于死者之义烈，各有奋心。留港月余，拟与主事诸公婉商补救之策。乃一以气郁身死，一以事败心灰。一则宴处自居，不能谋一面。于是群鸟兽散，满腔热血，悉付诸汪洋泡影中矣。虽然，党事者党人之公责任也。有倚赖心，无责任心，何以对死友于地下？返沪诸同志，迫于情之不得已，于是乎有同盟会中部总会之组织。定名中部同盟者，奉东京本部为主体，认南部分会为同级机关，而以中部别之，名义上自可无冲突也。总机关设在上海，取交通便利，可以联络各省统筹办法也。各省设分会，收揽人才，分担责任，可无顾此失彼之虞也。

全文甚长，这是中间扼要的一段。❶ 黄兴看了一遍，点头道："很对。宁可我们承认错误，让他们好生去干。中部总会名义，他们不好擅用，由我们授权他们让他们好负责去干。平情而论，我们失败太多了。广州一役，的确是不必要的牺牲，只怪我太固执了。现在悔不转来，只有退避贤路，休息些时再说。"朱执信道："克强，你不要灰心说这些消极的话。"正谈论间，谭人凤的电报来了。当即译出一看，其文道："粤总号亏累虽巨，幸此间分号营业甚旺，差堪告慰。望速汇二三万元，以便进货。至盼。凤。青（九日）。"黄阅毕叹道："照这封电报看来，武汉的新军运动，大概很有头绪，他要二三万元并不算多。不过这里是一钱莫名的。昨天槟榔屿邮局汇来一千元，我已经扯用了，因为要添补赵伯先的葬费和穷苦烈士家属的紧急救济费。料不到我们今天穷到这般地步，说起来真正伤心。海外的捐款，用得太多，展堂，我和你是负责人，还要实报实销，做一个负责报告才是。武汉方面要钱，也不能置之不理，这里没有办法，还是找孙先生。我马上就写信给冯自由，托他打电报去吧。"执信道："是呀，再穷也要干下去。党是整个的，革命的事业也是整个的。石屏来的电报，把商

❶ 据张难先《湖北革命知之录》（第 209 页）、谭人凤《石叟牌词叙录》及《邹永成回忆录》（此二文见《近代史资料》1956 年第 3 期）等记载，均谓：同盟会中部总会系宋教仁、赵声、谭人凤等 1910 年 4 月在日本东京倡议，1911 年广州起义失败后，在上海成立"同盟会中部总机关"。章程系宋教仁起草，胡汉民并未参加组织中部同盟会，亦无起草宣言之事。

业来譬喻革命，极有道理。革命的成败，也和商业的盈亏一样。某一分号赚钱，不算是赚了，某一分号亏本，也不算是亏了。必须总号年终来一个总结算，才可以决定盈亏。我们还没到总结算的时期，何必因失败而气馁呢？”黄兴说：“不是我气馁，现在太败狠了。钱用了几十万，倒不可惜。最痛惜的，牺牲了许多优秀的同志，是不可挽救的损失。然而我不气馁，一息尚存，我还是要干，我要杀李准，要杀张鸣岐，为同志报仇雪恨。”汉民说：“光杀他们两人，是没有用处的。你还是安心地把伤养好，再从大处着眼吧。”

广州失败后的两炸弹　三月二十九日失败后，党人愤怒至极，必欲杀李准而甘心。刺杀之事，由陈炯明与邹鲁主持。党人中有陈敬岳者，自南洋霹雳埠归，向邹鲁报告奋勇，愿任此事。同时有林冠慈者，愿为助手。侦知李准每日必于午后一时至二时由水师公所入城，因相与计议，城以内由林负责，城以外由陈负责。计定闰六月十九日（八月十三日）行事。那日午后李准由水师公所出来，陈候于天字码头，去李所坐的绿呢大轿约三四十步，陈向前直追。李轿进了南门，林冠慈早在南门候着，拦舆抛掷炸弹，烟尘四起，昏不见人。李准伤了腰部，未死。林中弹死。陈敬岳由天字码头追到，李准已被人抬走了。警察看见他西装剪发，形色仓皇，立即将他拿获，以致遇害。党人闻李准受伤未死，还是进行谋刺，不肯罢休。谁知李准自受伤以后，深居简出，党人再没有暗杀的机会，卒于秋间将满洲驻粤将军凤山炸死。任其事者，为李沛基及徐宗汉、徐慕兰、黄悲汉及庄六如女士。此次完全胜利，同志未损一人。广州迭次革命虽未成功，而接二连三的炸弹，总算是给清朝官吏以惩罚，使他闻而丧胆了。光复之后，将林冠慈、陈敬岳、温生才及炸龙济光之钟明光，同葬于红花冈，称为红花冈四烈士之墓。

第七章　推进革命之争路怒潮

流血争路，路亡流血　在革命空气紧张期间，清政府为软化革命起见，利用伪宪政来欺骗人民。又以规模新建，处处需钱为名，大肆勒索。一班贪婪淫侈的少年亲贵，更勾结一个昏庸无耻的奕劻，朋比为奸，日以敛殖私财为事。听到一群猎官的所谓新人物，贡献“利用外资开发实业”的政策，他们自然欢迎。杨度的“铁路国有”主张，就由此大出风头了。甚么铁路国有，不过是从人民手中夺去路权，再由他们卖给外国人吧。提起铁路借款，话长得很，内容复杂，可以看得出帝国主义者的分赃斗争。先是甲午（一八九四年）中日战争结束，美帝国主义者挟持其调停的功绩，向中国索取报酬。清政府遂以粤汉路的敷设权作为礼物，送给美国的拓殖公司。一九〇五年前，拓殖公司曾以取得经纪人的利益，将铁路底股三分之二售与比利时公司。这个比利时公司虽然由比国出面，实际上有俄、法两国投资在内。英帝国主义者，视中国之长江利益为其天厨禁脔，眼见俄法势力之侵入长江以南，它是不愿意的。因而怂恿湖广总督张之洞出面，以收归商办名义把粤汉路的敷设权，由美国人手中赎回。实则这一笔赎款，是从英国汇丰银行借得的，约定再建川汉、粤汉两路时，要尽先向英国借款。至一九〇九年，再建粤汉路，偿款问题发生，英国开出条件，极其苛刻，德国资本家乘机而入，由德华银行出面，与清政府交涉，愿以优待办法，借给六千万马克于清廷，而代表比法资本家的东方汇理银行，则以一九〇五年曾因建筑四川铁路组成英法银行公司，此为既得利益，现在不能相让。由此英、法、德三国，经过多次交涉，最后才决定组织三国银行团，对粤汉路共同投资，就把美帝国主义者关在门外了。但是美国不肯罢休，提出抗议，并由塔虎脱以大总统资格致电清廷摄政王载沣，坚持美国必须加入。一九〇九年五月，美、德、英、法四国代表在巴黎开会，达成协议，共同以英金六百万镑借给清政府。此协定于一九一〇年十一月十一日成立于伦敦。一九一一年五月，清政府与美、英、德、法四国订立《粤汉路借款合同》，除铁路借款外，并加入一千万镑的币制借款。此明为大规模的卖国行为，岂能掩住天下人的耳目。借款既已成功，就要把路权收归国有，已经投入的商股，一律驱逐。这正是民族资本受着帝国主义资本的压迫，自己有钱，不能筑自己的路，眼睁睁被外人夺去，业不由主，与亡国何殊。因此广东、四川、湖南、湖北的人民，异常愤慨，谘议局的抗争电报、留东学生界的质问书、各省旅京同乡会的请愿，连篇累牍，如雪片一般的飞到清朝政府。清廷虽然着慌，还是要顽强地干，这次风潮就越闹越大了。由东京湖北留学界推派的三个代表（张伯烈、夏道忠、江元吉），到处演说，都是以泪洗面，说得慷慨激昂。尤其是江元吉的争路表示，极为坚决，有一次在演说台上，拿出明晃晃的快刀，不动声色地割下自己左膀上的一块肉，在一块白布上，用血写成十六个大字道："流血争路，路亡流血；路存国存，存路救国。"这十六个字，制成铜版，遍载于全国报章。反对铁路国有的怒潮，便由此更加汹涌了。

湖南人争路坐西牢　湖南谘议局的争路代表，假道武汉赴京请愿，同时主张铁路国有的杨度，也因事北上过汉，住在英租界的水电公司。杨度是湖南湘潭人，刘复基顶厌恨他，说他是湖南的败类，于是邀集湖南的军学界同志及湖南旅鄂的绅商和学生，假座湖南会馆，举行湖南争路代表的欢迎大会，到会约数百人。演说时，无不痛哭流涕。当场议决，除一致声援争路代表外，并公推刘尧澄、李峻、龚侠初、宋锡全等十余人为大会代表，前往水电公司，迫请杨度到会答辞。杨度是有背景的，他住在英租界，当然有英国人替他保镖。他见尧澄等来势汹汹，连忙拉着一个英国人，由侧门逃避，并通知英国巡捕房将大会代表多人完全捕去。又用电话报告官厅，说他们都是革命党，指明革命总机关就在商务报馆里头。刘尧澄等被捕，押在英国巡捕房的监狱里，幸亏湖南同乡会尽力营救，才得保释。《商务报》的停刊、群治学社的改组，就是受了这次风潮的影响。

宓孑公大闹邮传部 在争路期间，川湘粤各省都举有争路代表入京请愿，湖北各界，也推举了张伯烈、宓孑公、刘心源等四人。这位宓孑公，名叫昌墀，是点过翰林，做过知县的。为人倜傥不群，不畏强御。临行之时，孙武去送他说："宓先生此去北京，一定出人头地。"孑公说："甚么出人头地，就说人头落地好了。我们柏泉（宓是汉口柏泉人）出了两个怪物。你是小怪物，我是老怪物。都是把自己的脑袋当做'得乐'玩（得乐是小孩的玩具），你会革命，我不会，只会拼命。不过我这个脑袋，庚子那年砍不了，今年也是砍不了的。你放心。"原因庚子年春间，张之洞保他做知县，进京时，汉口改为夏口厅，他说："夏口，就是大口。我此次引见，要张开大口，说几句惊人的话。"引见时，照例是报告履历，没有话讲的。他大声呼道："臣有本奏。"那拉氏问道："有何本奏？"他答道："臣忧国事。"那拉氏问："国事有何可忧？"他答道："皇上不可不孝，太后不可不慈。"那拉氏大怒，以扇击案，问道："我母子有何不孝不慈之处！讲！讲！讲！"此时两旁侍卫履声橐橐，刀光闪闪，正在准备捉拿。那拉氏问左右："他是谁保举的？"左右奏道："张之洞保举的。"那拉氏说："退下。"他出京，经过固关，题诗于壁道："四大天门万叠山，孤臣俯首日轮边。雷霆一震重霄霁，吾戴吾头入固关。"他出京分发山西做徐沟县知县，又与护驾大臣岑春煊大闹一顿，受革职处分。卸任后，与岑对门而居，门上书一联云："吾道不行，则退藏夫宓。君子所履，可使高于岑。"岑见之，大怒，将他递解回籍。因此他名震全国，认为他是官场中"出类拔萃"的奇人。所以此次争路，推举他为代表。他到京以后，在邮传部闹过多回，并且驮着一捆破行李，铺在邮传部门前，睡了三天，忽而大骂，忽而痛哭，终于被军警驱逐，将他捆绑上车，押回汉口。孙武听说，特前去迎接，他笑着说："宓先生，你庚子年的那首诗，要改两字才行。"孑公道："是的。吾戴吾头到'柏泉'，你说对不？"孙武曰："诺。"

瑞澂捉拿川代表 四川谘议局副议长萧湘，为清理铁路股款事，由北京转到汉口。湖广总督瑞澂，接得邮传部大臣盛宣怀的密电，内称："四川人民反对铁路国有，全系副议长萧湘从中主持。萧为同盟会员，假借名义，希图破坏大局，此次到汉，必有阴谋，应即缉捕严办，以遏乱萌为要。"瑞澂看了电报，大吃一惊，道："怪不得他一到来，《大江报》就发表那么可怕的言论，原来是他主使的。"当即派稽查处长祝书元带队渡江，在凤台旅馆中将萧湘拿住，交武昌府看守。四川旅武汉同乡会听说，都异常愤激，一面请求湖北谘议局设法营救，一面急电四川谘议局，报告情形。这个时候，四川保路会的代表刘声元，也由京押解回籍了。因而川省争路风潮，愈演愈烈，成为不可收拾的险局。

端方带兵入川 辛亥七月初一日（八月二十四日），四川成都城内开川汉路全体股东大会。群众演说，大要谓："邮传部大臣盛宣怀和督办川汉、粤汉铁路大臣端方，朋比为奸，夺路劫款，其行为等于盗贼，反而驱逐我代表，捕禁我议长，是政府已弃我川省，绝我人民。嗣后川省人民，不完捐税，不纳丁粮，无论政府如何滥借外债，概不承认。自今日后，学堂一律停课，商民一律罢市。不达目的，誓不甘休。"当天全城都停课、罢市，保路会的结合已达十余万人。号泣高呼，全城震动。风声所播，各县都响应起来，南至印雅，西至绵州，北至顺庆，东抵荣、隆，纵横一千里内外，府、县、乡、镇一律关门闭户，人民愤慨，天地黯然。四川总督赵尔丰看见事变扩大，急电北京政府，请示办法，略谓："川路风潮，日益激烈，罢市者已达十数州县。其未罢市者，亦皆蠢蠢欲动，人心惶惶。若不亟定办法，明白宣布，必有意外之变。且恐乱党煽惑，大局更不堪设想。"这一封急电达到北京后，清政府立开内阁会议，颇有人责备盛宣怀，但奕劻不负责任，还是搁置不理。川省同乡京官，就全蜀会馆开会，讨论这件事宜。李文熙、胡骏等，一致主张："政府不撤盛宣怀，不足以靖川乱。川人与盛宣怀誓不两立，当与背城一战，利害在所不顾。"当即由胡骏起草，弹劾盛宣怀。摄政王载沣看了奏折，颇为动容。只因载泽等把持其间，还是不生效力。盛宣怀有恃无恐，因向清廷奏请速饬端方统率两省新军入川，相机剿抚，并趣令迅速起程。端方接得旨意，即日南下，到了湖北，即会见总督瑞澂，磋商调兵问题。瑞澂说："川乱已不可收拾，湘局亦岌岌可危，湖北与川湘毗连，也难以安枕。因此川湘与湖北连界的地方，我非驻兵不可。郧阳方面，已经派李汝魁的部队去了。施南方面，已经派张楚材的部队去了。湖南岳州方面，已经派楚有兵船去了。宜昌方面，已经派湖鹗、湖隼两兵舰去了。现在乱事蠢动，省防空虚，哪有多的军队可供调遣？但是大人此去川省，当然非带兵不行。我已同张统制商量，暂派三十一标曾广大督率所部，随从大人入川。命令下去了，正在整装待发，不知大人意下如何？"端方说："曾广大为人忠实，学识也还不错，我在巡抚任内就认识他。有他的一标兵力，我想够了。此次带兵入川，不过是弹压而已。川省并非兵变，也非革命党起事，乌合之众，有何能为。我们军队一到，把为首的拿住，斫下几个人头，不就结了吗？"瑞澂此时，对端方也有点猜疑，怕他到湖北来侵越了自己的权位，所以事事将就，敷衍他早些进川。哪晓得军队调走，人心动摇，外围的布置虽然紧严，而省内空虚，实与革命党以可乘的机会。此为首义前夕的真实环境，于革命是很有利的。

赵尔丰屠杀民众 端方带兵入川，川人益发忧愤。旧历七月十五日（九月七日），由保路会代表率领群众，晋谒总督赵尔丰，请保护人民生命，阻止端方入川。代表入见的时候，尔丰道："为着你们争路的事，我已经打有电报进京，替你们讲话，政府置之不理，教我有何办法？端方带兵来川，是奉有圣旨的，我有甚么办法可以阻止？难道说我做封疆大臣，可以违抗圣旨吗？难道说可以带着大兵同他开仗吗？这当然是不可能的。老实对你们讲，这件事，不要再闹吧。我对于路事，绝口不赞一词。但是我职掌封疆，地方的秩序，我要维持。你们再闹，恐怕对不起。"这一席话，完全是镇压的口气。在愤怒至极的情况下，代表中有人骂道：你只知保全禄位，绝不知保全人民，天理何存？良心何在？"尔丰大怒，叱令亲兵戈什捉拿代表邓孝可和蒲殿俊等数人。这些人都是很有声望的，众大愤，益发骂得厉害。尔丰叱令戈什向群众开枪驱逐，登时在督部堂门首中弹而死者四十余人。百姓群起抵抗，越来越多，把督部大门及左右辕门密密围住，要求开释代表，并抚恤死者。尔丰登时电令军警机关，派队弹压人民，百姓与兵队作殊死战，被刀杀和枪杀的，又不下数百人。流血横尸，惨不忍言。尔丰更张大其词，急电上奏，说："川人借争路为名，希图独立。围攻督署，杀伤卫兵，并发布自保商榷书，拥戴罗纶为首领，公然叛变，与路事无涉。”奏上，清廷主张用兵，于十二日降下电谕道：“干路国有，已成定案。从前商民股本，均经妥定办法处理。旬日以来，川省突有匪徒意图独立，经川督赵尔丰侦悉破获，擒治首要。祸机四伏，变乱堪虞。兹已电饬赵尔丰相机剿抚，端方带兵入川，务须申明纪律，平定乱事。”端方得此电谕，知道乱事扩大，不敢前进，停滞在川鄂边境间，静看风头。川省大流血的惨剧，传到湖南，湖南人民异常悲愤，于七月二十六日（九月十八日），也有大规模罢课、罢市、抗粮、抗税的风潮。湖南巡抚余诚格严饬各司道及各军警衙门禁止开会结社的行为，一面又急电湖广总督瑞澂，请调常备军两营驻扎岳州，以资镇慑。人民一夕数惊，好像是大祸临头的光景。这些天造地设的环境，都是武昌八月十九日的先声。“蛰龙将启雷三日，山雨欲来风满楼。”革命的党人，自然是极其兴奋的。

第八章　首义前夕之暴风骤雨

共进会与文学社合作　因为刘仲文拿出五千元的现款，武昌的革命运动才加倍的活跃；才能够多设机关，制备爆炸物；才推派杨玉如和居觉生前往上海，带钱去购买手枪，并邀请黄兴、谭人凤、宋教仁等同来商议大计。杨、居二人临行之前日，刘复基、蒋翊武、陈孝芬在文学社机关部聚谈。孝芬说："共进会和文学社总像有些隔阂，我认为对付敌人，力量不能分散，必须同力合作，革命才容易成功。"蒋翊武说："也没曾吵架，谁不合作呢？"话不投机，彼此不欢而散。尧澂出来，向孝芬道："你的话，我很赞成。你虽然是共进会的人，两边都有关系；这个工作，只有你做才好。不过你一个人，还怕不能代表共进会，顶好约李春萱（作栋字）一路到龚侠初家里商量。"说春萱，春萱就来了，当即约同一路到长湖堤龚宅。恰值蒋翊武和杨王鹏都在那里。孝芬说："翊武，我同你说两句话。"翊武说："甚么话要秘密地谈？"孝芬说："还不是刚才说的吗。"翊武说："铁侯，我们都是丘八，他们都是穿西装的洋老爷，穿长袍套马褂的秀才老爷，计谋又高，派头又大。他们也瞧不起我们，我们也缠不赢他们，你当心，莫上他们的当咧。"说到这里，刘复基也拢来了，说："翊武，话不是这样说，我们器量要放大一点。黄花冈的七十二烈士，留学生也有，军人也有，工人也有，举人、秀才也有，他们一路拼死，并没分甚么界限。我们这时候还闹意气，怎么对得起以身殉国的烈士们？我们同广州是一气的。他们的血，一块儿流在广州；我们的血，也要一块儿流在湖北。成功自然顶好，就是失败，也不失为光荣。杨玉如和居觉生马上就要走，专候这一件事办妥了，他们才能放心去。假若办不妥，传到上海，再传到香港，不是一场笑话吗?”说到这里，复基几乎要哭。李作栋拢来，接着说道：“尧澂的话，太够沉痛了。刚才居觉生说，要把共进会和文学社的关系弄好，他们到上海才好讲话。翊武，你不要太固执了。”翊武才表示点头。翊武答应，杨王鹏就不成问题了。当即由共进会、文学社两个团体召集干部联席会议，商定合作办法。并决定于次日在黄土坡的怒春酒楼替居觉生和杨玉如饯行。这座怒春楼，就是从刘仲文捐出的那一笔钱中抽出几百元开设的，也就是党人们集合的所在。堂上有一幅对联，嵌着“怒春”二字：“酒后文章，怒骂嬉笑；壶中日月，春夏秋冬。”下书“铁侯题”。觉生说：“不错，当丘八的人，有这好的写作，果然不愧为文学社的社员。”孝芬将觉生的袖角扯了一下，使一个会心的眼色，暗示他不要乱讲，怕翊武和王鹏听着，又误会是讽刺文学社的。酒席散了，杨玉如说：“谭石屏去后，人也不来，信也不来，怪极了。我们此去上海，一定要求得结果。万一上海没有办法，我们到香港去一趟，也说不定。”觉生说：“广州失败，黄克强岂肯罢休，我估计他一定要到上海另辟码头。他一天也闲不得，不怕困难，不怕失败，真具有金刚百炼百折不回的精神。”翊武说：“你们早去早回，把克强先生邀来，或是把钝初和石屏两先生邀来都好。现在钱的问题还小，人的问题太大。没有人，恐怕仓卒发难，群龙无首，那就糟糕。”这天晚上，居、杨两人一同搭招商局的船，到上海去了。共进会与文学社的结合，总算是拉拢成功了。

河南仁义会被破获　辛亥七月初旬（八月末），正是湖北党人跃跃欲试的时候，河南开封城内破获了一个革命秘密机关——名曰革命仁义会，是革命党和会党混合的组织，还有北方共和会的人参加。因为武昌准备起义，就不能不在河南设立机关，策动响应。倘若得手，就可以堵截铁路，使北军不易南下，这是顶要紧的一着。谁知事机不密，被河南军警探明情形，在城内小货店街德丰盐号捕获同盟会员周德培一名及仁义会首领余化龙一名，抄出炸弹一箱，名册一本。除了将二人枭首示众外，并按名严讯，捉了不少的嫌疑犯 。此机关破获后，影响及于武昌官厅，防范愈严，形势愈逼愈紧。箭在弓弦，势在必发，再不能延宕下去了。

瑞澂之调兵遣将　端方入川时所带的军队，是从三十一标抽调第三营，三十二标抽调第二、第三两营。这是鄂军很精锐的部队，服装整齐，军火充实，一路浩浩荡荡，到达夔门，军容是极其威武的。但得到四川的情况，险恶万分，他就观望不前，因电告瑞澂，谓川事越闹越凶，势非用兵不可；所带军队，恐不敷用，请速加派劲旅来川援助。瑞澂无法拒绝，又派三十一标一、二两营前往。更为加强湖北的边防起见，下令四十一标一营准备开宜昌，四十一标三营左队准备开岳州，二十九标三营准备开郧阳，马队八标三营准备开襄阳；统限七月二十日以前，准备完毕，待令出发。这个时候，正是文学社与共进会协议合作筹备大举的时候，忽然有这多的军队干部调走，关系自然重要。蒋翊武临行时与刘复基商议补救方法，仓卒之间，来不及召开代表会议，出发之后，即由复基主持开会，讨论这个问题。所有军队中的代表都列席了，复基报告道："队伍纷纷调出，我们的联络打乱了。四十一标三营，尽先调往岳州，翊武临行之时，向我叮嘱说，他是四十一标三营的人，要保持三营的联络，不能不随军前往。可是武昌的事，请我向大家转告，还是照原定计划，加紧进行。军队尽管调散了，我们干部的精神，依然是一贯的。到了发动时期，望各处驻扎的同志们，立即策动响应。开往宜昌的四十一标一营，请唐牺支同志设法，与已经出防四川的三十标曹子青、胡冠六两同志及三十二标叶正中同志妥为布置，以便占领宜昌。马队八标三营[1]，是开往襄阳的，责成黄维汉、章裕昆两同志与开往郧阳的二十九标三营密切联络，届时一致响应。"在座的唐牺支、黄维汉、章裕昆等均起立致答，愿负责任。复基又道："翊武走了，对本社所负的任务，应如何处理?"章裕昆说："章程上有明文规定，社长有故他往时，副社长得代行社长职权。目前事势急迫，请副社长王宪章同志与刘尧澂同志，共同处理社务。"众赞成。议毕，散会。

起义日期与总动员的协商　文学社开会后，刘复基更与孙武接

[1] 曹亚伯《武昌革命真史》(正编第26页)、张难先《湖北革命知之录》(第243页，均作"二营"。

洽，于八月初三日（九月二十四日），在胭脂巷机关部，即胡祖舜住宅，召集共进会与文学社的联合大会，商决首义日期及动员计划。是日军中代表到会的，计有八队炮队第八标徐万年、蒋汉卿，八镇工程队第八营熊秉坤、马荣，混成协辎重队李鹏升、李树芬、罗一安，混成协炮队蔡鹏来，混成协工程队张斌、黄士杰，八镇步队二十九、三十标蔡济民、杜武库、方维，三十一标赵士龙，三十二标孙昌复、单道康，混成协四十一标阙龙、李忠义，混成协四十二标林翼支、胡玉珍，马队八标祁国钧，宪兵队彭楚藩，陆军测绘学堂方兴，陆军第三中学雷洪、席正铭；文学社干部则有刘复基、张廷辅、蔡大辅、王宪章、张喆夫、李济臣等；共进会干部则有邓玉麟、黄元吉、马骥云、杨宏胜、阎鸿飞、钱芸生、胡祖舜、李国栋、潘善伯、查光佛等。总计六十余人。其时蒋翊武在岳州，由孙武主席，报告两团体合作的必要，次讨论起义日期。蔡济民说："元朝末年杀鞑子，也是我们湖北人。陈友谅在沔阳起义的时候，用中秋月饼传递消息，约定八月十五日一齐动手。现在正是八月初了，我们也决定中秋（十月六日）起事吧。"孙武说："因为有了八月十五杀鞑子的故事，满人很犯忌讳。每到八月中秋，照例是要戒备的。今年川省路潮，如此激烈，革命运动又到处流行；恐怕中秋戒严，要比往年百倍的加紧。这个日期，怕不大妥吧。"查光佛笑道："提起日期，就用一个期字为号也行。"刘复基说："这是甚么意思?"光佛说："把期字拆开，不是八月二十三吗?"蔡大辅说："那，那要不得。不见得同志们都会拆字。"查光佛笑说："期，期，期，……期期以为不可。"因为蔡大辅有些口吃，舌头又是夹的，说起话令人发笑，加以查光佛说"期期以为不可"，正是嘲笑汉朝周昌口吃的故事，引得大家更笑，大辅气得脸红。刘复基说："开这样重大的会，放严肃些!"笑声遂止。复基说："八月十五不好，究竟用甚么日期，请大家提出意见。"众道："愈快愈好，至迟不能过八月十五。"结果还是决定于八月十五日起事。继讨论合作办法及起义时任职问题。孙武说："临时总司令一职，我推举蒋翊武同志担任，我愿为参谋长。"有人说："翊武随军到岳州去了，怎办?"孙武说："期限决定了，派人去赶他回来就是。"刘复基说："我主张军事方面由翊武多负点责，政治方面，由尧卿多负点责。"讨论良久，关于军事者，公推蒋翊武为总指挥，即组总指挥部于武昌小朝街八十五号文学社总机关部。政治方面，推刘公为总理，孙武、潘善伯、李春萱为常驻政治筹备员。即指定俄租界宝善里十四号筹备政治、草拟文告、制定旗帜符号，并尽量制造炸弹。再次讨论总功员问题，分配各标营担任职务如下：

一、混成协辎重、工程两队总代表李鹏升首先纵火为号。以其营房位于草湖门外塘角旧恺字营，地临江岸，南北两岸及城内皆可望见。同营混成协炮队总代表蔡鹏来率队响应，即以一支队由草湖门占领凤凰山炮台，以一支队占领青山，迎击海军。由辎、工两队分别派队掩护之。

二、八镇工程第八营总代表熊秉坤担任占领中和门内楚望台军械所（因其营房位于楚望台附近）。右旗八镇部队第二十九、三十标总代表蔡济民、方维等，测绘学堂总代表方兴等，率队响应。以与工程营会合于楚望台，协同进攻总督衙门。

三、南湖八镇炮队第八标徐万年、蔡汉卿率炮队由中和门进城，攻击总督署。由附近八镇步队第三十二标孙昌复、单道康等，率队掩护。

四、八镇步队第三十一标及混成协部队第四十标留守部队，由赵士龙、阙龙等率领，占领蛇山，掩护炮队。因其两部同驻左旗营房，与蛇山相接也。

五、南湖八镇马队第八标及混成协马队第十一营留守部队，由祁国钧等以一部警戒于城外，以一部进城，担任传骑队。

六、汉口驻军混成协步队四十二标之一部，由代表林翼支等率队响应，进占武汉关。

七、汉阳兵工厂驻军混成协步队四十二标之一部，由代表宋锡全等率队响应，占领龟山炮台。[1]

是日开会，自午前十时起，至午后一时止，各代表皆充分发抒意

[1] 《湖北革命知之录》247～248页所载起义计划为八条，较此处所录多一条，文字亦有不同。

见。会场的情况，表现得极其和谐。会散后，大家都忙于布置，以迎接有重大历史意义的中秋佳节。

南湖炮队的一哄之举 炮队第八标标统龚光明治军极严，所订营规，莫敢违犯。其时永平举行秋操，他往永平参观去了。临行之时，嘱管带姜明经、杨起凤等以负责约束兵士维持军风纪要紧。姜明经是日本士官毕业生，头脑很新，与共进会孙武相友善。辛亥年端午节，孙在姜的住宅过节，酒后谈革命的事，兴会淋漓，有旁若无人之概。不料姜之二营队官张文鼎突然来了，姜与孙即改谈他事。次日，姜与张在操场谈话，探问张的口气，说："昨日在我家会见的人，就是孙武，你认识不?"张说："久闻其名，未见其人。昨天会见了，他没有答理我，我也不好请教他。要是孙武，他不是革命党吗？外传孙文的兄弟就是他吗?"姜说："那又太扯远了。孙文是广东人，他是本地柏泉人，怎么说是兄弟。不过他的确是革命党。你看他胆子多大，一面之交，就敢于亲自到营盘来，运动我革命。你看，……"张说："你怎样答应他?"姜说："你说呢?"张说："我不是革命党，但是我也不反对革命。"姜说："真的吗？我已经替你把名字开去，加入共进会。因为你是我的好朋友。我料定你决不会因此翻脸，破坏我们的事情。不过除你而外，我不曾告诉一人。要晓得共进会只联络士兵，官长一概不要。恐怕只有你我二人是例外吧。"张道："要运动革命，也不能那样怕事。莫非当官长的就不能革命吗？有些队官，同我感情很好，我可以联络他们。"姜大喜，自此以后，张就在炮队八标负起联络的责任，所以炮队八标的士兵及官长，参加革命的很多。八月初一日，照例发饷。发饷之时，兵士可以请假。这一天请假的，有何天成、汪锡九、梅清福三个兵士。同队的如孟华臣、赵楚屏、霍殿臣、张富国等，相约备办酒菜，于初二日替他们饯行。夜间，饮酒猜拳，正在兴高采烈的时候，三营排长刘步云上前干涉道："标统一去，你们就这样不守营规。上头责问下来，我担当不起。"孟华臣骂道："这个时候，敢摆起排长的架子？有一天老子起事，杀你的头。"这几句话，本是他在刘步云走开以后，背地里以酒带兴讲的。不料被刘听着，报告管带杨起凤和队官宁鸿钧。初三日，杨、宁由住宅回到营盘，传集昨天吃酒的人站队，说："他们不守纪律，反抗官长，责令重打军棍，并罚跪。”孟华臣骂道：“你少要些官架子吧！谁不知道，你在督练公所充当马夫，花了钱，向张彪的干儿赵子安买来的一个管带。你配打我们吗？要打，老子就先动手。”由此一唱百和，各兵士一齐功手，把营部捣毁一空。孟华臣的手被玻璃划破了，相与一哄而散。杨起凤逃出，打电话报告张彪。张以电话谕令炮队附近之马队标统喻化龙处理其事。喻化龙带着少数卫队，去了一趟，看见肇事的兵队都逃走了，当即电告张彪说：“事态并不严重。”张彪为顾全军名誉起见，也不愿认真追究，只禀明总督瑞澂，说是少数士兵酗酒滋事，已经按照营规，处理完毕，营中安静如常。事后，徐万年、蔡汉卿等，在胭脂巷机关部开会回来，问明情况，说：“我们处之镇定吧。我料定张彪一定是不敢追究的。好在霍殿臣和赵楚屏等已经躲避了。上头追究起来，就推在他们身上。万一要认真究办，大家再动手不迟。”其时孟华臣因手臂受伤，面带怒容，过江去找孙武，张大其词说，“事态闹大了。此时不动手，瑞澂定派大兵到炮队捉人，我们同志岂不束手待毙?”孙武说：“动手也好。我派人去找刘尧澂，好作商量。”说时，刘尧澂来了，报告说：“炮队的事，已经风平浪静。孟同志如不敢回营，就耐点烦，住在这里。横竖离八月十五只有十二天。急甚么?”自此以后，各标各营的代表，成天的像怒马一般地奔走着；各标营的兵，各学堂的学生，相互接见，像抛梭一般的来去着；省城的小酒馆，如开一天、怒春楼、同庆楼、汉江春、杏春园等处，军士和学生，成群结队的出进着。一般奉令密查的警探们，对此自然是极其注目的。八月初四日，湖广总督忽然接得北京外务衙门的密电说：“革命首领黄兴派遣党徒，分布于武汉三镇，定于八月十五日起事。届时由三十标步兵响应，占领武昌。应先期严密缉拿，以遏乱萌”等语。这个电报，由幕友传播出来，官场中人，无不谈虎色变。一时谣言四起，风雨满城。瑞澂因传下紧急命令，命统制张彪督率各标各营查收军火，要将所有兵士腰缠和装在枪膛的子弹，一例缴出，不留一颗。至于炸弹和炮弹，更不待言。党人见此情形，晓得八月十五的日期，已经被官场知道。军队缴出军火，如赤手空拳一般，这一着是顶厉害的。刘复基特为此到汉口宝善里十四号，去找孙武商量改期。孙武说：“黄克强也不来，手枪也没有运到，本来是应该改期的。不过两团体共同议决的日期要改动也不容易。我一人不能作主，等蒋翊武回来，再作商量。”复基道：“我已经派李擎甫到岳州去敦促翊武早回，教他请假，请得动，也要回；请不动，就是请长假或开小差，也要回。我想中秋内外他是准回的。”孙武说：“好，他回来，我们于八月十八的那一天，开一个联合会议，再作决定吧。”

黄克强迟迟不来　八月初十日（旧历），公历为十月一日。杨玉如由上海回来了，刘复基、李作栋、查光佛、孙武、牟鸿勋、潘善伯等，都去迎接他。一见面，就问道：“你此去上海，一定是奏凯而归吧?”玉如道：“不谈，带回来的，是不兑现的空头支票。”刘复基道：“我们不是问的钱，问的是他们的人。黄克强究竟来不?”玉如道：“我答应你们的话，就是人的问题。你听我慢慢的讲吧。我和觉生于七月底到达上海，径往民立报馆，去会宋钝初、陈英士、谭石屏三人，把湖北情形，据实告诉了，他们都很满意。我当时拿出一千元的汇票，托英士代购手枪，英士慨然地应允负责购办。第二天在马霍路的英士寓所，召集上海总机关部会议，山西、陕西、云南、广东、广西、四川各省，都有代表在上海，也联翩列席了。开会时，居觉生把湖北军学界的革命热情和组织内容，作详细的报告。各代表均极兴奋，因决由武昌、南京、上海三处同时发难，各省都响应起来。散会之后，我们写一封火急的信，派吕天民携往香港，请克强到湖北来。我们候了几天，寂无消息。你们打电报到上海，催我们早回，我也急于要回。所以把觉生留在上海等英士订购的手枪，我就先回了。”作栋问道：“你回的时候，宋钝初有甚么表示没有?”玉如说：“钝初原来是赞成由湖北发难的，我们初到的时候，他的态度很热烈。可是后来有些冷淡了。”刘复基说：“其中症结，毕竟在那里?”玉如道：“据英士对我讲，这里胡经武（胡瑛之字）在模范监狱里头，写了一封信，派岑楼到上海，向钝初要炸弹。信内并极力陈词，说湖北不能发难。我反问道：‘不能发难，他要炸弹做什么?’英士说：‘你们湖北的情形，我不熟悉。你去问钝初，便知其详。”我听了英士的话，才晓得宋钝初对我们所讲的话有些怀疑，是不为无因的。临走的时候，也曾问过钝初，湖北的事究竟应该怎样，急进呢，缓进呢，还是不进呢？钝初说：‘哪有不进之理。不过急进也好，缓进也好，总要内部一致才行’。我听着这话，很有文章。正色问道：‘钝初，怎见得我们内部，不能一致呢?’钝初说：‘能够一致，当然很好。我所说的，是有则改之，无则加勉的意思。你莫误会。克强前几天有寄冯自由的一封书，自由转寄这里，你可以看看。’我看了，就抄在日记簿上面，此时可以念给你们听听。克强的态度，由信内可以看得出来。”他念道：

> 鄂代表居正派人来云，新军自广州之役预备起事，其运功之进步其速。办法以二十人为一排，以五排为一队，中设有排长、队长以管理之。平时以感情团结，互相救助，使其爱若兄弟，非他人所得间隔，成一最有集合力之团体。现人数已得二千左右。此种人数多系官长下士，而兵卒审其程度最高者始收之。以官长下士能发起，兵士未有不从者，不必于平时使其习知；况其中又有最好之兵卒，为之操持，似较粤为善。盖以蜀路风潮激烈，各主动人主张采急进办法，现殆有弦满欲发之势。又胡经武亦派有人来，胡虽在狱，以军界关系未断，其部下亦约千余人。弟曾通信胡君，请其组织预备，以资响应。胡已扩张其范围，闻进步亦速。胡君之部下在居君之部下者，亦有之。拟于最近发动期间，两部合而为一。据此则人数已多，际兹路潮鼓涌之时，尤易推广。盖鄂省军界久受压制，以表面观之，似无主动之资格；然其中实蓄有反抗之潜力。而各同志又愤外界之讥评，急欲一伸素志，以逐其久不名誉之耻。似此人心愤发，倚为主动，实确有把握，诚为不可多得之机会。若强为遏抑，听其内部自发，吾人不为之指挥，恐有鱼烂之势，事诚可惜。今有如此之实力，而以武汉为中枢，湘、粤为后劲，宁、皖、陕、蜀亦同时响应以牵制之，大事不难一举而成也。急宜乘此机会，猛勇精进，较之在粤发起者，事半功倍。且于经济问题，尤易解决。总之，此次据居君所云，事在必行。弟故许与效驰驱，不日将赴长江上游，期与会合，故特由尊处转电孙中山先生。弟兴顿。[1]

[1] 张难先《湖北革命知之录》(第245~246页)收有此信全文。此处所录，前半部与该书所录字句有出入，后半部删节很多。

念完，尧澂说："黄克强先生这封信，非常夸奖我们呀，一句坏话也没有呀。"玉如说："是的，我也曾向钝初讲，这封信并不曾说我们不合作。钝初不答，只有微笑。想必胡经武近来寄他的信，有甚么批评，我也不好追问他。因为我们事实上已经合作，又何必寻根究底，挑是拨非呢。"作栋说："对的，我听了这封信，极其兴奋。黄先生说来，他一定会来的。"玉如道："支票我已经带回来了，且待兑现吧。"大家欢欣而散。

吴静玉自杀救夫之惨剧 杨玉如回省之后，文学社和共进会的同志们，少不得前去访问他。因此宾客［盈］门，少不得引起警探的注意。经过探员的多方查访，报告说杨玉如新自上海回省，带有大批手枪；并指明刘公有巨款接济革命党徒，图谋起事。官厅得此密报，于八月十三日，派军警多人至武昌雄楚楼十号杨、刘的住宅，捉拿刘公与杨玉如两人。这时候，刘公过江去了，住在法租界长清里他的兄弟刘同家中。只有杨玉如在家，准备要睡午觉，看见军警进门，其势汹汹，晓得事情不妙。正在焦急，其夫人吴静玉说："你莫露面，让我对付他们。你可以趁空从后门逃走。"说着，从案上取了一瓶硝镪水，拿在手中（这是画手巾用的）。出了房门，警察向上房直入，她拦着问道："你找谁?"警察说："我找杨玉如。"吴静玉说："他不在家。"警察说："我们要进去搜。"静玉挡住警察，毅然拿着瓶子，一饮而尽，立时倒地毙命。警察忙中无智，被她吓住了，顾不得去搜，玉如就乘此纷乱的当儿，从后门逃走了。[1] 出了城，连"洋船"也不敢坐，雇一只小划子渡江，在法租界江边起岸。到长清里，看见刘公说："我家出了事，有军警进去捉人，幸亏静玉拦住，我才从后门逃出。不知我走之后闹成甚么样儿。"刘公当即派邢伯谦、潘善伯两人过江，到武昌雄楚楼打听消息。听得街坊讲道："吴静玉服毒自尽，家里人都走空了。只剩下一个不满周岁的女孩，在摇篮里呱呱的哭着。"邢伯谦乃托请街坊出面，把小孩送过江去。再由潘善伯以朋友名义，将吴静玉遗尸装殓，停柩于平湖门外之江神庙中。十六日，瑞

---

[1] 据杨玉如《辛亥革命先著记》载：吴静玉自杀当时，杨并未在场。参看该书第27页脚注。

澂又接得探报，说江神店内的杨家灵柩里头，装的都是炸弹和手枪，又派军警多人，驻庙监守。其戒备之严，可以想见。

宝善里炸药爆发　自从共进会与文学社竭诚合作以后，刘公与孙武，常川地驻在汉口总机关部中，督率一切工作。推定李作栋筹设中华银行及印行钞票事件；潘公复（善伯）、陈磊等，分别在汉口总机关部及武昌胭脂巷、小朝街两机关部，制备炸弹；牟鸿勋、苏成章、邢伯谦等，拟办檄文和布告。并规定每日上午七时至下午六时，整天在部办公，不得违误。牟鸿勋说："这几天，我们两湖总师范正在考毕业，上午起来和下午睡觉的点名，是非常认真的。因为风声紧急，我们三人，又剪了辫子，监学格外注意。"孙武说："好吧，你们就在江那边做，做好了，就送得来。"苏成章说："别的文告我可以做。起义的檄文，是将来历史上的重要文字，我没有骆宾王那样的文才，是不敢动手的。"刘公说："梅镜原（宝玑字）是在《大江报》做过文章的，杨玉如的'古复子'笔名，也在报上打响了，他们都可以做。"孙武说："苏斐然（成章字）说得对。这篇文章，与报上的文章不同。要慷慨，要沉痛，才有号召力。"刘公说："那就用白话好了。"孙武说："不然，白话是给大众看的，檄文是给士大夫看的。中国社会上的势力，还是在士大夫手中，要号召他们，感动他们，非有好文章不可。胡石庵同我很好，他也是日知会和兴中会的老同志，文章做得顶好，我去请他做，他一定担承。"这个时候，两湖理化专科的学生费振华来了，拿着一口印，说是刻的鄂军政府大都督的印，问孙武："看用得不?"孙武看着说："很行。请你过江去，找赵师梅和赵学诗，教他把十八星旗图案赶快制好，送来。马上就是中秋了，军警各机关的戒备，一定紧严。你过去对同志们讲：那天要特别小心，态度要镇静一点，行动放谨慎一点，切不可稍露痕迹，至要，至要。"到了十五日，文昌门内的督部堂果然宣布戒严令。各街巷的警察岗位，都加了双岗，个个荷枪实弹，枪上都上了刺刀。巡查兵八人一队，到处逡巡，如临大敌。到了晚上，戒备尤其紧严。街上十点钟，就断绝行人了。所有各军营、各机关、各学校的同志，都沉着忍耐，相戒不许出门。这一天，算是平安渡过了。十八日上午十时，总机关部正在办公，刘公、谢石钦、邢伯谦、梅宝玑、苏成章等在楼上写布告文书；

丁立中、李作栋在楼下加盖中华银行钞票的印记；孙武、高楚观在楼上制造炸弹，有一包炸药放在桌子上。刘公之弟刘同来了，手中拿着一根纸烟，正在吃烟。楚观说："此地吃不得烟，赶快熄灭！"刘同把烟头在墙上擦着，星星之火飞到桌上的炸药里头，炸药立时爆发了。登时霹雳一声，炸伤了孙武的面部。幸亏高楚观把房门关着，没有燃烧到内室的炸弹。不过炸药的响声和冒出楼窗的烟雾，已经瞒不过街邻和巡捕的耳目了。陈达吾（宏诰字）见孙武炸伤了，情急智生，立命厨房大司夫和工人们用行军床将孙武抬出，面上盖着卧单，装着病人，送到法租界河边的同仁医院去了。丁立中、邢伯谦和高楚观在楼上泼水救火。火熄了，想把重要文件和名册拿走，因钥匙被经手的人拿去，打不开锁，仓卒中只有一逃。出门时，遇着李作栋，作栋说："你们赶快过江，报告各机关部，速行集会，作紧急的布置。我要送尧卿到同仁医院。"宝善里十四号的人都走完了，俄国巡捕房的巡捕多人进去搜索，所有旗帜、徽章、印信、文书及新制中华银行的钞票，捆载一担，交到江汉道衙门。江汉道齐耀珊根据名册，到处查搜。在宝善里一号之刘公别寓，将其弟刘同及其新娶夫人刘一（即沔阳监学）和党人王炳楚、谢坤山、陈文山等一并捕去。汉口充满着极度恐怖的景象。

小朝街发出动员令　十八日上午八时，蒋翊武从岳州回到武昌，径往小朝街八十五号总机关部。刘复基高兴的说道："个个都盼望你来，你来得真好。"翊武问："黄克强来了没有？"复基说："杨玉如回来了。克强、石屏、钝初、觉生他们都没有来。据玉如说，觉生在上海等手枪。克强有信，说不久定来的。"翊武说："他们都没来，手枪也不曾运到，你们的信和电报接二连三催我回来，好像十二道金牌一样，干么这样的急？"复基道："官厅逼人太甚，不由我们不急。我已经同尧卿约定今天开会，通知已经发出了，马上就要开的。你休息一会儿吧。"正在谈武昌近事，忽接得黄兴的信（是上海机关部专人送转的），翊武和复基拆开，共同观看，翊武说："照这信看来，那就用不着急了。"复基道："你和克强哪里晓得这几天武昌的局势，他不急，你不急，恐怕同志们的急切心情，谁也不能压住。缓一回开会，你就看得出来。"坐不多时，开会的钟点已到。所有步兵、马兵、炮兵、工程、辎重各营代表，纷纷到齐。蒋翊武主席说：“各位同志，相别不久，没料到武昌的局势，发展得这般的快。足表明同志们的努力，更决定清政府末日的到临，我是很兴奋的。不过这个当儿，黄克强先生来了一封信，我要向各位同志宣读一遍，再作讨论。他的信，是这样写的：‘革命迭次失败，损失太多。此次经营武汉，要格外慎重。各省没有打通以前，湖北一省千万不可轻举。必须迟至九月初旬，与原定计划中之十一省同时举义，方可操必胜之券。务望武汉同志暂行忍耐’。”他读到这里，沉默半晌，以待下面群众的反应。陈磊说：“黄先生不在武昌，不知道武昌形势。这一封信，我们不愿接受。”翊武说：“克强先生作事，向来是急进的，这回如此谨慎，自有他的见地。他是革命的领导人，领导的话，我们应该尊重，望各位同志三思。”大家听了此话，都不作答，只有交头接耳，表示怒容。翊武说：“迟至九月初旬，也不过十几天的等待，难道就等不得吗？”复基眼看着众人不愿，向翊武正色讲道：“再不要延宕吧。翊武，我对你老实不客气地说，你再延宕下去，就证明你是怕死，你是不革命。”翊武向来是信服刘复基的。见复基意志坚决，声色俱厉，于是转口讲道：“大家既主张急进，我翊武岂肯后人。要动手，就以三天为限，今天十八，一天；明天十九，两天；后日二十，三天。就决定于二十日晚上起义，你们回去准备，听候命令。因为孙尧卿没有来，命令的内容，要同他商量，我料定他也不会反对的。此时我可以负责答应你们：三天之内准定动手！”众鼓掌，就此议决散会。各代表回去后，已经是正午十二点钟，张廷辅从营内回来了。因为这一栋房屋，是张廷辅住家的地方，他是回来用午饭的，刘复基和蒋翊武，也被他留着吃饭。将放碗的时候，忽然邢伯谦来了，口内不住地喘气，报道：“不好了！江那边宝善里，已经出了乱子。”翊武惊道：“甚么乱子？”伯谦躺在靠椅，上气不接下气地将宝善里刚才的情形，详述一番。接着，邓玉麟也来了，说：“英租界正在捉人，我刚才进城，看见军警都整队出动，显得极忙碌的模样。”翊武听着，叹了一声长气，几乎要流下泪来。复基说：“你说不急，这也能够不急吗？此时，哭也无益，怕也无益。索性不顾一切，于今晚动手。”邓玉麟、邢伯谦都喊好。复基说：“翊武，你呢？”翊武说：“我不杀贼，贼就杀我。此时不干，还等何时！”复基说：“好！要干，就立刻下命令。翊武，你是联合会议公举的总司令，下命令，是你的事，写吧！”翊武说：“就用总指挥吧。可惜尧卿受伤不在这里，他是参谋长，命令该怎样写法，也好商量一商量。”复基进去，拿出共进会和文学社合拟的起义计划一纸，交给翊武道：这是那天开联合大会议定的计划，你作参考。”翊武看了一遍，当即提起笔来，写了一道命令如下：

命　令

八月十八日下午五点钟，发于小朝街八十五号机关部。

总指挥蒋翊武

一、本军于今夜十二时举义，复兴汉族。

二、本军宜恪守纪律，不准扰害同胞及外侨。

三、凡步、马、工、辎等军，闻中和门外炮声，即由各原驻地拔队，依左之命令进攻。

（甲）工程八营以楚望台军械库为目的。

（乙）二十九标二营由保安门向伪督署分前后进攻，一营前队由中和门迎接炮队，左队防守中和门，右队防守通湘门。后队助工程营占领楚望台。（三营因出发襄、郧故不列）

（丙）三十标扑灭敌兵后，即向各要地分兵驻守。

（丁）三十一标留守兵分往各城门防守。

（戊）四十一标留守营进攻伪藩署及保守官钱、善后、电报各局。

（己）三十二标留守兵由保安门进城后，援助二十九标攻击伪督署。

（庚）马队八标一营进城后，即分配各处搜索。二营向城外搜索，以四十里为止。（三营及混成协马队十一标因出防襄阳故略）

（辛）塘角工程十一营掩护炮队十一营，由武胜门进城，占领凤凰山。

（壬）塘角辎重十一营于十一时在原驻地放火助威，以寒敌胆。

（癸）卫生队于天明时往各处检查阵亡尸首。气球队于十二点钟在咨议局听遣。（辎重八营现在伪督署守卫谅不可靠）

四、炮队八标于十一句半钟，即拔队由中和门进城，以一营占领楚望台，向伪督署及第八镇司令部猛烈射击。中队留守原驻地。三营占领黄鹤楼及青山一带，防守江中兵舰。（我军占领时均即停射）

五、四十二标二营左队，进攻汉阳城。前右后三队，占领大别山及兵工厂，以后队为援队。

六、四十二标二营占领汉口及大智门桥口一带。

七、四十二标三营右后两队，堵塞武胜关；前左两队，防守花园祁家湾一带。

八、武昌弹药枪枝暂由楚望台军械库接济。阳夏暂由兵工厂接济。

九、各军队于十九日上午七时均至咨议局前集合。但须留少数军队，防守已占领地点。（阳夏驻军不在此例）

十、予于十二时前在机关部，十二时后在咨议局。

注意：本军均以白布缠左膀为标识。❶

命令写就时，龚侠初、牟鸿勋、陈宏诰等都来了。翊武说："你们来得恰好。今晚动手，命令已经写好了。"龚等都喜极而跃。翊武说："这时候正要誊写命令，猷宣（鸿勋字）和侠初都会写复写纸，照样誊写二三十分，即刻派人分送。誊写完毕，邓玉麟、陈宏诰、陈磊等都任分送之责。翊武说："这会送命令，是要说明改期的原因，尤其是炮队的命令，最为要紧，你们谁负此责？"邓玉麟道："我去。"翊武朝壁上的自鸣钟一看，说："不早了，已经四点钟了。你身边有铜板没有？要坐车子去。"玉麟道："我有铜板，说去就去。"其余陈宏诰等都走了。翊武写了一封信，寄往岳州，叫李擎甫邀约那里的几位同志赶紧回来；并叮嘱不来的同志加紧联络，准备响应。信发了，

---

❶ 此命令与龚霞初（龚侠初后改名"霞初"）《辛亥首义之武昌两日记》（"辛亥首义史迹"第22～23页）所录相同，与张难先《湖北革命知之录》（第250～251页）所载不同。惟第三条之辛壬两项令文，上述二书均与此处所收前后顺序正相颠倒。

龚侠初、牟鸿勋到对面小馆吃了点心转来，翊武说："我要到王宪章那里去一趟，再到蔡大辅家中去吃晚饭。你们几个人，就在这里照料吧。"侠初说："快去快回，怕晚上戒严咧。"

杨宏胜炸伤被捕 杨宏胜是湖北谷城县人，贫农出身。因为在家种稞田不堪受地主的虐待，愤而出来当兵。所以军中同志，很多人同他认识。他性极忠实，做事任劳任怨，同志们都很信任他。因凑集一点本钱，教他在右旗附近开设一爿小杂货店，为革命的联络机关。江那边机关部制造的炸弹，由他设法运到店内存储，转送各机关部，是没有出过岔子的。翊武从小朝街出来，到王宪章住处，碰见宏胜，问道："你店中不是藏有炸弹吗？今天起事，你快把炸弹运送工程八营。这时候，不过四点多钟，还来得及。你愿意送不？"杨答道："炸弹，我是送惯了的。革命，死也不怕，哪有不愿之理。"说毕，即去。王宪章说："炮队的命令，是谁送的？这一纸命令，顶关紧要。倘若没有送到，到了十二点钟，就没有炮响。各标营便互相观望，不敢动作，那就糟了。"翊武道："这个命令，是邓玉麟送的。而且是自告奋勇，大概不会误事吧。"宪章道："炮队在城外，路程很远。他几时拿着命令去的呢？"翊武说："四点钟。城门要六点钟才关。况且我吩咐他坐车子走，难道还来不及吗？"宪章道："老邓为人，外刚而内柔，胆子非常的小。怕的是城门上盘诘得紧，他又退缩了。"翊武说："你太过虑，他自告奋勇的事，何至于退缩呢。"说着，别了宪章，到蔡大辅住宅去了。再说杨宏胜怀着炸弹几枚，到工程八营去找总代表熊秉坤，恰遇着门前守卫的是同志杨金龙，喜极了，同他耳语说："今天夜晚有事。我送来炸弹，要交给熊秉坤。"金龙说："营盘严得很。待我进去找他。"两人正在密谈时，不料该营值日官黄坤荣巡视营门，看出破绽，命卫兵严加盘诘。宏胜见势不妙，一面逃走，一面抛炸弹。炸弹丢完了，沿路的岗警还是在追。他于是跑到自己店中，又拿出炸弹，装置玻璃管准备抵御。讵料心慌手乱，忽然爆发，自己的面部炸伤了，巡警破门而入，将他拿获。这件事，又惊动官厅，派队探索。小朝街的机关部中人，哪里知道呢。

小朝街枷锁钉铛 天色刚黑，约莫有七点钟的光景。蒋翊武在蔡大辅家吃了晚饭，同陈宏诰一路回到小朝街机关部来。只见邢伯谦、龚侠初、牟鸿勋、梅宝玑都在那里。刘复基在楼上喊道："你们上来坐吧。"上楼，将要坐下，忽听得门首乒乒乓乓的拍了两下。伯谦笑道："这是我们合字号的人，拍门的暗号不错。"下楼开门一看，原来是王宪章。翊武问道："你从哪里来的?"宪章说："我从营里来，老邓回来没有?"翊武说："没有哇。也许是隔在城外，天晚不能进城吧。"宪章道："我放心不下。曾经到城边去看，过了六点钟，还没有关城咧。四点坐车子出城，哪有不能打回转的道理，我去寻他。"说罢，不辞而去。翊武闷了半晌，便从房内取出"机器戏"，打开匣子，唱起戏来。他是在极度危险而迫切的当儿，故意表现着闲情逸致的镇静态度。一则是消磨这等待时刻的苦闷，一则是安慰屋内妇女们恐怖的心情。刚才唱了三两个片子，外面又照样地拍起门来，开门看时，原来是彭楚藩。伯谦问："外面的风声怎样?"楚藩说："平安得很。陈磊和王守愚呢?他们送命令何以还没回到这里来?"刘复基道："他们分送的地方太多，送完了，一定到蔡云舫（大辅字）家里，不一定回到这里来。"说着，又择了几个片子，一折一折的接续不断地唱着。但是机器戏尽管高唱入云，听的人都不入耳，大家的视线，只是向那案上的自鸣钟注视着。这一夜的月色分外光明，照见大地河山，点尘不染，好像是在半空中遥祝革命成功的样儿。万家灯火，灿烂中静寂无哗。一般市民，沉沉地陶醉在黑甜乡里。但是坐在机关部内等候钟点的人们，都是极其兴奋的。机器戏的片子都唱完了。翊武说："唱戏已毕，百事大吉。静听炮声，恭喜恭喜。"这四句采声，更引起大家的振奋。一齐起立，像是整戈待发的样儿。正在高兴时，忽然有一个同志进来，说："坏了，坏了，杨宏胜出了乱子。他送炸弹到工程营去，被兵士围着盘问，他慌了，把炸弹抛去，自己受了重伤。接着，有好多兵士和警察赶去，恐怕是会被拿住的。我亲眼看见的事，所以急于要回来送信。及至走到工程营背后，忽然又遇着一排人，如飞地向十五协那边奔走，大概那边也有甚么变故了。我因为到处戒严，难以通过，所以弯了好几条巷子，才回到这里来。"楚藩听说，呆了好半天，好像很是着急的。转念他又泰然道："不要紧，马上就有炮响，我们都动起手来，怕甚么?"自鸣钟的摆还是的答的答地摆动着，你再着急些，望着它，它也是不肯走快的。彭楚藩说："天王老子，你替我放活动些，开一个跑步走吧，好不?”回顾刘复基道：“尧澂，你这座钟，究竟对不对。我看它走得懒洋洋的，好像是在打瞌睡。哪个有表？拿来对一对，看看。”牟鸿勋从怀内掏出一个挂表来，说：“我这表，准确得很。刚才我从学堂出来，照着正学堂的座钟对得很准的。那一架钟，比人还高些，可以说是武昌城里的标准钟，它响十二下，蛇山上就放午炮。”说着，把自己的表和案上的钟一对，说：“不错，正是十一点零五分。莫急，再过五十五分，就是城外放炮，我们动手的时候。”楚藩说：“翊武，你快把赵学诗同志所画的武昌攻守地图和调查的册子拿出来，趁这空儿，自己细心温习一遍，以便过一会儿实地指挥的时候成竹在胸。”又望着牟鸿勋说道：“猷宣，请你主笔，把我们的姓名履历简单写出来。如果我们战死，将来在革命史上也落得个名儿。”蒋、牟二人都依照他的话，各做各的。楚藩从身旁搜出几十块钱，分给大家道：“缓一会儿打仗，打到天亮，各人好买油条吃。万一不幸失败，冲散了，也少不得钱。”分下来，每人有七块钱。一切处理完毕，只见那一座时钟的针计，还差二十分。楚藩说：“混了这半天，为甚么还没有到十二点钟呢?”伯谦道：“钟是惯开玩笑的。我们每逢下堂休息的时候，想多玩一会儿，或者是限钟点交卷，想多挨一会儿，希望它慢，它越是跑得快；上堂听讲，巴不得早摇下堂铃，你越是希望它快，它越是走得慢。顶好，是不理它。”正在等得不耐烦的当儿，忽听得本宅门首一阵哗喇喇的声音。翊武在楼上窗门口，向外面问道：“你们这些人，是为甚么事来的?”外面说：“是来会你们老爷的。”翊武听着音头，晓得不妙，就向众人道：“坏了，这一定是来捉我们的。事已至此，我们要沉着应敌，不要慌!”说时，顺手在墙的角落地方，拿出两颗炸弹，准备作战。刘复基道：“让我奋勇当先，你们一齐打接应，能够打死了他们几个，我们就好突围。”说着，也拿了两个炸弹，三步两步的飞跑下楼。外面的军警，已经把门撞开，汹涌而入。复基将手中炸弹，向他们猛力丢去，那些人见是炸弹，退后几步。但是炸弹丢了两颗，一颗也没有音响。楼上人接着丢了几颗，还是寂然无声。为甚么这些炸弹，都不发生作用呢？因为宝善里炸弹失事，同志们为谨慎起见，临时运来炸弹，没有安上闩钉。这时候急于使用，仓卒间忘记了这一个重要的手续，所以失效。那些戈什和警察看见炸弹无用，就大胆蜂拥而入，首先将尧澂捉住，用五花大绑捆绑起来。楼上的同志们，手无寸铁，没有甚么方法可以应战。这个时候，梅宝玑已经上屋，并且用手向他们一招。翊武无可奈何，也随着上屋，准备越瓦逃到别家的屋上，以图躲避。一到屋上，看见旁边有一条巷子，俯着头向下观望，只见深巷内黑沉沉的，静悄悄的。几个一齐溜下，不料溜到巷中，却站着一个警察，把警笛一吹，喊道："快来，快来，这里有人。"彭楚藩情急智生，厉声喝住警察道："胡闹喊甚么？我们是来办案的。你不瞧我穿的制服么？我是宪兵。"那位警察把"探照灯"照了一照。说："不错，果然是宪兵。"也就不过于追究。他们索性大模大样的，往街上走。不料又来了一队警兵。这些警兵多半都是祝书元从北方带来的。其中有一人，同陈宏诰认识，并且是宏诰同乡。宏诰说："你们快到那条街上去，那里也有案子。"那几个北方人偏不放松，拦住盘问。宏诰说："我是警察厅办公人员，你们不认识吗？"宏诰的同乡警察，代为作证道："不错，他的老太爷，在我们厅里当课长。"北方人向他望了半晌，才没有话说。宏诰趁此机会，大摇大摆地走过去了。邢伯谦身材矮小，人也很机警，也随着宏诰一溜烟地走了。接着，又有两个警察（是从小朝街赶来的），拉着楚藩不放。正在盘问，梅宝玑乘机溜开了。楚藩说："我是宪兵，你拉着我做甚？"警察说："戒严期间，你黑夜出来，做甚？"楚藩说"出来办案的。"警察说："你没有负着办案的任务。既是宪兵，我把你带到宪兵营再说。"另一个警兵抓住蒋翊武。翊武说："我是街邻，听说街上捉人，才出来看热闹的。"本来这个时候，街上人挤得很多，警兵看见蒋衣服褴褛呆头呆脑的样儿，不像一个革命党，把他放走，他才一溜烟跑到蔡大辅家中去了。其时王守愚、陈磊由各营送命令回来，累极了，也来在这里，都躺在榻上静听起义的钟点和炮声。看见翊武来了，惊问道："你怎么会来的？钟点过了，为甚么还没有响动？"翊武以手拭泪道："尧澂已经捉去了，还谈甚么。"守愚说："到底是怎么一回事？"翊武把小朝街失事的情况，告给他三人。大家都捶胸蹬脚，又痛又急。过了半晌，守愚道："此时候，只望赶快炮响。"翊武说："时刻过去许久，还有甚么望头。一定是邓玉麟送的命令没有送到。"守愚道："今晚不能发动，我们于天明以后，再传命令；明天还是可以发动的。这件事，决难放下。要是放下，就苦了那一班被捕的同志们。我们抚心自问，对得起朋友吗?”翊武说：“话虽如此，但是那些如狼似虎的警察，正在到处捉人，没得辫子的，他们更加注目。机关部的名册，恐怕他们已经搜去了。你们又是没有辫子的，在这特别戒严的当儿，怎好在外面活功。岂但不能活动，我看你们这里马上就有人来抄。”大家听着这话，深以为然。大辅说：我们退开一步再说。照黄克强来信，九月初旬是有大计划的。”主意打定，于是打开箱子，把所有藏着的章程、会议录及一切有关的东西，尽行焚毁。处理完毕，陈磊避在城外，其余三人各自化装，装成卖小菜和叫化子的样儿，于次日清晨，由武胜门出城，一同逃到京山，住在刘英家里。

三烈士慷慨就义　十八日夜晚，在小朝街八十五号机关部被捕的，是刘复基、牟鸿勋、龚侠初、彭楚藩四人。接着又派人去捉张廷辅。因为廷辅在营盘歇夜，准备一听炮响，好指挥起义，所以没回到小朝街住宅。廷辅没有捉着，就将廷辅的夫人贺氏捉去。一群罪犯，都是用一根绳子，一串锁链，捆绑得紧紧的，解到督部堂衙门。同时在小朝街九十二号学舍，又捕去高等警察学校学生张均、顾庆云、陈沛霖、朱孔阳、周祖濂、陶德伟、陈文轩等十余人，解到巡警总局。在汉口被捕的一千人，也解到督部堂衙门去了。半夜以后四点钟的时光，上面喊人提审。瑞澂派定问官三人，一个是铁忠，一个是双寿，一个是陈树屏。审讯地点，就在督署内面的会议厅。瑞澂的口头命令，是说“只要证明为革命党，便就地正法”。正在准备审讯时，听得下面报告，又提来一个重要的罪犯，是在营盘门首丢炸弹的，名叫杨宏胜。铁忠微微地点头，命戈什先将彭楚藩带上。楚藩昂然挺立，不肯下跪。铁忠见他穿着宪兵服装，心想宪兵营长果清阿与己有戚谊，倘若将他部下的宪兵问成革命党，果清阿就有失察之咎，因此想成全他。问道：“你是彭楚藩么?”答：“是。”问：“你明明是宪兵，宪兵是捕拿革命党的，为甚么被人拿获，想必是拿错了吧!”楚藩道：“一点也没有错，我的确是革命党。”问：“你既是革命党，为甚么要当宪兵?”楚藩道：“我惟其要掩护革命，所以要当宪兵。”问：“你为甚么原因，定要革命?”答：“因为满人卖国，奴隶我们人民，所以要革命。”铁忠怒道：“还不跪下。”楚藩说：“革命党宁可杀头，决不低头。”铁忠说：“斩了，拖下去。”标旗丢下，于是彭烈士慷慨就义。其次审问的，就是张廷辅的夫人贺氏。铁忠问：“你姓甚么？”贺氏道：“我娘家姓贺，是张廷辅的妻子。”铁忠问：“你的家里是开的栈房吗？”贺氏道：“不是的。我的丈夫在三十标当排长。”铁忠问：“不是开栈房，为何有许多革命党住在你家里？”贺氏道：“他们是在我家分租的房子。我的丈夫，天天在营盘里，营规又非常的紧，即或有时回家，也不过为的家事。多则两三点钟，少则一点钟，料理完了，就走了。他们虽说是同屋，同我的丈夫见面的机会很少，各住各的屋，河水不犯井水。武昌分租房屋的，多半是这样。老爷可派人打听，并不只我们一家是这样的。”铁忠骂道：“你一张油嘴，南说南转，北说北转。好一个刁泼的妇人，押下去，等他的丈夫提来再问。”又次审问刘复基，可怜的刘尧澂，此时已经瞎了一只眼睛，因为拒捕的时候，被巡警的刺刀戳伤了。他厉声叱道：“你们要杀，就杀，何必多问！我是革命党人刘复基。要驱逐满奴，光复汉族，推倒皇帝，建造共和国家。就此够了，多问也问不出甚么！”铁忠向陈树屏道：“此人直供革命不讳，当然是要办的。”一面说着，一面写旗牌，由戈什提出辕门处斩。刘复基高声呼道：“汉族的同胞听着，凉血人不要听，军政府万岁！我为革命而死，得其所哉！得其所哉！”于是乎刘烈士也从容就义。再次又提审杨宏胜。这个时候，宏胜已炸得不像样了，因为他白天抛掷炸弹，受伤过重，面色焦黑，遍身血肉淋漓，望着是令人恐怖的。铁忠皱着眉头道：“此人是放炸弹的，证据确凿，用不着审问。”宏胜道：“好，杀，……杀，……杀！你们一般狗奴也有那一天！”铁忠在标旗上写道：“斩决施放炸弹的革命党一名杨宏胜。”命戈什拖出，于是杨烈士也慷慨就义。三烈士就义后，快要天亮了。铁忠杀得高兴，精神百倍，还在喊提龚侠初。铁忠问：“你是龚侠初吗？”答：“是。”问：“你是革命党吗？”答：“不是。我是教书匠。不过为着同乡的关系，才认识刘复基。”铁忠说：“你不供出实情吗？用刑！”侠初哭道：“老爷呀。我是读书人，受不起刑。请老爷开恩。”双寿说：“他不招，缓一会再问吧。要是真正的革命党，都自称好汉，决不会这样哀求。”铁忠道：“押下去。提牟鸿勋。”鸿勋上去，脸上还微微的笑着。他年纪本来很轻，不过二十岁，身体瘦小，面貌清秀，只看得十五六岁的样儿。双寿叹道：这个小孩，也做革命党吗?”问道：“你叫甚么名字?”答：“牟鸿勋。”问：“你是哪里人?”答：“湖北施南利川县人。”问：“你也是营盘里头的兵士吗?”答：“不是，我是两湖总师范仁字斋的学生。”问：“两湖总师范的学生都是进过学的秀才。你也是秀才吗?”答：“是的，我十四岁进的学，就来住两湖总师范。”问：“你读些甚么书?”答：“读的《红楼梦》和《扬州梦》。”问官陈树屏是两湖总师范的提调，因为师生的关系，很想设法成全这一位青年。问道：“听说两湖总师范这几天正在考毕业。你不好好的在学堂温习功课，出来胡闹些什么?”答：“我出来，准备到扬州去会会史可法先生。”树屏对双寿和铁忠讲道：“什么扬州梦，什么会会史可法，这小孩所答的，都是些疯疯癫癫的话，大概是有点精神病吧。说他是革命党，恐怕说不上。这个时候已经大天四亮了，我们也应该休息休息。今天晚上，再慢慢地审讯他们。”铁忠说：“捉了这多革命党，审了一夜晚，只处决了三个人。假使大帅的意思有些不耐烦，咱们怎过得去?”树屏说：“横竖押在监牢，他们也跑不了的。这时节街上的人民来看热闹的，一定很多。假若太办多了人，恐怕人心皇皇，于治安有碍。”铁忠说：“好吧，把他们押下去吧。退庭。”这一干人犯，都解到对面的模范监狱去了。三烈士的尸首，都是血淋淋地横卧在督部堂照壁面前，露了半天，自有善堂收殓。陈宏诰和陈云五兄弟两人与善堂商议，由善堂请了一家照相馆，将三烈士的头颅拍照下来，制成铜版，登载在起义后的《大汉报》上。胡石庵并题诗一绝，以志哀悼。诗曰：“孝孺舌断血成碧，子胥头悬眼尚睁；革命未成遗恨在，江流呜咽作悲鸣。”

第九章　革命军占领武昌城

武昌城网罗密布　三烈士就义后，陈尸于文昌门内督部堂门前，城内居民前往观看的，挤得人山人海。个个都谈论道："这三个人，都是没有辫子的。听说上季广东督部堂门前，杀了七十二个，也都是没有辫子的。眼见得没有辫子的，都有点靠不住。"由此辗转传播，说没有辫子的都是革命党，马上张彪就派遣军队，捉拿没有辫子的人。有了这种传言，人心都摇功了。因为头年腊月，闹过剪辫子的风潮，腊月初八的那一天，一唱百和，剪了的不知多少。尤其是两湖总师范、文普通、方言等学堂以及各兵营，差不多剪了三分之一。因此各学校的管理员和各兵营的官长，都约束没有辫子的人，不准出门一步。这种约束，寓有两个用意：一则是防着出去，惹起军警注目被捕入狱；一则是恐怕军警机关按着所获的党人名册，前来查问，就可以马上交人。牟鸿勋被捕以后，两湖总师范的管理员当然着慌。由监学带领斋夫（校工）在鸿勋的房间严加搜检。倾囊倒箧，并没有查出甚么。教务长郭肇明特为此到陈树屏的公馆询问消息。树屏说："昨晚审过的，供词答应得奇怪，于他有利。这个学生，我是要设法保全的。"郭肇明回校，向学生安慰一番，大家方才放心。然而别校的学生，都是人人自危，尤其是各营盘的士兵，恐怖得更加厉害。他们在死的恐怖中，当然要研求死里求生的方法。尽管是长官有令，不准出门一步，有的还是翻院墙、跳窗户，出去查探消息，并和同志们接头。心内打算着：总是不免一死，舍命的拼他一拼吧。十九日上午，督部堂也曾开过秘密会议，邀集三司和军警长官讨论弭乱方法。陈树屏建议道："搜获的革命党名册，军界的人很多，若必认真缉拿，诚恐激则生变。不若将名册当众焚毁，以示宽大，既可以安定军心，又可以感功军心。要想弭乱，这倒是釜底抽薪的好办法。"铁忠说："不可。这么一来，政府的威严扫地，革命党的气焰愈高。从今以后，人人都敢造反了。"瑞澂道："对的，杀以止杀，不可姑息，按照大清律，大逆不道，应该灭族，多杀几个人算得甚么。"当即发下命令，着军警根据名册，赶快拿人。一般戈什们，在襄阳学社、蕲州学社、大朝街、斗级营等处，又乱捉了几十个嫌疑犯。同时在右旗军营把张廷辅捉去了。一面调马队八标一部分及水师巡访各队，增驻督部堂衙门。瑞澂布置完毕，心内极其安稳。即嘱文案房拟了一篇奏章，向清廷电奏。其文如下：

窃瑞澂于本月初旬，即探闻有革命党匪多人，潜匿武昌、汉口地方，意图起事，当饬军警严为防范。所辖地方，则密派侦探，不敢有一刻疏虞。昨夜七点钟，据报告本夜十二点钟，该匪准定在武昌为变，并探知该匪潜匿地方。正饬防拿，复据江汉关道齐耀珊电称，于汉口俄租界宝善里查获匪巢，并拿获要匪刘耀璋（刘同）一名，获伪印、伪示、伪照会等，及银行支簿、伪用钞票，并查有制造炸弹形迹。当派荆襄水师巡防队往提来署审讯，遂与统制张彪、军事参议官铁忠、巡警道王履康，督队弁勇警兵，前往城内大朝街、小朝街、保安门等处，查明匪窟，先后拿获匪党三十二名，并起获军火炸药多件。内有刘汝夔（复基）一名，开枪拒捕，抛掷炸弹。杨宏胜私藏炸药军械，并演放炸弹受伤。当即派员提讯，内有彭楚藩一名，语尤狂悖，均属法无可贷。当将该三犯讯明正法。其余已获在讯之匪，一俟研鞫得实，应即明正典刑。在逃各匪，仍饬军警严拿，务获究办。此次革匪在鄂创乱，意图大举，沿江各省，皆将伺隙而动，湘省尤为注意。所幸发觉在先，得以即时扑灭。张彪、铁忠、王履康、齐耀珊各员，以及员弁警兵无不忠诚奋发，迅赴事机，俾得弭患于初萌，定乱于俄顷。此皆仰体朝廷威德所致，瑞澂借免陨越，惭幸交并。现在武汉地方，一律安谧，堪以上慰宸廑。此案被获尚早，地方并未受害，所有失觉之地方巡警及文武官吏，均经随同协拿出力，应请宽免置议。在事异常出力员弁，容照例择尤请奖，以示鼓励。除善后情形随时续奏外，谨摘要电陈。

瑞澂这篇电奏，说得冠冕堂皇，邀功请奖。可是武昌起义也就在这时爆发了。

同志们计议发难　八月十九日，是清朝官吏最后耀武扬威的一天。各城门关得紧紧的，禁止出入。只有平湖门和武胜门限定一个钟头放人出城挑江水、买小菜。满街军警，每隔数步设一岗位。督署传令各营停止操演和讲课，营门禁止会客，也不许官兵出营，只许值日的目兵限定钟点出去采办日用事物。但是有这点空隙，同志们就还有这一条窄路，可以通讯。邓玉麟乘着平湖门开放一点钟的机会，溜出城去，过江到长清里，会见李作栋和刘公，商议办法。他们都主张通知各标营即日起事。邓在机关部检得查抄未获的十八星旗一面缠在腰间，以备起义时的需要。遂偕同李作栋一路，坐划子由鹦鹉洲边过江，至白沙洲。途中遇着陈自龙，陈问道："你们进城吗？快莫去，城内到处捉堂人，我妻已被捕了。我打算逃至乡间，一文无有。"李作栋给以手表一只，银洋五元。自龙走了，作栋与玉麟至南湖炮队营，门卫拒绝见客。等候一会儿，遇见孟华臣，知道南营门守卫的是王鹤年同志，才混进营房，坐在马房里面，与同志等约定城内枪声一响，就拖炮攻城。蔡济民、吴醒汉在右旗与熊秉坤、金兆龙、彭纪麟、阙龙、方兴、方维等集议。济民说："戈什们拿着名册，到此捉人，我等都是册上有名的，捉去的也是一死，不如今晚举义，死里求生。"金兆龙说："册子搜去了，尤其是我们工程营，名字顶多。"熊载干（秉坤字）说："我是队代表，你还是总代表咧。要是照册捉人，我们还逃得脱吗？"济民说："今晚动手！"秉坤说："我首先赞成。"接着，大家都喊赞成。济民道："大家赞成就好。昔日秦始皇无道，把囚犯九百人调往渔阳，因为大雨误期，依法当斩，众大哭。有陈涉、吴广，攘臂大呼道：'弟兄们不要哭，横竖总是一死，不如造反！'立时揭竿而起，打破了秦始皇的铁桶江山。陈涉、吴广都是湖北人，我们也是湖北人。这回起义，定可夺回汉族的天下。"彭纪麟说："幼襄，前些时开会，你引用陈友谅的故事。这回开会，你又用陈涉、吴广的故事。你的书真读得多，怪不得升排长。蒋翊武被举为总司令，不过因为他多读点书。他现在走了，没有人下命令，你就拟个命令吧。"济民说："此时性命交关，你还在拿我开玩笑。"纪麟道："不是开玩笑，规规矩矩的话，今晚到手，少不得人指挥。"济民说："昨天翊武下的命令都送到了，用不着再下命令。大家各归各营，你传我，我传你地约着，依照前令的布置晚上动手，听枪响，就以枪声为号；听炮响，就以炮声为号；没有枪响，没有炮响，就以点头道自习名摇铃为号。各个人都争取主动，免得观望不前。"大家都说："好。"主意既定，各归各营。并由方维、谢涌泉、彭纪麟三人越墙而出，飞向各标营设法送信。不上一两点钟，信都传遍了。各标营得讯，都是摩拳擦掌，兴奋地了不得。督部堂的清朝官吏，还在梦中。下午八句钟的时候，还是继续地审讯众囚。堂上问官，还是铁忠、双寿、陈树屏三个。先提审由汉口捉来的一群人，他们上去，有几个是商人，有几个东拉西扯地说些文不对题的话。铁忠摸不着头脑，叱令拖在一边。接着就审龚侠初。双寿说："你是教书匠吗？"答："是的。我还在《中西报》上做点文章和小说，每千字五百钱，弄点稿费补助。"问："《大江报》署名'古复子'的，是谁？"答："听说是杨玉如[1]，我没有会过。"问："你认识孙尧卿么？"答："不认识。"再审牟鸿勋，问："你们学堂，正在考毕业。你每天完卷没有？"答："我天天完了卷。只有昨天考理化，是请同学代替的。"树屏说："不错，我曾调阅过，除由昨天的笔迹不符外，其余都很相符。"改讯张廷辅，问："你为何把房屋租给革命党？"廷辅说："我怎么晓得他们是革命党？"铁忠见问了几个人，没有问出一个革命党，他有些不耐烦起来。说："问甚么！把他斩了就是。"正在拿着笔，准备写标旗，忽然有一戈什上来，气吁吁的说："上头传下话来，一干囚犯，仍解回模范监狱。此时不必再审。"三问官面面相觑，莫解其故。低声说了几句话，也就宣告退堂。原来这个时候，已经听着枪声。张廷辅的头颅，就是

[1] 龚霞初《辛亥首义之武昌两日记》（《辛亥首义史迹》第 26 页）及杨玉如《辛亥革命先著记》（第 59 页），均谓龚受审时，并未说出杨玉如之本名。

在枪声之中，保留下来了。这枪声，就是革命军起义的枪声。是晚起义，城内由工程第八营首先放枪。城外由塘角辎重一营首先放枪，并放火。接着城内城外，各处都响应起来，同志们一齐呼啸出营，奋勇杀贼。

工程第八营首义 工程八营，距紫阳桥约一里许，与左旗二十九标接近，距左旗四十一标、三十一标亦不远。熊秉坤自右旗回营时，已经有五点钟，遇着吕功超，告以今天晚上点头道自习的名就要动手。吕道："我也料定了，带来了几排子弹。"秉坤喜道："好，哪里来的？"吕说："是恺字营留下来的，我的嫂子捡着，现在给我了。还有程正瀛同志，他也有两排，藏在被絮里面。听说章盛恺、于郁文，在他的排长方定国那里，也偷了五排。共计起来，也够我们分配了。"此时，三十标谢涌泉来营送信。秉坤见排长方定国在跟前，向谢使了个眼色，叫他走。临走时，吕用手指头打个暗号，表明九点钟起事，秉坤点头。方定国把秉坤拉着道："你们的事，我早知道。动手时，可不要把我当做外人。"秉坤说："你我都是汉人，哪有见外之理。"将上自习的时候，金兆龙就开始准备，把白布在左膀束着，装弹入枪，恰被排长陶启胜看见了，带着护兵姚洪胜、李传福问道："你不去上自习，手缠白巾，在这里做甚么？想造反吗？"金答道："你说造反，老子就造反！"拿着枪，与陶格斗。秉坤正要到架上取枪，大呼道："同志们，此时不动手，更待何时！"程正瀛上好了枪，连忙赶上，向陶放了一枪。陶负伤逃走。代理管带阮荣发出来弹压，用手枪放射一弹，恰打在陶的脑部，陶即倒地而亡，同志章盛恺也被打伤。徐兆斌拦着荣发，一枪打死。熊秉坤立即出院，仰天放了一枪为号。方兴在营外，也掷了一个炸弹。右队队官黄坤庸，挽留士兵回房，被吕中秋击毙，弹贯司务长张文涛胸口，亦毙。于是林振邦、饶春棠、陈连魁等举手高呼，一哄涌出。都喊"杀！杀！杀！"左队司书周定原说："你们此时当尽先占领楚望台，把那里军械库占了，有了枪炮子弹，才好杀贼。"秉坤说："是。"其时军械所守卫的罗炳顺、马荣正在迎候。秉坤等拥到，很顺利地占领楚望台。

辎重一营首义 塘角混成协炮兵、工程、辎重三营队，驻于塘角旧恺字营，隶属于陆军二十一混成旅黎元洪所部。其中同志，以李鹏升为总代表。午后六时许，李鹏升就开始动作，闯入军械库，抢子弹一箱，当场分发，并往马房纵火。工程营（塘角工程营）立即响应。计有管心源、程英烈、黄恢亚、张斌等一同集合，编为两队，以李鹏升为正队长，督队向炮队进攻。炮队因无械无弹，未能附和，亦无反抗。惟该营有下级官杜瑞镕及守卫司令官王季鹏各执手枪抵御，伤都全福同志。李鹏升督队冲入排长室，纵火焚烧，一时烟火蔽空，管带张正基率队向青山逃避。李鹏升退出炮营；集合，约得百余人。至武胜门，因城闭不得入，一路急行，经紫金山向大东门进发，至通湘门，闻城内有枪声，城门大开，拟入城到楚望台。李鹏升说城门与步兵三十标接近，该标多旗人，恐受袭击，力持不可，仍向前进。闻城内枪声甚密，知已发动，因率队由中和门入城，至楚望台军械所。就钟点及路程计算，塘角辎重一营起义，当先于城内工程八营。否则由塘角至中和门，几绕全城三分之二，决不能如期到达楚望台，其理明甚。因为该营离城太远，放枪与纵火，城内耳目不及，所以认定首先发难的，是城内工程八营。余谓城内为工程八营先放枪；城外为辎重一营先放枪，两处都是自动地争先，无分乎谁先谁后。这样看法，才是极平允的。当时《大汉报》有诗为证。诗曰：

火狐夜啸篝火明，深山大泽龙蛇生。楚虽三户志易集，能扶祖国摧秦兵。在昔女真族，专制肆淫毒；蹂躏我群黎，无辜受刑戮。驱之未可能，其下愈籍束。厥岁在辛亥，凶残自倾复。皇皇义旗起汉滨，成群铁骑飞黄尘；神师健儿不惜死，铁血磨溅何纷纭。揭竿一麾究谁始，陇西华胄名鹏升；功高大树退且隐，种瓜自愿悲东陵。吁嗟乎！烽火急兮笳鼓惊，转瞬行见共和成。策勋试数兴兵者，谁肯鸣枪第一声。

右旗十五协响应　二十九标及三十标，均为右旗第十五协。二十九标三营分防襄阳去了，留驻的是一、二两营，其总代表，为一营前队正目张喆夫。三十标总代表，为三营后队司书生王文锦。此两标中同志如蔡济民、张廷辅、王宪章、王华国、吴醒汉、杜武库等，均为机关干部。蔡、张为下级官位，因之该协官长，与有默契的甚多。不过三十标的官长多系满人，当然有些障碍。十九日六时，二十九标第二营厕所突然有一颗炸弹爆发，已经震动了右旗各营。正在相约准备时，听得工程营放枪，蔡济民带着自己一排兵出来，呼啸而出。吴百川、方维、谢涌泉、吴醒汉、高尚志、杜武库、蒋兰圃、胡效骞、彭纪麟等一致响应，各夺取军装房子弹，纷向将弁集会所协部及三十一标射击。统带张景良、杨开甲等见势不妙，各自逃避。第一营管带何锡蕃，知为党人起义，未加阻止。其所部士兵，一律出动，随从蔡济民、吴醒汉等闯入三十标军械库，夺取子弹。气势汹汹，旗兵莫敢抵抗。管带部翔宸见势不能敌，率旗兵百余人，向西营门窜逃他处，于是三十标同志及二十九标同志，一齐集合，同往楚望台。

测绘学堂响应　测绘学堂在通湘门内，距楚望台很近，有学生八十名，均系青年。当上自习时，工程营的枪声、炸弹声、呼啸声，一时并起。学生不知何事，颇为恐慌。李翊东举手高呼道："同学们，不要害怕。今晚革命党举事，推倒满清；我就是革命党人，也就是代表同学们参加革命。从我走，就是生路；不从我走，就是死路。"众呼道："愿从你走。"翊东说："既是大家愿意，我们同到操场站队，往楚望台领取枪弹。"其时方维由工程营携来军刀两柄，以一柄授翊东指挥学生说："如有满人反抗，立即斩首。"李翊东说："同学中只有松俊一个人是旗人，他很老实，由他自去吧。"方以为是。遂与翊东及甘绩熙、向讦谟、喻育之等全体员生，一同前往楚望台。

楚望台军械储备的数量　揭竿而起，全军响应。所有同志，均集中于楚望台。因为楚望台是军械储藏的地方，所存军械不少。计存德国新旧毛瑟枪五千余支；从日本购来的，有六米里五枪一万五千支；汉阳造步枪二万六千余支；收缴陆路巡防营之枪三千余支；子弹更不计其数。又存汉阳兵工厂造五生七山炮三十余尊；江陵机器厂造六生的明条炮十二尊；英国造哈其开斯炮十二尊；德国克鲁伯厂造五生的快炮六尊、四生地快炮六尊、七生地陆路炮二尊，又七生五陆路炮一尊；英国造十一生的老式炮一尊；日本三一式七生五野战陆路炮三十六门，山炮十八门。惟子弹太少。这个军械储藏所，平时是由工程第八营守卫的，自谣传八月十五日革命军起义后，张彪即派李克果、马祖全等负责监守，并在四周设防御工程。幸亏十九夜首先发难是工程八营，于楚望台形势既熟，相距又不远。台中监守的人，有一个成炳荣又是同盟会会员，与守地台士兵，早有联系；把李克果等赶走，工程八营才不费战斗之力顺利地占领该台。因而各军同志为装备武器计，都集中目标于该台。这一举，已经取得决定性的胜利。

第一次进攻失利 各标营同志齐集楚望台后，各取械弹，全副武装起来。但是群龙无首，议论纷纷，只在楚望台附近布置防务其时张鹏程、蔡济民大呼道："同志们，长守楚望台，不是办法。宜攻克督署，把瑞澂赶走。不然，等到天明，他率队来攻，我们都完了。"众呼"好！遂由工程营派一支队守卫楚望台，蔡济民、张鹏程、阙龙等率所部进攻督署。胡效骞、李鹏升、罗一安、单道康、孙昌福等亦率队来援。呼啸同声，本有气吞胡虏的威势。但是敌方的兵力，也还不弱，他有教练队一营、机关枪一队、马队一队、武装消防队一队，及陈得龙之巡防队三营、督练队二营、宪兵一队、水机关四挺，以前二十九标统带李襄邻及会充统带之白寿邻为两路指挥；又第八镇司令部亦有卫兵多人，及驻平湖门之八镇辎重营。合计不下三千人。还有两千多名警察。所以瑞澂和张彪要闭城一战，以作垂死时的最后挣扎。长街为左路防线，严防由武胜门入城与由阅马厂西进的革命军。前线以八镇辎重营为主，头道防线，在王府口，分哨直达南楼。保安门正街，为其右路防线，严防城内及南湖方面的革命军。前线以巡防消防各队为主，头道防线在保安门正街。沿北各街巷，都布有伏兵，使革命军不能径达大街，进击督署。此外还有警察二千人，各分布于山后各处及长街以东直达阅马厂紫阳桥一带。这个阵势，布置得极其周密。因而革命军的进攻，就有些困难。进攻时，为夜晚十一时光景，熊秉坤所率部队进至津水闸，即被阻止。张鹏程所带一部分部队，至津水闸，为保守保安门的消防队负险横击，死伤数人，不得前进。吴醒汉所率士兵数十人，行至津水闸，遇敌巡防营连放排枪，被击倒数人。蔡济民则绕道至王府口进攻，与方维、王光国、阮宝山等奋不顾身直冲督署前门，戈什列机关枪扫射，因而稍却。惟机关枪作辍不定，作则后退，辍则前进，相持不下者多时。阙龙、郑继周等从东辕门左侧进攻，龙以身当先，为保安队袭击，一弹洞其颈侧，晕倒于地，抬送医院。王世龙、杨选青火烧门前钟鼓楼，墙太高，火烧不进，世龙于此地阵亡。蔡济民正在焦急间，忽闻中和门外的炮声，因呼道："同志们，暂且退却，快迎接炮队入城，要想战事胜利，非用炮攻不可。"乃使马明熙等赴南湖迎接炮队。

迎接炮队入城　南湖炮队八标，自从八月初三日吃酒闹事之后，引起督练公所之特别注意。从八月十五日起，特派张厚德、马祖全、刘慎五等，前往该标营监视其管带姜明经的行动。每日七时到营，下午八时回衙，步步追随，不离左右。好在这几个人，都是姜的士官同学，姜亦处之泰然。十九日那一天，因为风声太大，监视的人，也有些观望不前了。上午十时，党人汪性唐来营，会见二营队官张文鼎，说："昨晚之事，你知道不？"张答："事已失败，怎不知道。"汪说："唯其失败，我们要死里求生。刚才同志们在江那边公和里黄宅开紫急会议，决定今晚举事，枪声为号。孙尧卿再三叮嘱，注重炮队。你们听得枪声，就一齐动手，拖炮进城。请拜上姜管带，早为准备。"说毕即去。张向其护兵史宗唐道："管带在营么？"史答："在营。"张问："汉口有人来没有？"史答道："有两人，坐在三营马房。我认得，一个是邓玉麟，一个是李作栋，都是我们共进会的人。来了好久，这时，想必走了。"张于是往见姜，商量此事。姜说："我们不干，你我都活不成了。幸亏督练公所的人都没有来。你去布置，要吩咐他们临时不要仓皇，团体结紧至要。我不便出面，三营的队官和营长，都很注意我的。"说着，从床下拖出一千发手枪子弹，计每队可领三百发。正副头目每人都有手枪，可酌量配给。张即以子弹交正副头目，嘱其分配。处理完毕，三营管带杨起凤来了，在姜明经房中谈话。张知其有秘密事，不愿与闻。推窗而望，看见孟华臣、何天成二人，马枪都驮起来了。手中拿着马刀，到二营来，走了五七步，忽又回头。张回顾护兵史宗唐道："你的同乡孟华臣，何以来而复返，形色张皇呢？"史说："他们要杀杨管带。"张说："我们排满，何必杀自己人？"史说："那是反对革命的人，留之有害。"张至姜处，与姜秘谈。说三营弟兄对杨恐怕不利，快教他走。姜说："快去劝阻他们，钟点没到，不可暴动，否则又闹成八月初三日的笑话。"张曰："诺。"当即由史宗唐劝阻，才得平安。未及九点，姜亲自送杨出营，到阳逻去了。九点钟吹头道点名号，闻城内枪响，邓玉麟在南营门放枪，蔡汉卿赤膊奋起，高呼同志集合。队官柳百顺出而阻止，蔡以腿击之，跌地，不能起。三营右队谢增佐、于福堂、陈国祯拖出炮两尊。孟华臣开枪把排长刘步云打死，也拖出炮两尊。蔡汉卿、徐万年、王鹤年拖出炮两尊。三营中队黄得胜、黄志强、龙占奎拖出炮两尊。一营石队队官尚安邦、二营左队队官蔡德懋、右队队官张文鼎各率全队官兵，每队炮六门，共十八门，集合出发。一营右队、二营左右队各组织马枪兵队四十名。一营右队为枪兵，由营代表胡兴胜率领，搜索前进。二营左队马枪兵，由排长帅保华带领，掩护巡司河沿岸前进。二营右队，由排长杨昌林带领，在队尾警戒前进。行至长虹桥北端，遇工程八营一班前来迎接，一同由中和门进城。随同炮队进城的，有李作栋、邓玉麟等。工程八营前队队官李占魁，指挥鼓号兵奏号欢迎。蔡济民、张鹏程之迎接队伍，也赶到了。其时攻击督署之步队和工程八营正在津水闸与敌人相持中。济民说："熊秉坤和许多干部同志，都在楚望台。我等且到楚望台集合，商讨进攻计划。"

吴兆麟指挥作战　进攻督署失利后，同志们退回楚望台，都认为此次进攻，系各自为战，指挥不能统一，必须有一精通军事学者，出任指挥。汪长林说："我们左队队官吴兆麟现在台中，他的军事学，不是很好吗？"熊秉坤说："快请他来。"当即与吴醒汉、蔡济民商量，均极赞成。乃公推吴兆麟为临时指挥官。兆麟说："既举我为总指挥，必须服从命令。如违令者，即以军法从事。"众曰："可。"兆麟即承认就职。见炮兵到，吴曰："攻击督署，全靠用炮。但是炮火宜集中，阵地须疏散放列。"遂召集各队训话，授以口头命令如下：

本军以攻下督署，并占领全城为目的。

一、工程第八营及步队第三十标第三营之前后两队，由总代表熊秉坤指挥，经津水闸入大朝街。以一部进萧家巷，经马尾巷，向督署进攻；以一部出大朝街南口，经保安正街，向督署及望山门进攻，但须警戒广里堤南口。

二、二十九标第二营及三十标二营之留守队，由队官胡效骞指挥。经紫阳桥大朝街，以一部进水陆街，向督署进攻；以一部经王府口大都司巷，向督署进攻，须与左翼熊指挥取得联络。

三、四十一标第二营及该标第三营之留守队，由队官胡廷佐指挥，经阅马厂、百寿巷、小都司巷向第八镇司令部攻击。以一部警戒善后局附近之西街及芝麻岭等方面。并酌派一部，控制阅马厂，以防在逃之三十标第一营旗兵袭击。

四、炮八标三营炮两尊，由孟华臣指挥，迅即放列于保安门城上，须能射击督署及望山门一带。二营中队炮两尊，三营右队炮两尊，统归王鹤年指挥，迅速占领楚望台。须能射击督署，并掩护步队前进。其第一营右队，二营左右两队，各炮六尊，及三营中队炮二尊，迅至蛇山选占阵地，须能射击督署及第八镇司令部为要。蔡德懋留本部参谋任务，蛇山所有炮队，由张文鼎督率，统一指挥。

五、二十九标第一营以及其他零星队伍为预备队。由督队官姚金镛指挥，在皇殿门首集合。

六、炮队第一、二营之马枪兵，各抽派若干名至军械库取运炮弹补充。

临时总指挥官吴兆麟

命令发布后，各部队均照所指地点，分途出发，奋勇直冲，敌军望风披靡。其时向督署射击的炮，因天色太黑，目标不明，炮弹多未命中。同志们遂主张在王府口一带纵火。蔡济民因亲往商店，说：“纵火是作战时不得已的举动。商民所受损失，本军一定赔偿。”商民说：“讲甚么赔偿，我们愿受损失。”并提出洋油一桶，助他们焚烧。霎时间，火光烛天，目标极其明显。张文鼎在蛇山指挥放炮，即利用火光，选得督署旗杆为标准点。口令各炮用二千四百米达表尺开始试射。同时各进攻步队，亦开始运动。炮队试射取得督署二千二百米达，八镇司令部二千米达为准确距离后，复用排炮向该两处目标反复轰击。督署的钟楼炸毁了，八镇司令部马房亦被炮火烧毁。困守督署的瑞澂，心惊胆落，几乎要哭起来。

瑞澂弃城逃走　当瑞澂慌恐至极时，统领陈得龙在旁劝道：“大帅休得惊慌，外面阵线布置得极其坚固，有卑职在此保护，包管乱事可平。”瑞澂说：“炮弹太厉害了，设若落一个下来，可不得了。”正说时，果然有一颗炸弹落在花厅，声震屋瓦。接着签押房也落下一颗。瑞澂说："这实在挣扎不住了。三十六着，走为上着，但是孤城夜闭，四面楚歌，这个时候，教我往哪里走呢?"得龙说："只有往城外兵船上去，才得平安。"瑞澂说："督署大门正在打仗，我是不敢出大门的。恐怕中了流弹，也是要命。"得龙道："靠城的一面，还是我军的防线，但走无妨。"瑞澂立刻命戈什把署侧的围墙打穿一洞，带着他的四姨太，由祝书元、铁忠率领戈什亲兵左右护卫着，出了文昌门，上了楚豫兵舰。临走之时，吩咐陈得龙督率巡防营，苦守督署。说："只要你支持到天明，我定调大批队伍进城，平定乱事。"陈得龙满口答应了。无如巡防营暮气已深，剩下的几个残兵败将，怎能够支持危局呢。

熊秉坤挑选敢死队 瑞澂虽然逃走了，署外防守的军队，哪里知道，还是在顽强抵抗，保卫这一座空衙。熊秉坤、胡效骞、伍正林等必欲将瑞澂活捉处刑，也好为三烈士报仇雪恨。因挑选敢死队四人，向督署作猛攻。登顿时应选者，有胡效骞、马明熙、彭纪麟、张鹏程、徐兆儒、陈振武、饶春棠、林振邦、陈连魁、徐兆斌、杨正全、纪鸿钧、张得发、孙松轩、赵道兴、宋厚德、张斗熙、李子新等二十余人为先锋。杜武库、杨选青、夏一青等扼守保安门城上，以保卫后路。冲至东辕门大堂，敌人以机关枪扫射。同志纪鸿钧，有火油一箱，就冲进门房放火，俄而延烧到大堂，敌始溃散。纪鸿钧同志就在此时阵亡。是役阵亡者，计有赵道兴、宋厚德、张斗熙、彭华封、王世龙、李子新等十余人。受伤者，有胡春阳、马开云、王世保、尹正邦、张云卿等二十余人。

蔡济民攻下藩署 督署攻克后，占据黄鹤楼之蔡济民部与胡廷佐所带队伍，会攻南楼以门之藩署。其时藩署尚有消防队及卫兵把守，经孙鸿斌等由正面进攻，一面由马骥云通告蛇山炮队，向该署射击。藩司连甲闻炮声，早已缒城而出，逃到楚豫兵舰。其卫兵及消防队都纷纷逃窜，一时有地痞流氓蜂拥入署，围劫藩库银钱。又有第三十标之旗兵一队，乘机窜入，希图捆载库银以去，被张喆夫、王殿甲等拿获，将该营前队官旗人崇光当场击毙，并驱逐图劫的匪徒。由王殿甲把守库门，张喆夫检查拦截下来的元宝一百三十余只，碎银三十余块，解至谘议局收存。自是以后，各官署、各城门，均为我军扼守。

其时按察使马吉璋穿着朝衣朝冠，正督率全家，准备在大堂同时“尽节”。革命军进去，向他安慰道：“你放心吧，我们革命，是驱逐胡虏，推翻帝制，光复汉族，建造共和。汉人不杀汉人，你是汉人，也不能替满人尽节。你懂得不？”马吉璋听着，也就掀髯而笑，乐得全家不死了。他恭颂革命军人道：“我没有料到你们是这样的文明。”

谘议局的集合　武昌城完全占领了，天也亮了。除了各重要地方及城门要派兵防守外，所有干部同志，都到谘议局集合。蔡济民说：“我们的革命，已经是初步得到胜利了。但是眼前的大敌人瑞澂、连甲和张彪，都带着残兵败将弃城逃走，一定要打电报，搬救兵，举行大反攻。此时各省还未独立，连汉阳、汉口，还没有听着响应我们的枪声。我们占住孤城，群龙无首，其何以戡定大局。为今之计，必须推举一德高望重的人，为军政府的大都督，才可以号召天下，安定军心。各位同志以为何如？”李作栋道：“我们不是有了现成的都督吗？军政府职务的分配，不是已经有了决定吗？”济民道：“蒋翊武已经出走，黄克强又不肯来，刘仲文早已声明他不肯负此重责，孙尧卿又被炸伤。况且这个时候，敌人定退在汉口，江面上又停有敌人的兵船；仲文和尧卿过江，怕也不大容易。这里又要发檄文，又要出布告，又要对各省打通电，又要向领团送照会，究竟用谁的名义呢？”熊秉坤说：“不错，这都是当前要紧的事，非有人负责不可。我看吴兆麟同志当了一夜的总指挥，布置有方，才能够驱除大敌。他既是做得总指挥，就可以当得大都督。人现在此，何必另有所求。”济民说：“好极了。”兆麟说：“不行，刚才幼襄说过，大都督的人选，必须德高望重才行。我德也不高，望也不重。这个重责，如何担当得起。你们要推举我，我就一走了事。不过我心中有一个人，可以说得上德高望重。提出来，不知道各位同志是否赞成？”张振武问道：“谁呀？”兆麟说：“二十一混成协协统黎元洪，为人忠厚，兵士们都爱戴他。我认为他能够做协统，也就能够当都督。”李翊东说：“不然，唯其他做了满清的协统，就不能当我革命军的都督。”张振武接着说道：“是的，我们今天，为的是甚么？为的是革命。那么，我们拥戴的人，就要他是真正的革命者，才能够领导我们革命。黎元洪是忠厚长者，我是承认的。但是我不相信他能够革命。潘康时是他逼走的，杨子鬯是他赶走的，昨天晚上传达消息的周荣棠同志，是他杀掉的。”秉坤说：“怕不确吧。”振武说：“千真万确。还有一个邹玉溪同志，也是我们共进会的人，昨晚要从营内出来，黎元洪亲自动手把他杀掉了。这是四十一标聂国青同志亲眼看见的事，还是假的吗？他明明反对革命，还能够领导我们革命吗？”这一段话，说得满座寂然。过了半晌，还是兆麟解释道：“春山，你所说的，都是他做协统分内的事。彼一时，此一时，他做满清的协统，自然是忠于满清，现在要是做革命军的都督，也自然忠于革命。而况骑上虎背，也不由他不革命，你放心吧。”济民说：“看大家意见如何？”有几个兵士说：“军中不可一日无主，我们赞成黎元洪。”翊东说：“既是大众赞成黎元洪，我等又何必反对。好吧，你们去找他来吧。”张振武说：“他的胆子太小，晓得他躲到哪里去了。”马荣说：“我晓得，刚才我同程正瀛、汤启发各同志在千家街巡查时，见他的马弁驮着两口皮箱，我等拦住盘问，才晓得黎协统和王安澜都躲在黄土坡刘家。让我们去找，包管找得着。”秉坤说：“既然如此，我同你一路去找吧。”兆麟说：“你们去，我在楚望台等候。”

黎元洪做了大都督　四十一标的第三营，驻在大东门内在旗营房。黎元洪的协部，就在那里。起义的晚上，张彪打电话给黎，要他带兵平乱。实则他的部下，并无多兵，四十一标第一营管带戴寿山，驻防宜昌；第二营管带谢国超所部，也有一部分调出去了；第三营管带罗鸿升，驻防羊楼洞至岳州一带。剩下的不过几个留守兵。黎因无兵可用，只有将营房严密守住，周荣棠因送信而被杀，邹玉溪因夺门欲出而被杀，都是事实。其时张振武新由竹山来省，对于策动起义联络各营的事，甚为努力，所以各营的动态，都瞒不过他。黎元洪那天晚上，的确是守在协部，镇压革命的。不过枪声一起，他也镇压不住了。三营同志如廖湘芸、阙龙、杨震亚、梁栋、姚钧、柳涤凡等都打开营门，一哄而出。黎见势不对，即偕同参谋刘文吉、执事官王安澜，逃匿于黄土坡刘家。及汤启发、马荣等往寻，黎避匿于厨房后之密室内，汤等到处查搜，才将黎搜出。黎说：“我自当统领以来，不曾克扣军饷，对待兵士，如亲骨肉一般。今日之下，为何定要害我？”启发说：“我们不是来谋害统领的，是来迎接统领的。”黎问：“接我到哪里去？同何人讲话？”马荣说：“特请统领到楚望台总指挥部，同总指挥吴兆麟讲话。”黎冷笑道：“他做了总指挥吗？很不错，有他，就够了。找我去做甚么？”程正瀛道：“这是众人的意思，不去，恐怕不行。”黎踌躇了半晌，说：“好，我去吧。”王安澜也随着去。到达楚望台时，吴兆麟整队鸣号，表示欢迎。黎下马，对欢迎的人，也表示敬礼。进去向吴兆麟正色讲道：“你向来谨慎，我没有料到你会做出这样冒险的事来。你也不算一算，这城内就算都被你们占领，共有几个兵？瑞大帅一个电报打到北京，大批援军朝发夕至。一旦水陆进攻，这一座孤城，如何抵挡得住？我曾学过海军，像海圻、海筹等军舰的大炮，武昌城只要三个弹，就可全毁。你们太不知利害了。”兆麟说：“我是统领的学生，自然是爱护统领的，所以先在这里迎候。也劝告统领，统领这一段话，对我可以讲得；到谘议局，见了革命党的同志们，可是万万讲不得。大都督是举定了的。”言毕，熊秉坤、程正瀛、汤启发、马荣等簇拥黎元洪上马，至咨议局。其时候在谘议局的人，有李春萱、陈宏诰、邢伯谦、苏成章、李翊东、张振武、向讦谟、蔡济民、王文锦、吴醒汉、邓玉麟、高尚志、高振霄、查光佛、方定国及议长汤化龙，议员阮毓崧、胡瑞霖等，一同到会议厅开会。公推汤化龙主席。汤演说，无非是歌颂革命之词。次由吴兆麟提议，请公举黎元洪统领为湖北军政府大都督，汤化龙议长为民政部部长。众赞成。黎大呼道：“我不能胜任，休要害我。”王安澜在旁，向黎低声道：“统领，万不能就。”李翊东叱道：“你是何人？敢阻挠我们大事。”拔刀欲杀之。黎以身翼蔽，道：“这是我的执事官。他是好意，我实在不能胜任。”李翔东道：“你宁可做满清的奴才，不做革命军的领袖，是何用意？”朱树烈刀砍自己的指头，血溅满座。说：“你再说个不字，我同你拼命”，黎毫不为动。蔡济民恐众怒难犯，说：“将他软禁一室，慢慢劝他。好吧？”李翊东说：“慢着，这有六字的安民布告，请于都督衔下，署一黎字。”黎拒绝。翊东说：“你不肯署，我代你署，看你其奈我何。”张振武说：“他既这样地坚决不就，为什么定要勉强他就。好在通电尚未发出，不如将他杀掉，以振军威。”吴兆麟又代为解释，遂决定依照蔡济民的话，将他软禁起来；对外一切文书，仍用大都督黎元洪名义。军政府之创立情形，就是这样。

第十章　首义后一周内之武汉情形

军政府组织谋略处　武昌首义后，所有清政府的军政大员如瑞澂、张彪以及陈得龙、连甲等，都逃出城外。他们手下，还有些残兵败将，江面上又有兵船，势必要卷土重来，作垂死的挣扎。但是在一星期内，清军既不曾向武昌城反攻，城内的民军，也不曾出城追剿。这时，军政府要做的事，头绪万端，当然是值得注意的。因为黎元洪态度不明，一切事无人作主，咨议局终日开会，人多口杂，纷乱无章。蔡济民看不过眼，才向大众提议道："都督既不负责，应该一面派人向他劝驾，一面组织谋略处，以为处理机要的机关。"众赞成。当推蔡济民、吴醒汉、张廷辅、邓玉麟、高尚志、徐达明、王宪章、王文锦、陈宏诰、谢石钦等十五人任谋略。下设秘书、参议两厅，以张景良为参谋长，杨开甲、吴兆麟副之。推李翊东为叙赏长，张振武副之。大事皆决于谋略处。登顿时议定，以咨议局为军政府，称中国为中华民国，称年号为黄帝纪元四千六百零九年，都督暂用黎元洪名义布告地方，并通电全国。军政府暂设参谋、军务、政务、外交四部，并设招贤馆，延纳投效人员。议定，即由蔡济民等往模范监狱释放被监禁的革命同志。胡瑛出狱时，将狱中所有囚犯，一律带至咨议局集合，当即编成间谍队，由胡瑛、陈宏诰等率领，负起巡查街道、搜索奸细的任务。

吴兆麟下令守孤城　二十日（10 月 11 日）八时许，军政府正在开会，不料伪三十标一营管带部翔辰带领旗兵残部，突然冲进军政府。在这危险关头，幸得李翊东督率卫兵，奋勇抵御，而防守蛇山的陆军中学学生及测量队，听着枪声，也立即驰往援助。激战数小时，才把敌人消灭，部翔辰逃走无踪。其时黎元洪走避曾公祠墙后，经李翊东寻获迎回。这一夜晚，仍由吴兆麟以总指挥名义下令戒严，命步队二十九标第一、第二两营，附炮六门，归姚金镛指挥，防御宾阳门、通湘门、小东门一带；步队四十一标第三营、第一、第二两营留守兵及步队三十标留守兵，附炮六门，归胡廷佐指挥，防御汉阳门、平湖门、文昌门一带；混成二十一协工程辎重二队，附炮二门，归李鹏升指挥，防御武胜门一带；工程八营，附炮四门，归李占魁指挥，防御望山门、中和门一带及楚望台军械储藏所。炮队八标归程国贞指挥，在蛇山黄鹤楼、楚望台扼要布置；马荣带兵一队，防卫军政府。命令发出后，吴兆麟即偕同蔡济民、徐达明、吴醒汉等到各城门查视防御情形。

楚豫兵舰中的瑞澄 瑞澂的家小，于武昌形势紧张中早已送往天津去了。留在身边的，只有他最宠爱的第四位如夫人，也就是他杀了徐开，从南城公所乐户中夺过来的童爱爱。在惊慌而悲切的当儿，只有她在跟前安慰着。瑞澂上了兵舰，少不得有一封告急的电报打到北京。大意是：

> 十八夜革匪创乱，拿获各匪，正在提讯核办，革匪余党勾结工程营、辎重营，突于十九夜八点钟响应。工程营则猛扑楚望台军械局，辎重营则就营纵火，斩关而入。瑞澂督同张彪、铁忠、王履康，分派军警，随时布置，并亲率警察队抵御。无如匪分路来攻，其党极众，其势极猛，瑞澂退登楚豫兵舰，移往汉口，已电调湘豫巡防队来鄂会剿。并请派大员，多带劲旅，赴鄂剿办。

电报发出后，瑞澂叹道："完了，完了。这本电奏到京，我的前程难保了。"正焦急间，爱爱送上茶来。瑞澂端详许久，破颜为笑道："也罢，有甚不了，充其量也不过丢官吧。羽书莫报樊城急，方得蛾眉正少年。暂且把烦恼撇开，及时行乐再说。"因谓爱爱道："我作的江南四好词，你记得不？快唱给我听，也好替我解闷。"爱爱不敢怠慢，以指击节，唱了起来。正在唱的时候，辎重营的管带萧安国跑上船来。戈什道："你来做甚？"萧说："我有军队，在岸上枕戈待命，特来向大帅请示的。”戈什进去报告，瑞澂道：“叫他上来。”萧上船去，战战兢兢的讲道：“标下奉职无状，保卫不周，罪该万死。”瑞澂厉声问道：“你们的统制呢？”萧答道：“到处寻觅，不知去向。”瑞澂道：“平时不能治兵，急时不能戡乱，咱要奏明圣上，砍他的头。你的队伍呢？”萧答道：“除了一部分保卫督署死亡甚多而外，还有一部分，可供调遣。听说城内匪党兵力不多，我们要把打散的队伍，收集拢来，还可以同他一战。”瑞澄道：“汉口和汉阳的驻兵情况如何？”萧答道“平安无事。”瑞澄道：“我派铁驳船一只，给你带着。你趁这时候，快到汉阳把兵工厂设法夺过手来，然后占住龟山。要紧，要紧。”萧道：“标下兵少，怕不济事。”瑞澄道：“那里还没有变。我给你一道命令，向他们管带传达一声，那就行了。”当即下了一道命令给萧。萧喏喏连声的应着，下船登岸，到辎重八营去了。

张彪窜至刘家庙 起义之夕，张彪正在文昌门本宅，听着城内的枪声、城外的炮声，又望见塘角火起，心里异常恐慌。即驰往大都司巷八镇司令部，用电话传谕各营从速维持。打了半天电话，都无人答应。吩咐卫兵将机关枪放列门前，谁知枪内撞针失去，屡放无效。晓得被人撤去了，于是连批两颊，自称该死该死。正愤怒间，马弁前来报告说：“城内各标各营都顺了革命党，请统制暂且退避，再想办法。”接着又报道：“消防队两次冲锋，都被革命军打溃了。”其时司令部的屋上，中了炮弹，登时起火。张急逃出司令部，回转文昌门住宅。守卫督署的骑兵队长朱明超带着马兵二十骑，逃到张之住宅，向张报告道：“督署不守，瑞大帅已上兵船，请统制赶紧出城，我好保护。”正在准备逃走时，又有平湖门外辎重营督队官安禄华前来报告，谓该营无一革命党，请统制先到辎重营。这个时候，正值萧安国从楚豫兵舰回来。张见了萧，问道：“瑞大帅如何讲法？”萧说：“大帅此时正在盛怒之下，请统制不要去见他。他手下没有一兵，见他有何益处？为今之计，你赶快带着巡防营到汉口刘家庙火车站驻扎，等我到汉阳去调军队，如若得手，还是可以反攻的。”张彪此时如丧家狗一般，没有办法，只有去找陈得龙，收拾残兵，往刘家庙暂驻，以观动静。

汉阳驻军同时反正 二十日午后二时，辎重第八营管带萧安国带着残兵三百余人、马队若干骑，乘铁船到达汉阳。声称，奉有瑞制台的命令，前来保护兵工厂。该厂队官周拓疆前来接待，虚与周旋。萧此时饿极了，向周婉商道："我等都饿得很，请烦你代筹给养何如?"周当即给钱二百串，令其自购食物，并指定龟山南端小校场为其宿营地方。因为武昌城虽然发动，一江隔绝，还是真相不明，故不能不如此应付。过一会，袁金声由武昌打听消息回来，晓得武昌全城已被革命军占领，萧安国的部队是打败仗逃出来的。于是驻在汉阳之四十二标的总代表胡玉珍立即召集同志开会，商定即晚十时起义。当时分给子弹，举右队队官宋锡全为指挥官，并派人至汉口与第二营赵承武送信，约定同时起事。统带张永汉及管带陈钟麟，均闻风逃走。赵承武并率队到汉阳西门外，将萧安国部击溃。邱文彬、戈承元、黄家麟各同志，分别占领兵工厂及龟山、赫山。天色已明，汉阳知府也逃走了。因日知会革命而入狱的李亚东，从牢内出来，由军政府任为汉阳府知事。

军政府之军政布置　二十一日（10月12日）午后六时，各同志在军政府集合，再开会议。因各部人员均未规定，办事殊多紊乱。又兵力太薄，必须增加四协，每协成立后，各招补充兵一团。遂决定将参谋、军多、外交、政务各部人员及协统四员举定，其人选如下：

参谋部：正部长杨开甲　　副部长吴兆麟

军务部：正部长孙武　　副部长蒋翊武

政务部：正部长汤化龙　　副部长张知本

外交部：正部长胡瑛　　副部长王正廷

步队第一协统吴兆麟　　第二协统何锡藩

第三协统成炳荣　　第四协统张廷辅

以上人员举定，旋又增设军令部，以杜锡钧为部长，并加任张振武、蔡绍忠为军务部副部长。政务部下设外交、财政、交通各司，由部长选任之。及汤化龙去后，外交、财政、交通各司又改为部，政制又变更了。

招贤馆中之孙发绪　武昌起义之第二日，共和会主干胡鄂公由开封赶到，即往军政府与同志们会见。其时府内已准备组织高等侦探、普通侦探、步探、马探四科。胡到后，即联合成立一总办公处，由胡主持其事，拨步兵三百、马队一百、小火轮二只，供其指挥，并担任卫戍事宜。接事后，探报武昌大朝街官纸印刷局附近有一名奸细，名叫孙发绪，是候补道出身，在安徽巡抚衙门充当参议。这次混进武昌城，是替巡抚朱家宝当侦探的。鄂公得讯，特亲往侦查。只见孙小圆面膛，胡须疏朗，脑后并垂有小辫。问："你就是孙先生吗?"孙有惧容。鄂公说："莫怕，我们设有招贤馆，是要延揽人才的。"孙于是侃侃而谈，所谈的都是文韬武略。鄂公因延入招贤馆，并向黎元洪推荐，说他有幕府才。此时的招贤馆，系由刘度成主持。一时投效的人，延入者不在少数。孙发绪和饶汉祥是其中突出的人物。所有军政府电文布告及来往信件，多发交馆内人员办理。孙、饶两人，都是因办理文稿而提拔起来的。

黎元洪态度之转变　八月二十二日（10 月 13 日），黎元洪被举为大都督已经是第三天了。他不言，不笑，不进饮食，终日正襟危坐，形同偶像，人皆目为泥菩萨。这一天，蒋翊武自京山来了，张难先也从汉川来了，两人一同见黎，黎没有谈一句话。蒋退，谓张道："都督这种态度，为之奈何?"说罢，放声大哭。张说："我们慢慢劝他，看他回心转意不。"其时陈雨仓在参议厅阅稿，发见一篇电报，是梁鼎芬打来的。文云："探交二十一混成协黎协统宋卿鉴：芬昔与张文襄论湖北将才，首推我公，不料今竟附逆。倘能率队来归，芬愿以全家担保，向朝廷为公洗刷也。"雨苍阅毕，持商秘书厅同人。甘绩熙在旁惊讶地道："假若这电报落在老黎手内，那还了得。幸亏老黎没正式任事，假若他手握实权，而又有这些勾结的电信，更了不得。依我之见不如将他杀却，另外举人。"兆麟说："千万不可。通电已经发出，全国皆知。一旦再换个人，岂不摇动人心，危害大局。"陈磊说："就算不杀他，也要他下个决心，表明态度才是。"甘绩熙向黎问道："宋卿先生，我们同志流了多少的血，断送了多少头颅，才换得今天的成绩。大家都不争权位，抬举你来做大都督，很对得起你吧。你再不下决心，未免太对不起我们同志。"黎说："我已经答应替你们帮忙，有甚么对不起呢?"甘道："你的辫子没剪，足证明你还没下决心。是不是等着满军杀进来，你可以借此表明心迹呢？老实对你讲吧，你的辫子没剪，足证明你没下决心；你不下决心，我们就不放你的心。”陈磊也接着说：“不剪辫子，那就对你不起。”黎道：“你们年轻人，再不要如此无礼。要我剪辫子，应该好作商量。我从前在营中曾经下个通知，兵士自愿剪辫者听。明日我剪去就是。”众皆大笑，尤其是甘绩熙，更笑不可抑。二十三日清晨，黎元洪果然把辫子剪掉了。甘语人道：“这几天没有解决的问题，一旦解决了，我心中非常愉快。剪辫子虽是小事，但是在民族历史上，也是一件大事。回忆满清入关的时候，为反抗剃发而死者，该有多少的同胞。黎元洪经过三天的思考，与同志的逼迫，终于把辫子剪掉了。这总算是他一种转变的表示，值得我们欢喜的。听说江那边胡石庵创办一家《大汉报》，明天出版，我少不得打电话去，教他大书特书一下。”翊武喊道：“这个玩笑万开不得。在中外观瞻之下，我们岂不丢人。规规矩矩地说，都督转变了，还要看看他以后的作法何如，这倒是要紧的事。”

李翊东拿获汉奸　二十二日晚，都督府司令官方定国与满人通声气，被李翊东发觉了。原因武昌城内敌人未尽肃清，到了深夜，枪声时起，而方定国所做的事，异常颠倒。李对他极为怀疑，也就特别注目。忽见一个大汉，手提打笼，递信于方定国的案上后，即驰出。李见其行迹可疑，喊道：“站着！”再回顾方定国，只见他拿着来信，撕成粉碎，丢在口中吞了。卫兵听见李的呼声立将大汉拿获，经这一度审讯，原来是替张彪送信来的。大汉是旗人，审讯时教他喊“六”字，他喊作“溜”。并供出张振标、蔡登高两人，同为张彪侦探。黄元吉挟至楼隅，一律处死。其时方定国身佩军刀，手持短枪，李翊东令卫队道：“快替我将他拿下。”方怒目而视，无人敢近。李上前径夺其枪，将军刀摘下，方低首不敢抵抗。经审讯通敌属实，处以死刑。

张彪拒绝招降　四十二标统带张永汉及辎重八营管带萧安国，因阳、夏同时反正，均逃到刘家庙去找张彪。张彪说：“事已至此，你们有办法没有？”张永汉和萧安国两人，都说没有办法。张彪即派永汉到日本租界去把他的军事顾问日本人寺西找来，请代为划策。寺西说：“为张统制着想，此时惟有两策。一、请集合现有兵为，许以重赏，亲自带领，由刘家庙渡江，到青山，绕至洪山，乘夜至宾阳门，诈称响应，革命军必欢迎入城，然后乘其不备，袭取咨议局。胜则奏明皇上，自请处分，皇上必说你有勇有谋，将功抵罪，败则一死了之。其二、改名换姓，潜往日本，一面派人登报，说张彪已尽忠而死。以上两策，看你用哪一策？”张彪想了一想，觉得都不高明。这时候，有人报道，清廷接得电讯，已经派陆军大臣荫昌统率大兵南下。萧安国喜道：“统制不要耽忧，我是荫大臣的门生，等他到湖北来，我们自有办法。”张彪说：“既是如此，我们就在这里等候救兵吧。”二十二日清晨，军政府派蔡德懋率炮队一营及胡廷翼步兵一队，到武胜门外两望占领阵地，向楚豫、楚材、江清各兵轮开炮射击。炮战约两时之久，将楚豫、江清击伤。瑞澂慌忙令该轮急向下游逃走。军政府因瑞澂败窜，急欲招降京汉路之张彪军队，以竟全功。于是开会计议，用黎元洪名义致函张彪及萧安国诸人，劝其归顺。略曰：

> 虎臣（彪字）仁兄如握。同寅有年，相知以心；今忽相仇，甚为歉然。惟是种族之界，严于君臣。大义之行，可灭亲友。弟秉大义、复世仇，万众一心，军民同愤。满清气尽，昭然人目；近日之战，可概见矣。仁兄素明事体，顺逆之理，胜败之数，谅计之已熟。何事以虎口余生，东逃西窜，辅不足有为之满奴，以残我同胞？仁兄犹是黄帝之子孙，独不欲雪祖宗二百六十余年亡国之耻乎？清夜自思，当能自返。用敢遣贵亲信齐君宝堂邀请仁兄助我同胞救出水火。大业告成，虚位以待。弟赤心待人，决不妄言。黎元洪顿首。

齐宝堂持函渡江，面陈张彪。张彪大怒，复函道：“我辈为高级军官，吃皇上俸禄，理应尽忠，岂能造反。不日大兵南下，将武昌革命军扑灭，尔元洪小心小心。”他亲笔写的，就是这样几句。是日，还有革命同志萧国宝、姚斌、熊世藩、李国梁四人，到刘家庙辎重营去运动兵士反正，被萧安国查觉了，将四人拿获，问明情由，知为军政府所派，除李国梁尚有发辮当令开释外，其余萧国宝、姚斌、熊世藩三人均押至刘家庙江岸，执行枪决。这两次劝降失败，才知道张彪等负固不服，一定是等待援军反攻。战争就在目前，是可以想见的。

张锡元诈降军政府　当瑞澂逃走之时，急电河南巡抚宝棻，请求派兵援救。宝棻接电，即派陆军第二十九混成协应龙翔率部赴援。旋因应部有黄安人郑某带一部分队伍投入革命军，因疑应为湖北黄陂人，与黎元洪同乡，定有勾结；遂将应扣押，改派张锡元率兵来鄂。张锡元到了刘家庙，听说革命已经扩充四协，瑞澂所坐的兵舰又被击伤，心内恐慌，迟迟不敢前进，于是派人到武昌军政府，表示输诚。军政府极为欢迎，即派李国镛、毕钟等携带现洋三千元到刘家庙犒赏河南军队，并提出条件：一、要他通电全国，与清政府断绝关系；二、要他速至武胜关，防御敌军。这时候，听说荫昌率大兵南下，张锡元又变更态度了，答称须俟准备妥当，再行举动。军政府看出破绽，晓得他是诈降，遂速派军队渡江，作攻守战的准备。

张景良大闹军政府　黎元洪剪了辫子之后，态度确有转变，一切军事上的布置，他也拿出主张来。他的参谋张景良是当过二十九标统带的，见黎态度变更，表示不满。二十四日（10月15日），有几个同志建议，说张彪在大智门布置军事工作准备反攻，我们此时不如先发制人，赶快出兵将他赶走，以便在戴家山至滠口地方设险防守，方可稳住武昌，以待各省起义派兵来援。黎说："我已经同何协统（锡蕃）商量，就要出发的。"张景良听得此言，以首撞在黎怀，高声痛哭。蔡济民叱道："你在都督面前放赖，是何道理？"李翊东说："大概是因为要打张彪，你不愿意吧。"陈磊说："他的妹妹，嫁给满人果清阿，当然不赞成排满的。"吴醒汉说："我看他好像有精神病。"黎顺口代为解释道："他确是有精神病"，李翊东说："靠不住。不杀他，也要把他监禁起来。"蔡济民也以为然。当即饬卫兵将他拖出，严加看守。

军政分府的组织　同盟会会员温楚珩初到汉口时，以同盟会名义，致力于革命的秘密运动，即认识詹大悲、蒋翊武、查光佛等。后因《大江报》封闭，詹押在礼智司监狱中，温避往北京，住在田梓琴、曹亚伯所办的国风报馆。八月中旬，温接得文学社的快信，说武昌不日起事，请他来鄂主持。温接信，于十九日晚上到汉，寓华洋旅馆中。恰值是晚起义，夜晚闻枪炮声。次日早起，街巷间议论纷纷，莫衷一是。温即往日租界，访问一个相熟的日本人道："武昌城昨晚何事？"日本人说："领事府传出消息，革命党已经起义了。"温大喜，即往礼智司监狱，去找詹大悲。至则狱吏均逃，门外亦无人看守。温入内，见詹，问道："你们还不出去，在此何为？"詹道："听说江那边已经动了，但这边还没有枪声，出得去吗？"温说："我能随便进来，你们也能随便出去。跟我走吧！"这么一说，詹大悲、何海鸣，连同监内一干人，都一同随温出来。温与詹雇了一只划船渡江，由文昌门起岸，见城门未开，又弯到小东门进城，直到咨议局。只见起义的一班同志，都在闲谈着。温说："汉口后城马路一带，有多数匪徒，肆行抢劫。南城公所，还有人放火焚烧。沿途听得百姓讲道：'革命军起事了，为何不派兵过江来保护百姓呢？'"蔡济民道："是的。你们来得正好，我马上派一队兵，给你们带过江去，维持治安。"说着，出去找兵，找得一连，约计一百多人，由温、詹二人，带到汉口四官殿驻扎。詹说："我们用甚么名义，才好出布告？"温说："江那边一盘散沙，举出的大都督黎元洪，又是那样地顽固，我们向谁要名义？为办事便利起见，就用军政分府的名义好了。"詹曰善。当即刻了一颗印，出示安民。登时招抚了巡防营的兵，有两三百名，尽够维持秩序。当天夜晚，拿获了抢匪二人，就地正法。二十三日，就将军政分府组织就绪，分为军事、政务、秘书、参谋四处。詹任军事，温任政务，吴昆任秘书，何海鸣任参谋，办公地方，设在旧江汉关衙门。当此之时，汉口秩序尚未恢复，湖北官钱局发行的官票，不能流通。詹急约商会会长蔡辅卿、副会长李紫云商议善后办法，由商会召集各帮代表，多设立兑换所，以维持官票信用；并组织商团，协助军队保卫治安，晚上到处巡查，秩序赖以安定。詹并时常与外交部长胡瑛往晤各国驻汉领事，接洽外交上一切事宜。

谭人凤居正来鄂 二十三日（10月14日）下午十时，谭人凤、居正同到武昌。蒋翊武、蔡济民、蔡大辅、李作栋等邀集同志在农务学校聚会欢迎。居正说："这里起义的那一天，就是我们在上海动身的那一天。因为等手枪，并等候黄克强的回信，所以没先期赶到参加你们起义的盛举，这是很抱歉的，而且很抱恨的。二十日，船到九江，才得到武昌起义的消息，心中的惊喜，非言语可喻。但是军警的戒备甚严，还不能公开地讨论。石屏强欲登陆与九江新军接头，我不许，并说明利害，才把他拦住。舟过武穴，是我的故乡，我是认识很多人的。据地方喧传，武昌革命举黎元洪为都督，但不知黎元洪是甚等之人。有人问我，我也不晓得，只得含糊答道：他是一个有才能的革命党人。”说时，面带微笑。翊武问道：“黄克强先生何以不来?”谭人凤说：“他还在香港啊。我们在上海动身的头一天，接得他的书信。”说着，从怀中掏出信来说：“这封信，是他八月十二日在香港写的。我念出给各位听吧。”

手札敬悉。列公热心毅力，竟能于沧海横流之日，组织干部，力图进取，钦佩何极。迩者蜀中风云激发，人心益奋，得公等规划一切，长江上下游，自可连贯一气，更能力争武汉。老谋深算，虽诸葛复生，不能及也。光复之基，即肇于此。庆何如之！弟自三月广州失败后，自维才德薄弱，不足以激动众人，以至临事多畏惧退缩，徒损伤英锐之同志，负国负友，百死不赎。自念惟有狙击此次最为敌之虏贼，以酬死事诸君，庶于心始安。故自四月初二去港，即专意于复仇之计划。虽石公极力阻止，弟未稍动。即至七月，未尝与一友通只字。其所以断绝交通如是之孤行者，冀有以解脱一切纠缠，以促其进行之速。弟虽明知背驰，负罪公等，亦所不计。匹夫之谅，君子当能见原也。自蜀事起，回念同志死事之烈，已灰之心复燃，是以有电致公等，求商响应之策。初念云南方面，较他处为有把握，且能速发，于川省亦有犄角之势。及天民兄来，始悉鄂中情况更好，且事在必行。弟敢不从公等之后，以谋进取耶！惟念鄂中款虽有着，恐亦不敷。皖、湘各处，需用亦巨。非先向海外筹集多款，势难联络办公。今日与朱执信等商议，电告孙中山先生及南洋各界，请先筹款救济。但各埠皆在元气大伤之后，不知能否协助多寡。惟闻人心尚在奋发，益以公等之血忱，想不至空无所得。弟之行止，尚未预定，以南洋之款或须弟一行，亦未可知。如可分身，能先来港一商，尤盼。弟兴顿。八月十二日。

谭人凤道：“信念完了。后面还附有七言律一首，也值得念一念。”

怀椎不遇运何究，露布飞传蜀道通；吴楚英豪戈指日，江湖侠气剑如虹。能争汉上为先着，此复神州第一功；愧我年来频败北，马前趋拜敢称雄。

念完，查光佛说："诗太好了。黄克强于广州失败后，立志要替同志报仇，头一句说，'怀椎不遇运何穷'，就是说屡次炸李准总没炸死，最后一次，才炸毙一个凤山。他的精神，都用在暗杀方面，实在可惜。假使他早到武昌，今天这里，不又是一个局面吗？"翊武说："还要望他早来。"李作栋道："照他的信上说的，他此时还在香港，还要到南洋一行，那不是不来吗？"人凤道："我已经打电报去催，他晓得武昌已经发动了，哪有不来之理。从前他不来，是为的要到南洋筹款，现在可以不必了。你看，不出一星期，准来的。"作栋说："我们也联名打个急电，请他和宋钝初快来，同志以为何如？"众都赞成。

赤手回澜之《大汉报》　胡石庵原名人杰，湖北天门县人。其父以翰林任江汉书院主讲，早死。家极贫，青年入泮，至经心书院读书，因隶兴中会党籍，参加唐才常自立军之役失败后，系狱两次。出狱后，落拓汉皋，在公论、中兴两报卖文为活，著有《明珠血》、《偷香狱》及《马上女见传》，脍炙人口。与詹大悲、何海鸣、孙尧卿等为刎颈交。武汉反正时，他在歆生路上，有现成的印刷公司，想办一家报馆，为革命军致力宣传工作。其时武昌城内，尚是茫无头绪，汉口秩序，也在纷乱中，有两个日本人和一个英国人向石庵问道："武昌之变，究竟为何等性质？"石庵答道："革命党起义，光复汉族河山，推翻君主，建立民国。"英人说："恐怕不然。我们领事馆，接得总督瑞澂照会说，武昌是土匪作乱，劫夺钱财，奸掳烧杀，无恶不作，与政治绝无关系，已就近调湘豫军队，前来剿办，不日即可荡平。你还替他们袒护吗？"石庵说："你莫信瑞澂的话。武昌此次举动，的确是革命军起义。从城内出来的人，都说城内居民，秋毫无犯，军队文明得很，哪里有抢劫的事情。"日人笑道："你大概也是革命党吧？"石庵笑而不答。英人说："既是革命党起事，就应该有文明的公告，使中外人士了然。为甚么这两天关着城门，一点也没有表示呢？"石庵说："你们不要怀疑，一两天内，就有革命军的机关报在汉口出现的。"英人、日人听说，就握手告别。石庵回到印刷公司，即召集工人，商量出报的事。这时候，他赤手空拳，一钱莫名。由工人凑集一点钱，当天就买了几令油光纸，由石庵自作自写，自编自校，出了一张报，名曰《大汉报》。开宗明义就是一篇檄文，还有些他自己闭户造车的新闻。印的时候，同志郑江灏来了，看了檄文，惊问：“这是江那边军政府送来的吗？”石庵说：“不是，是本店自造的。”郑道：“你好大胆，敢擅用军政府的名义。”石庵道：“孙尧卿托我做的，共进会开会通过的，我怎么登不得？”郑又看了新闻，笑道：“哪有此事，完全是一片谎言。”石庵道：“把声势说夸张些，既可以安军心，又可以丧敌胆，这个谎非扯不可。”郑说：“是的。”因朗诵檄文道：

维黄帝纪元四千六百零九年八月二十日，中华民国军政府布告国人曰：春秋大九世之仇，小雅重宗邦之义。况以神明华胄，匍匐于犬羊之下，盗憎主人，横逆交逼，此诚不可一朝居也。惟我皇汉遗裔，奕叶久昌，祖德宗功，光被四表。降及明季，遭蒙不造，蕞尔满夷，因缘祸乱，盗我神器、奴我人民者，二百六十余年。凶德相仍，累世暴殄。庙堂豕突，四野狼奔。群善嘻嘻，毫无远虑；开门揖盗，裂弃边疆。宁自甘为附庸，冀苟延其残喘。是非特逆胡之大罪，亦即我汉族之奇羞也。军政府同人洞明大义，志在救亡，秣马厉兵，久欲讨贼。徒以大势未集，忍辱至今；尝胆卧薪，匪伊朝夕。天夺其魄，牝鸡司晨；群小弄权，渎乱朝野。竞聚金璧，以官为市。强敌见而生心，小民闻而蹙额。犹复高筑债台，饱其私橐。巧假名义，欺骗人民。于是乎有伪收铁道之举，丧权辱国，劫夺商股。愤毒之气，郁为云雷。由鄂而湘，而川，而粤，扶摇大风，卷地俱起。土崩之势已成，横流之决可俟。逆胡授首，在指顾间。军政府恭行大罚，义无返顾。谨申大义，以告国人。维我伯叔兄弟诸姑姊妹，既明此义，宜及时奋起，云集响应。无小无大，尽去其害；执讯厥丑，以奏肤功。维我伯叔兄弟诸姑姊妹，既审此义，宜矢其决心，合其大群，坚忍其德，发奋为雄，进战退守，与猛士俱。维尔失节士夫，被迫军人，尔有生身，尔亦汉种。既审此义，宜有悔悟。宜速迁善；宜不忘根本，追思远祖；宜倒尔戈矛，毋抗义师。维尔胡人，尔在汉土，尔食尔禄，民之膏脂，饮水思源，岂能以怨报德。今为败虏，吾民亦不尔仇。既审斯义，自宜返尔部落，安分守己，化为齐民。尔则无罪，尔则获赦宥。军政府又与四方俊杰为兹要约曰：自州县以下，其各驱逐负固不服之虏吏，易以民选，保境安良，励精图治。又各州县应兴师一旅，矢志同仇，以从征伐，期于肃清奸宄，实现共和。军政府则统率大军，犁庭扫穴。与军中将士约曰：凡属汉胡，苟被逼胁而勇于去逆效顺，皆大赦，勿有所问；其有挟众称戈，与革命军为敌者，杀无赦；为间谍者，杀无赦；故违军法者，杀无赦；抢夺民财，奸淫妇女者，杀无赦；临阵脱逃者，杀无赦；危及外侨生命财产者，杀无赦。以此布告天下，俾众周知。如律令。

檄文之后，并载有大字标题的新闻和专电：一、黄州巡防营独立。二、荆沙宜昌的驻军，昨晚有电报告军政府，已经宣告独立；并称所有队伍，即向武汉赴援。三、湖南革命军起义，占领长沙；援鄂的部队，即日可到。四、九江独立，下游的军舰上驶，都被截获。这些电报，当然都是捏造的，不过看报的人，都认为真实。因而二十四日出版，一纸风行，销过两三万份。因为印刷机赶印不及，也就无法再加了。次日，有一位同志投稿，假托大总统孙文名义，发布一篇告同胞书。这时候，孙中山尚在伦敦，未经民选，也不会自称大总统，布告书当然是假的。可是登在报上，就同真的一样。当时报纸传至伦敦，英国人士就认为这篇布告定是孙先生预作的；大总统的名义，也是人民预选的。所以读了这篇布告都去恭贺孙先生。自从出版以后，石庵亲自出马采访新闻，就是在阳夏战争的时候，他还是亲自上火线，采访战事新闻，奔走与写作，日无暇晷。此为辛亥革命后之第一家首先出版的报。武汉人一致讲道："中华民国，是胡石庵吹起来的。"黎元洪送赠该报"赤手回澜"四字匾额。这些话虽不算正确，但是它的功劳，毕竟不小。

《中华民国公报》出版　《中华民国公报》是军政府的机关报，于八月二十五日（10月16日）出版，比《大汉报》迟一天。每月津贴，由军政府发给，定为法价洋五千元（每元一千二百文）。任张芸天为社长，严山谦、张祝南、高攀桂、朱峙三、蔡寄鸥、任岱青、韩玉辰、蔡良村、聂守经、欧阳日茂、张世禄、毛凤池、龙云从等分任编辑、经理及撰述。馆址在大朝街官纸印刷局内。出版之日，门首有一对联云："与民公好恶，为国报平安。"把民国二字，不着痕迹地嵌在其中，可谓天衣无缝。其中任事的人，除严山谦、韩玉辰而外，都为两湖总师范学生。后来张芸天辞职，由牟鸿勋继任为社长。牟去后，以高攀桂为社长。

财政之清理与规划 武昌首义之次日，同志等在咨议局会议，认为当前之重要问题，军事第一。惟其要注重军事，必须充实军备，那末就要着重于财政问题。当即由李作栋、蔡济民、徐达明等分往藩库、官钱局、造币广、铜元、银元各局，查点存储数目。计藩库存银一百二十余万两。因为当时清廷预备废两改元，命湖北设立造币厂铸造银元及铜元，因而所有税款俱未北解；并饬湖南、广西等省，将现银解鄂，代铸银元，因而藩库所存，颇为丰富。造币厂原分银元、铜元两局，计存银八十万两，银洋七十万元，当十铜元四十万封，每封百枚，即为数四十万串。官钱局存铜元二百万封，台票八百万张，未盖印的官票二千万张，银元票二百四十万张，库银二十万两，银元三十万元。以上总计，湖北财政存款约四千万元。一面点清，一面令胡廷佐担任保护藩库责任；令刘绳武统率学生军，负保卫官钱局责任；令夏维善担任铜元、银元两局责任。二十四日，军政府发出布告，豁免赋税。关于田赋者，所有本年下忙及以前积欠丁漕，概行豁免。关于税捐者，除海关及盐、烟、酒、糖、土膏各税捐外，所有统捐局卡及内地税捐，一律裁撤。至各属杂捐，除地方所用者外，余均蠲免。因为要与民更始，才不能不有此措施。但是大局未定，战事就在眼前，而建设事宜，百废待举，光靠库存的有限数目，难以善后。军政府对此问题，开会讨论，决定从节省开支着手。关于财政上之支出领款，在两万以上者，规定须经都督批准，始能照发。无论何人，不能滥支。至于薪饷一项，规定由都督以至各机关录事，每月一律支法价洋二十元，计为钱二十四串。军队士兵，月饷则增为兵夫十元，副目十一元，正目十二元。下级军官，则视清制酌减，中上级军官，则所减更多，第不少于二十元而已。总计每月支出的薪饷及办公费等项，约需台票三百万串。而赋税已免，款何从出？当时管理财政的李作栋建议，惟有维持固定之官票信用，可以勉渡难关。因为湖北官钱局的官票，向来是有信用的。不独湖北全省可以通用，即上而湘蜀，下而赣皖，以及河南各市镇，亦通行无阻。只要按照票面，有铜元应兑，不折不扣，其信用自可维持。因为有繁华之汉口市场，为万商云集之所，只要汉口不贬抑官票，则凡与汉口通商之各地，自然是信任官票了。其时造币厂每日可铸铜元五万串，即交官钱局，以之收回台票五万张。三镇的市面，每日有五万新铜元上市，绝不虞其匮乏，人民持台票一张，无论购买何物，皆可找回铜元。若持有巨款官票，而需用现银或银元及银元票等，有库存作准备，亦可以照数兑换。如此维持，信用当然稳定了。或谓造币厂存铜有限，若天天鼓铸，哪有许多的铜？其实，这又不成问题。查湖北善后局存有长江水师所遗的废铜炮甚多，其质虽不及红铜，但亦可用。照每日五万封计算，此项废炮的铜，可供一年多铸造铜元之用。到那个时候，赋税蠲免的期限已过，那么财政的难关，也当然渡过了。这个建议，大家甚以为然。后来李作栋做财政部长时，即依照这个计划做去。起义后之财政问题，算是顺利解决了。

李亚东坐轿受责罚 起义以后，人人都讲平等，所有起义的同志，都能够以身作则，不许喊老爷，不许喊大人，不许坐轿，尤其是不准坐四人大轿。如有人摆起官架子，就要受严厉的讥评。日知会老同志李亚东，从汉阳监狱出来，任汉阳府知事；张难先也在府署，替他帮忙。李每逢出衙，必乘坐四人抬的绿呢大轿一顶，鸣金开道，还有旗伞执事，前呼后拥，俨然是前清的“府太尊”一样威风。张难先道：“你是革命党出身，还摆这些臭架子，不怕同志们耻笑吗？”李正色道：“有威可畏，有仪可象，才好管教百姓。这并不是摆架子。”他渡江乘轿到都督府，守卫兵拦着不准前进。李道：“我进去见都督，你为何拦住我？”卫兵道：“这是中华民国的都督府，不是满清的制台衙门。你莫走错了路吧。”李亚东还是要进去，卫兵喊道：“官僚派，……满清的怪物，打！”李见势不对，才怏然退走了。自此以后，再不敢坐绿呢大轿。不独他一人为然，武昌城内，就绝对没有轿子了。

胡经武之部长派头 武昌炮声一响，胡瑛从牢内出来，进了都督府就一跃而为外交部长。有人说："你不懂外国话，办外交岂不困难？"胡答道："做长官的人只要掌握原则，处理大事。至于同外国人讲话，自有翻译员任之，有什么要紧。"任事不久，覃振前去会他，他和覃振、宋教仁都是湖南桃源人，又是同乡，又是同志。他为革命而系狱于武昌，覃亦为革命而系狱于长沙，又是同生死共患难的朋友，因而有"桃源三杰"之称。覃、胡相见之下，应该是很亲热的。但是相对寒暄，不过寥寥数语，胡即操着官腔，向覃问道："理鸣，可惜你太来迟了，本部组织就绪，现无好缺，只剩下鹦鹉州驿站，有马两匹，尚不曾委人看管。事也清闲，你愿意屈就不？"覃道："要我看马吗？"一笑而去。自此以后，胡任烟台都督，以至依附袁世凯，为筹安会"六君子"之一。覃与之断绝往来。其实覃的作风，与胡并无区别，他后来做了司法院的副院长。有一个武昌首义同志名叫梅宝玑的前去见他，他稔知宝玑太穷，在大街上排着卦棚，卖卜为活。因叱道："教他去卖卜好了。会我何来？"看马固然难堪，这样还不是令人难堪吗？

第十一章　湖北各属起义

黄州反正　黄冈人吴贡三，因日知会案判处徒刑，递解至黄冈县监狱收押。经地方绅耆迭次具保，迄未照准。及武昌首义消息传至黄冈，伪知县潘诵捷徇当地士绅之请，迎其出狱；并由当地士绅，公共推举，主持地方军政事宜。惟知府琦璋（系满洲人），与驻军黄防营标统张禹臣秘商，谋联络江面海军，进攻武汉。鄂军政府得此情报，即于八月二十六日（10 月 17 日）特派黄楚楠、彭汉遗、李长庚（即李犹龙）、熊海春、涂诰、方孝纯、刘子通、黄巨川等乘坐保生轮船，驰往黄州招抚，迨轮船到达黄州时，见岸上寂然无声，风景依稀，不似光复气象，遂停船于黄州对岸之樊口。迨上岸打听消息，始知黄州绅界虽迎接吴贡三出狱，但军界尚无动静。李长庚与黄巨川，乃乘一划子渡江，至距城五里之黄州关上，派人进城，邀约黄防营同志徐得贵、姚得胜、夏星午、黄厚钦等至关上唐姓住宅开会，议定于即日夜晚，由黄防营同志发动，以放火为号。当晚，即举火焚烧河东书院，全城官吏如知府琦璋、知县潘诵捷及标统张禹臣等，均逃走一空。二十七日（10 月 18 日）晨，黄楚楠、彭汉遗、李长庚等，即由樊口乘轮，驰往黄州招抚。全城各界及民众齐集江干欢迎者，约数千人。比即宣布革命宗旨，欢声雷动，即时成立鄂东军政支部，并急电鄂军政府，报告招抚及反正情形。九月初二日（10 月 23 日），军政府急电，谓下游蕲州田家镇一带关系长江交通，恐为汉奸分子及伪政府官吏所把持，于军事上影响甚大。应即派队前往，相机剿抚。李长庚即率领黄防第二营驰赴下游，逃行剿抚事宜。先后将鄂城县、下巴河、水师营、蕲水县大冶县、黄石港、蕲州、阳新县、广济县顺利收复，并将田家镇炮台及武穴商埠一并收复。由此影响及于九江，也闻风响应起来。九江及田家镇炮台，均为革命军所占领。所有停留在上游的海军都断了接济，水涸，又不能开到下游。在此情势之下，形成了釜底游鱼，非向革命军投降不可。九月二十二日（11 月 12 日）李长庚完成任务，回转黄州，以后继续宣抚军民，地方安谧。黄州为武汉门户，首先独立，其关系至为重大。后来准备北伐时，右翼总司令李烈钧，即驻节于此。

京山刘英起义　京山南乡永灉河一带，为钟祥、京山、天门、潜江会党啸集的地方。刘英，京山人，其家富有资财，与会党素相结纳。共进会在日本东京成立时，刘英加入会员。当时之革命计划，拟由会党发难，以刘英名义出而号召，即以刘为湖北副都督，刘慨然承允。八月中秋武昌首义的预定计划，刘英早有所闻，所有兵马、刀矛、军火、旗帜、文书、印信，一切都筹备妥了。及接武昌十九夜首义消息，即号召乡勇千余人，揭竿而起，进驻天门，用鄂军副都督刘英名义，发出布告。其时杨玉如因宝善里机关破获，逃至其处，故举兵宣言，杨亦列名。孙武闻讯，往军政府报告黎元洪，谓刘英在京山起义，声势浩大，其地居武汉上游，极关重要，应即发给饷械，前往接济，并派员协助。黎此时已经视事，问道："他用副都督名义，是何来由?"孙答："他是有来由的。共进会在东京成立时，公举刘公为大都督，刘英为副都督。"黎曰："诺。"即派张鹏程、李济臣等，运快枪三百只、子弹二十万发前往。刘英委李济臣为参谋长，鹏程为参谋。依军制编乡勇为两标，英自兼第一标统带，其弟刘铁为第二标统带。派李济臣等守天门，编练队伍，而自率所部，与鹏程进攻潜江，击败了由襄阳东下的刘韫玉巡防营。进攻监利，又击走分防的荆州队伍。潜、监两县因之完全收复。惟英之举兵，故里刘家榨，则为巡防营队伍所蹂躏，住宅财产，均被焚毁无遗。湖北人之因革命而破家，当以刘英为最。

汉川梁钟汉起义　汉川人梁钟汉，字瑞堂，与其弟耀汉、恢汉同为日知会人。萍醴之役，日知会受其影响，清吏大兴党狱，耀汉走免，钟汉被逮，判徒刑，递解至汉川县监狱押禁多年，其家亦被抄六次，受祸极惨。首义后三日，其弟恢汉偕朱振东、高景亚等，在系马口起兵，有众数百人。王守愚因武昌机关部破获，逃至其处，相率入城，迎钟汉出狱，即推为司令，王守愚为参谋长。守愚返武昌，向军政府请领械弹，军政府核发步枪三百支、子弹二十万发，由守愚运回汉川，以为编练队伍之用。张卿云在汉川方面招募的义勇队，亦与梁部合并。其时刘韫玉所率之巡防营残部，沿襄河南下，梁钟汉率队截击，缴获其船只枪械甚多，势力更加扩展了。

刘化欧截击清军 刘化欧，河南信阳人，为文学社社员，在四十二标之铁路三营充当营代表，被调至信阳车站青云栈营部，担任下士学兵教习。于是利用机会，召集同志在城内鲍氏街本宅开一次扩大会议，议决吸收官佐，联合帮会及铁路工人，并储备炸弹、炸药等，备一旦起事，可作为破坏铁路之用。当场推举信阳易小康为学界代表，刘克仁为学兵代表，应山王春华为帮会代表，孝感余大猷为铁路工人代表。旨在体认时会，联络群众，劝募捐款，以备购买弹火及炸药。计捐洋四百余元，不足，又由刘化欧自卖财产，得一千余元，由日本人井上一雄偕同至汉口日租界栖鹤旅社，购买日式手枪三十支、子弹两千发，强性炸药十二包，小型炸弹十二枚，运至易小康家储存。原与武汉总机关部约定，武汉一经发难，即用电信或专人通信至信阳，铁路驻军就同时响应起来。不料十八日事已失败，未及通知。十九日仓卒举义，未及通知。延至二十三日，信阳与武昌完全失了联络。二十三日，河南陆军二十九混成旅进驻信阳，将武胜关以北铁路三营所驻的地方，用多数部队严密监视，尤其将青云栈营部包围得水泄不通。刘化欧见此情形，料定武、阳、夏三镇必有事故，于是各代表秘密会议。刘道："这几天武汉消息完全断绝，想必已发动了。他们不派人通知，令人莫解其故。现在我们军队在层层监视之下，要想动作，万不可能。为今之计，只有由我们现有的力量，做秘密和游击的工作。"众赞成。于是分途准备，集合农民四百余人，各携带抬枪刀矛，到武胜关与帮会弟兄五百余人会合；并传令各队代表，定二十五日夜半举义。刘化欧率队向北进攻，与河南军之步兵一营遭遇于李家寨，战至拂晓，河南军败退。二十八日（10 月 19 日），荫昌率北洋大军到达信阳，于是多数帮会集议，率帮会及铁路工友六百余人，潜伏于黄土关、平靖关内外，相机而动。九月初二日，刘化欧到驻马店、漯河等处，探视敌军粮秣弹药储藏量及地址，而代表王春华派队长游长乐、郭杰儿，分队长郝安邦、汪大嘴率领弟兄及铁路工友二百四十人，埋伏于武胜关左右侧。翌日清晨，竟与段芝贵部的骑兵步兵混合队遇于周家坳。激战二小时，以众寡悬殊，被其击溃。我部众死伤共三十余人。化欧因通令各代表，继续破坏交通及焚炸敌人粮台工作。十一日（11 月 1 日）午时，钟鉴珩因谋炸漯河大桥不成，就义于郾城车站。十七日（11 月 7 日），余大猷在东篁店北首，炸毁敌军兵车三辆，被敌人拿获，死于皮鞭铁棍之下。李明志炸东方转运公司之粮食库；刘克仁焚花园源成转运公司之弹药库；彭学俊炸毁路轨，使祁家湾兵车颠覆，死伤惨重；何奇炸燃萧家港子弹车，均与敌人以莫大的打击，使之胆寒。这一举，有工人与农民的组织，有灵活而勇敢的游击战术，在辛亥革命战斗史上，是有重大意义的。可惜得很，事前有联络有计划的铁路三营，因消息不通，失去了即期响应武昌的机会，致受敌军的监视与包围，不能配合工农群众的力量，发挥更大的功用。刘化欧每提及此事，不胜喟然。

唐牺支光复荆宜　在川省争路风潮紧急声中，瑞澂派三十二标二营两队及四十一标一营，驻防宜昌。由宜昌至归州三百里，有川路工人聚集，有五六万人之众，时欲举行暴动，以颠覆清廷。自接武昌首义消息，军界邓金标、黄汉卿、胡云龙等，警界严午桥、张举武等，学界唐伯庄、何大嘉等，开秘密会议于东山寺，决定响应武昌。唐牺支赴巡防营，与三十二标排长沈岳嵩等联络起事。八月二十七（10 月 18）日晨，唐牺支密遣四十一标左队配置于荆宜道行台侧，后队一排配置于知府衙门附近，更于各城门要塞，分派哨兵。三十二标沈岳嵩率队巡梭城外，彭邦栋带兵守监局，杜锡贞带队守银行。支配就绪，即派代表赴川路弹压局，联合关克威直向其管带杨正坤索取弹药。杨乘间逃走。岳嵩又探知四川转运主事黎迈有多数枪械弹药，向上游运送，急遣部队，分水陆两路急追，获得弹药甚多。即于是晚宣布反正，光复宜昌。川人在会党有革命组织的，纷纷归附，公推唐牺支为总司令，并派多人，分赴各州县劝令反正。对于川鄂间铁路工人，年老者发给川资，遣散回籍；年壮而志愿参军者，补给士兵，其后攻克荆州的决死团，即为此次挑选的工人所组织，在战役上出力不少。攻克荆州之役，革命军伤死不过数十人，敌人则伤亡六百余人。其时湖南都督谭延闿亦派王正雅部加入荆州攻城之战役。进城时，商民照常开市，秩序井然。驻防旗人的公田公产，一律没收，所有贫苦旗人的生活问题，都有妥善的照顾。

襄阳反正 襄阳位于武汉西北，控制豫陕，自古与荆州对峙，称为重镇。其时驻军实力，计巡防营统领刘韫玉所部三营，约一千余人；城守营约百余人；襄阳道署卫队约百余人；马队八营之来襄部队，驻城内者亦仅百余人。八月二十二日，忽发生纸币风潮，始悉武昌首义。有马队士兵张国荃，商之同队李秀昂、许志清，结纳洪门弟兄，并与巡防营通声气，于九月二十六日（11 月 16 日），杀巡防管带，收编其队伍。即晚下樊城，攻襄阳。秀昂极勇，率壮士数十人，踰城垣而入，杀守城哨兵，开城门，迎接队伍入城。其时刘韫玉之巡防营大部分已沿襄河东下，故所留残部，未能抵抗，因与道台喜源、管带孙长龄乘夜逃走。张国荃遂为总司令，李秀昂为协统，并以光化县知县黄仁荩组军政分府，兼署襄阳道，襄阳遂告光复。同时二十九标抵钟祥，马队八标三营排长白星垣，率骑兵一排，亦抵钟祥。两相联合，亦于二十七日在钟祥宣告独立。推张楚材为总裁，白星垣为副总裁，集兵共千余人。钟祥独立时，安陆知府桂荫与其妻富察氏同缢于府学宫之崇圣祠。

施鹤反正 施南僻处鄂西，万山丛杂，居民多系苗族。清初始改土归流，世袭土司，以牟姓、覃姓、向姓为最大，来凤向炳焜，即为土司后裔。八月初，共进会谋举义武昌，炳焜亦会员之一，自愿潜赴原籍，联络会党，以起义于施、鹤各属，响应武昌。会中同志，如牟鸿勋、谢石钦等，均表赞成。鸿勋为利川人，亦土司后裔。炳焜于八月初二月（9 月 23 日），由武昌动身，二十二日，到达施南，即假康锦家为机关，召集会党议事，并设法联络军队。其时施南驻军，计有三部：一、宜防营，管带为陈金瑞；二、施防营，管带为王泽吾；三、陆军第三十二标第三营，管带为李汝魁。三处联络，颇称顺利。宜昌反正时，李汝魁接得唐牺支求援之电，因与陈金瑞、王泽吾、向炳焜集议，正式宣布反正。公举李汝魁为驻施分司令部部长，向炳焜为参谋，出示安民。

麻城屈子厚遇害 麻城县屈子厚，因唐才常案及黄州闹考案，被巡抚于荫霖派兵缉捕，逃匿深山中有年；等到于抚卸任，才回到麻城，专以办乡团、兴学校为务。武昌起义时，他在县议会充任议长，与武昌的革命党人，时通消息，准备邀集士绅，响应武昌。他办有团练，一声号召也有好几千人，早已不把城内县官和巡防营看在眼里。事为知县张锦云所闻，与巡防营管带刘金堂密商对付方法。金堂说："我是老粗，想不出好办法，快把洪师爷请来。"所说的洪师爷，名叫洪席珍，是县城包揽词讼的讼棍，金堂很信任他。他来了，金堂说："洪师爷，听说屈议长召集绅士，图谋造反，你说该怎样对付？"席珍说："那就了不得。起兵之日，就要祭旗，祭旗之时，少不了要斫几个人头。你说这县城内，从哪个开刀呢？"知县张锦云和管带刘金堂听说，吓得面如土色。问道："既是如此，你赶快想个妙计才是。"席珍道："你有现成的兵，打人不如先下手。屈子厚此时，正同一般议员在县议会吃酒。你派一队兵去，将他一刀杀了，不就完事吗？"金堂听洪师爷说干得，他就认为干得。当即带着一队兵，去到县议会，将前后门团团围住。然后派一个排长进去，问道："谁是屈议长？"子厚正吃完了饭，在阶沿漱口，答道："我就是屈议长。"话犹未了，后面有一兵，连放两枪示威。吓得一般议员，魂飞胆落，无路可逃。排长抽出指挥刀，将子厚抓出，刀起头落，尸身躺在阶下。一时人声鼎沸，秩序大乱。县官张锦云带领警察维持治安，并与刘金堂会衔，发出布告，谓屈子厚图谋作乱，业经拿获正法，以安地方。这件事传到武昌，即由军务部派管带李擎甫带领部队前往麻城，将张锦云、刘金堂、洪席珍一齐拿获。除将洪席珍就地正法悬首示众外，并将刘、张二人解省讯办。麻城由此光复。

杀端方资州光复 端方带鄂军入川，于九月二十八（11 月 18 日）到资州。其时武昌首义消息，军中尚无所闻，惟端方早已知道，秘而不宣，日与曾广大相接纳，并约为兄弟。会梁耀汉由成都密函曾广大，告以武昌首义情形。端于曾口气中，探得消息已通，无可再秘，乃以别名陶曾斋为证，更姓陶，自称为汉军旗，并以"陶方"名刺，遍散军营。一面召集长官会议，谓将以该标移往陕西，扩编成军，已向自流井盐商借银三万，作为开拔费，令即准备启行。会议席上，众皆默然无语。散会后，陈镇藩首先反对，约黄以南、杨毓林、胡茂之、刘承儒、赵振民、李绍白等二十余人，密赴郊外会议。杨毓林说："梁瀛州（耀汉字）自成都来信，武昌已经起义了。端方想联络我们，不可入其彀中。不如趁此机会，举兵反正。"众皆赞成。至十月初四日（11 月 24 日），一齐拥入端方行辕天后宫，将端方及其弟端锦同时杀死，并将端方首级，装置于木匣内，沿途于军前陈列示众，川人皆夹道吹呼。及十月十五日（12 月 5 日），回抵重庆，正都督张培爵、副都督夏之时郊迎十里，并馈送饷银五万元。十一月初三日（12 月 22 日），抵达武汉，时已经停战议和，改编为教导团，以陈镇藩为团长。

第十二章　汉口的血战

黎元洪登坛誓师　黎元洪初任都督时，态度不明，自从剪了辫子以后，好像有了决心的模样，同志都很欢喜。胡鄂公建议道："黎都督既有转变，我们就要信任他，并尊崇他。我主张在准备开战之前一日，举行隆重的誓师典礼，要他当着大众，明白宣誓。一则表示负责，一则表示立威。"众赞成此议，黎亦允诺。二十六日黎明，阅马厂帅台高耸，剑旗分列，军队肃立，气象极其森严。黎元洪身着军服，由军政府人员簇拥登台。台上悬轩辕黄帝之灵位。黎行礼后，由谭人凤代表同盟会授旗授剑毕，黎恭读誓词如下：

> 维黄帝纪元四千六百零九年八月二十六日，鄂军都督黎元洪，谨以牺牛醇酒昭告皇天后土而誓于师曰：我祖黄帝建邦于中土，世世先哲明王，缵衍厥绪。爰迄有明，不康于政，遂丧厥宗主。覥彼满清，辱我二百六十余年。先祖先宗，礼乐文教，靡有遗存。钦尔有众，克振义军。应扬我大汉之先声，光复土宇。予小子实有惭德，辱在推戴，敢用玄牡，昭告于皇天后土。与尔军士庶民，戮力同心，殄此寇仇，建立共和政体。尔惟克奋英烈，实乃无疆之休。予亦报于汝功。其或不达而有后至，予亦汝罚。嗟尔有众，尚钦念哉。次不食言。

誓毕，礼成。黎返军政府，即召集各机关人员举行会议，计划战事。调吴兆麟为参谋长，以宋锡全继吴任第一协统领，以熊秉坤任第五协统领。

正式战争开始 二十六日，进至车站附近的民军，与张彪驻在刘家庙之部队发生斥候战。民军攻势极为猛烈，敌军受创，即行退却，民军亦未进追。二十七日，两军正式开战。自上午三时起，民军即开始行动，有步兵二营由后城马路歆生路后面开去。其后，有炮兵一队，携五生的炮四尊、野炮一尊，此为第二协标统姚金镛所带的部队。林翼支亦带有一标出发，在左翼姚部的西北布防。其正面，以炮四门、步兵一千三百余名，向敌根据地江岸火车站出动，此为谢元恺所率的第四标及炮兵一队。其炮队掩护步队，排列于跑马场，沿德日租界后面铁路线向刘家庙方面挺进。上午八时，肉搏至车站附近。其时敌马队一部与张彪残余部队及河南军共约二千人，分为左右两队，作攻势防御战，由江中敌舰开炮掩护。战斗约一小时，至上午九时止，我军稍为退却，退至大智门附近。炮队一部，则退至汉口市街地方。

赵承武奋战阵亡 二十七日上午十时许，我军林标之三营管带赵承武，见我军退却，极表愤慨，率壮士数十人，自右侧冒死进攻，冲锋陷阵，锐不可当。敌受创甚巨，急往后退却，避入火车内，疾驶而逃。赵尾后追击，敌车忽停，由车窗放枪迎战，弹注如雨，赵中弹阵亡。敌复有支队由左侧进攻，我军因猛将阵亡，难以抵御，陆续退至大智门一带。毕钟立于大智门车站，高声呼道："同胞何处去，何处是同胞的去路?"林翼支也在跑马场劝阻。军政分府詹大悲也驰马赶来，涕泣劝阻。于是兵士感动，复集合前进。是役，敌死亡二十余人，我军死伤相等。

胡鄂公炮击敌兵舰 楚豫兵舰因为避免炮击，早已逃往下游了。但是两军开战时，海军又前来帮助敌人，掩护步队作战，使民军不易进展。军政府乃开军事会议，讨论对付海军问题。胡鄂公说："我刚才坐着飞燕号汽艇，在江面巡查过，远望见楚豫兵舰，有许多戈什哈，憧憧往来，我想逃督瑞澂，一定在楚豫兵舰上指挥作战。除了楚豫，还有楚材、楚有、楚安、楚谦、楚同。你想敌军有这多兵舰掩护步队，我军还能够进攻吗?瑞澂一日不去，武汉一日不安。我主张架起大炮，向楚豫轰击。不论击沉也好，击走也好。"大家一致道好。

于是下了状字❶第一号的委任状，委任鄂公为指挥，带着大炮八尊，步以及炮兵两队，陆海军顾问各一员，集中于刘家庙对岸的青山，对敌舰举行攻击。正在把炮位布置好了，忽有飞马递来都督命令，说："炮队只许轰击对岸，不得伤其兵舰。因为各舰造价甚巨，皆为国家所有。倘若击沉，岂不可惜。"❷ 鄂公说："岂有此理。这个命令，我可不能理他。当前问题，乃革命军生死存亡问题，还对敌人讲慈悲吗？我看他，态度虽然变好了，心里还在摇动。不管他，我们开炮吧。"乃下令瞄准射击。第一炮打到对岸，第二炮落在江中，第三炮，才击中楚豫尾部。那时各舰拔锚图遁，江面一片哗啦哗啦啦之声。楚豫虽然受伤，还能够旋转自如，匆匆向左岸回了几炮，堤岸震动，可想见炮火的猛烈。它一面还击，一面拨转船头，向下游而去。余五舰，则升起一片白旗，向上游租界方面，慢慢移动。不过它要泊在租界江面，是不敢开炮掩护敌军作战的。因为在租界跟前开炮，外国人是不容许的。

铁路工人助战 二十七日正午，总指挥何锡蕃接得探报，敌左翼增加援兵。于是派敢死队两大队，分在第四标、第三标后面展开，督同前进。午后一时许，前线逐次前进。双方射击甚为猛烈。战至下午四时，敌有火车一列，载步兵一标、炮兵一队，向刘家庙前来。民军在稻田内面埋伏，有一百多名，并有铁路工人数百人，不避炮火，起而拆毁铁路，顷刻之间拆毁十余丈。敌军火车将驶至刘家庙，民军的炮兵连放两炮，未中；火车行近毁路处，民军炮队瞄准敌人的火车，各炮齐放，火车中了一炮，轰然一声，车头脱轨，列车尽倒于轨外。敌兵死伤不可数计，其余纷纷逃出。民军见此情况，群起奋击，齐呼"杀！杀！杀！"沿途农民及伏在稻田的铁路工人，亦奔赴杀敌。有的拿锄头，有的拿铁锤，有的拿刀矛，一声呼喊，如暴风骤雨雷轰电闪一般，蜂拥而往。一时炮声、枪声、驰骤声、叫喊声、啼哭声、欢呼声，混为一片。敌人除死亡而外，都抱头鼠窜，形成瓦解土崩的景

❶ 胡鄂公《辛亥革命北方实录》（51 页）作委字。

❷ 据胡鄂公《辛亥革命北方实录》（54 页）记载，黎元洪给胡鄂公的命令是：炮击楚豫诸舰时，"切勿中其要害，致令全舰沉没毁坏"。

象。是役，敌陈尸路旁有五百多人，伤的更不计其数。所丢下的列车，内载有武器、粮食、火药，约够一标人以上的军需，尽为民军所获有。其正面阵营，也望风崩溃，狼狈地向滠口退却。当是之时，战舰发炮援敌，也被我民军的大炮击伤，向下游逃走。这个敌舰，就是瑞乘坐的楚豫兵舰。这个大炮，就是上述胡鄂公所放的炮。

民众送饭到战场　《大汉报》胡石庵于开战后，时常亲往前线，查访双方作战的实地情形。二十七日的胜利，他兴奋得了不得。中途遇着詹大悲乘马而来，向他问道："前敌情如何？"石庵道："我军大胜！"詹喜极，几乎坠下马来。石庵说："天色不早，兵士打了整天的仗，一定饿极了。现在敌已溃退，也该让他们休息用饭才是。"詹道："是的，已经备办妥了。你看那一群百姓，不是送饭来了吗？"石庵抬头遥望，果然有好多百姓，挑着担子，提着篮子，成群结队而来。就近一看，馒头也有，烧饼也有，饭菜鱼肉也有，送饭的男女老少都有。石庵说："这都是公家办的吗？"詹说："有些是商会李紫云办的，有些是老百姓自己办、自己送的。"石庵欢呼道："好！军民一体，应该打胜仗的。大悲，你注意，战地吃饭不是容易的事，要时时警惕，防止那敌人乘隙偷袭。偏劳了，再见，我要回去发号外。"

民军迭获胜利　二十八日（10 月 19 日）晨，民军以步兵二千八百人，炮兵、工兵、马兵各队合计三千余人，进攻刘家庙之敌军防御地。敌在丹水池一带，分左右两翼迎战，更别出支队，包抄民军的后方。民军侦悉，乃出别动队埋伏中途，截断其包抄队伍，而以两翼分攻其左右，炮队猛攻其中坚。敌不支，纷纷窜入棚户里面，凿孔开枪，击伤民军四十余人。炮队管带某大愤，亲率壮士百余人，绕道前往纵火。一时火焰飞舞，棚户俱付焚如，敌军乃大溃乱。下午二时许，民军前锋抵江岸车站，敌方河南军望风溃逃，弃甲曳兵，退到二道桥，遗弃军需货车约十余辆，向刘家庙车站北约七千米达之沙口溃退。其主力则退至滠口车站。河南军马队亦惨败，弃马百余匹，投降者百数十人。这一役，敌军全败了，民军留步兵半数，助马队追击敌军，其余半数，则护送战利品，奏凯旋之歌回去。林翼支标又以兵绕出姑嫂树旁，向滠口方面之敌进攻，敌兵死伤，不计其数。当民军护送战利品时，当地农民不召而至，自愿运送，争先恐后，送至歆生路余庆里，给以加倍力钱都不肯受。他们说："大家都是汉人，你们打仗，连命也舍得拼，我们送点东西，还好意思要钱吗?"汉口商民，看见我军战胜，家家都互相庆贺。商会备办酒肉，到前线犒军，并送红彩。汉阳、武昌都悬灯结彩，庆祝胜利。《大汉报》和《中华民国公报》都遍发号外，满街满巷的儿童和妇女，都喊出我军打了胜仗的热烈呼声。

瑞澂急电呼援 在刘家庙惨败的清军，为津军马继贞的一标，几乎全军覆没了。这一标军队，是冯国璋带下来的。那时候清廷用兵，还不曾打算起用袁世凯，只任命陆军大臣荫昌督师南下。袁世凯住在彰德听此消息，暗中发一阵冷笑。冯国璋是袁的旧部，路过彰德，少不得拜谒老上司，向他请训，袁简单的答应六字道："慢慢走，等等看。"冯领会其意，致使南下督师的荫昌，感觉到尾大不掉的苦闷，因而迟迟地不敢前进，逗留在信阳。冯国璋也同样地留在信阳。到前方打仗的津军，自然是兵不听将，将不听帅的，如此情形，焉得不败。荫昌和冯国璋在信阳听着战报，大惊失色，当即电京求援。同时瑞澂在楚豫兵舰上，亦电请军咨府援助，并乞代奏。其文如下：

二十七日，革军攻扑车站，官兵迎击获胜，津兵不肯援应，致刘家庙得而复失情形，业经电奏在案。闻武昌城中，以咨议局为机关，资报纸为煽惑，各处响应。瑞澂自二十日，二十一日率兵舰进攻武汉，不克。遂与张彪督饬张锡元所带陆军二营，湘省王鼎华、夏占魁所带巡防两队，及萧安国辎重八营、张永汉步队两营、崇欢巡防队一营、朱名超马队三十余人、特别警察队一百余人，驻守刘家庙车站。再三开导抚慰，并发给各弁目记升奖札，许以先支薪水，苦守七日，以待津兵之至。不期津兵既到，叛众来攻，反向滠口退去。当时津兵果协力助剿，汉口必可夺回。失此机会，良可惋惜。现在豫、鄂、湘战后余兵，为数不过二千。虽经瑞澂督同张彪勉励将士死守刘家庙，昼夜不懈，而力竭精疲，子弹垂罄。荫昌至今未到，津兵不遵瑞澂命令。若由汉口进兵，形势利便。敌多炮队，我尽步骑。强弱悬殊，断难支持。张彪等虽存必死之心，刘家庙断无保全之理。现在各处电报，久已不通。所有电奏，先犹可托铁路南局译发，前日又复断绝，故改送九江电局译发。瑞澂孤身率同幕僚数人，在舰游弋接应，切望大兵迅集，恢复城池。不料津军迟迟不到，到者只有马步而无炮兵，且不遵瑞澂命令。无兵无饷，呼应不灵，智力俱穷，徒深焦愤。萨镇冰所统兵舰、雷艇，弹药无多，米煤垂尽。瑞澂所乘之楚豫兵舰，机器油已用罄，煤亦只敷半日。武汉皆无可购办。前派委员四处采办米粮，或因路途阻隔，或竟消息全无。如此情形，将至坐以待毙。瑞澂死不足惜，特念兵舰为水师利器，若为匪得，为害滋深。不得已，与萨镇冰商明，拟将楚豫兵舰开赴九江，赶紧购办煤米等物，运往接济。惟黄州、武昌县、大冶、田家镇处处有匪，上下隔绝，转运甚难。仰恳天恩饬下提督张勋，迅将浦口巡防队派拨一半，迅往武穴等处节节扫荡，以通运道，而分匪势。并恳荫昌、袁世凯迅速南下，督兵进援。俾刘家庙驻守之湘豫各军，不致覆没，得以规取汉口、汉阳，恢复武昌省城。瑞澂得以交卸督札，稍轻担负。不胜迫切待命之至。谨乞代奏。

清廷接阅电文，极其恐慌，晓得荫昌督师，不足以号令将士，要想镇压民军，再无适当的人。奕劻就趁此时机，推荐彰德养病的袁世凯。摄政王本不愿意，到此危急的时候，也只有把成见丢开了。由此任袁世凯为湖广总督，随同荫昌南下督师；并下诏罪己，宣布实行立宪，以谢天下。

劝告海军的一封书　武昌首义第三日，清廷命海军提督萨镇冰统率海军，协助荫昌所率之陆军进攻夏口。其时楚豫兵舰已在武昌江面，由瑞澂乘坐，指挥张彪等所带的残兵。二十四日，萨镇冰乘楚有兵舰抵汉。计有海容、海琛、海筹三战舰，建威、建安、江元、江贞、江利、楚同、楚泰、楚谦、飞鹰各炮舰，湖隼、湖鹰、湖鹗及辰字、宿字各雷艇，亦陆续驶汉。有这样多的兵船掩护部队作战，其力量当然很大。汉口初次开战，因为海军开炮，我军就不能前进了。二十七日的胜利，就由于楚豫受伤，向下游逃走，其他各舰都向租界附近停泊，敌兵失去海军的掩护，所以不能支持。因而胜利声中，我军停止追击，就是有这一层顾虑。二十七日夜晚，军政府开军事会议时，参谋部提出研究事项如下：一、满清在汉败退后，固守三道桥北端，陆续向祁家湾、滠口等处增加队伍，欲图恢复，此为必然之势。但海军现停泊阳逻，如不响应我军，必为大害。三道桥隘口，我既进攻不易，敌人向我进攻亦难，在此等情势之下，我军或攻或守，此应研究者一。二、清军兵力集中之后，联合海军，向我进攻，此意中事。但是彼之目标，或攻武昌，或攻汉口，均未可知，此应研究者二。三、如清军向汉口进攻，用海军掩护，由何处渡江？我军应如何防止？此应研究者三。正在研究时，有一海军水兵。从兵舰上逃出，亲到军政府投效，由李作栋接待谈话。作栋问："你从兵舰上来，海军内容如何？"水兵说："不怕，停不多时的。大型的兵船，要吃两丈多深的水，这时候，水正在退，停久了，不会搁浅吗？现在船上的煤也快完了。米也吃不多时。因为想就地采办，看汉口情形，采办也很困难。到九江去采办，听说黄州和武穴一带，都宣告独立了，怕九江也靠不住。沿江上都安有炮位，来去也有危险。他们能久于停留吗？再则各船上的旗人很多，对于萨镇冰和他的参谋，根本就不信任。因为萨镇冰是福建人，同这里黎都督有师生的关系；汤芗铭是湖北人，他的老兄汤化龙又是这里的民政长。这两天，他们内部正闹得一团糟。"李作栋说："既是这样，我去请黎都督写一封劝降的信，你替我送去何如？"水兵说："那是不可以的。我既开小差出来了，回去如何行得。而且写信去，也没有用，萨镇冰是不能做主的。顶好，你们写一封信，在报上登出来，使他们内部互相猜忌，越是闹得厉害。这倒是个好办法。"作栋道："他们船上有报吗？"水兵道："有的。江那边的《大汉报》不是出版了吗？他们船上，都是看的《大汉报》。"作栋听说，立即去见黎元洪，说明海军可以招降，请他写一封信给萨镇冰，一定有效。因为不这样说，黎元洪定不肯写的。作栋说毕，黎元洪果然答应。这封信由孙发绪拟稿，写的时候，胡鄂公来了，问道："孙先生，你怎么做起录事来了？"孙说："他们叫我写，我不能不写。"写成，正合黎元洪的胃口，因为开首一段，是可以替自己表明心迹的原故。

这封信写成后，派特别侦探过江，到《大汉报》馆去找胡石庵登在报上。石庵说："为着海军的事，我正在发急。听说萨镇冰所带的兵舰，其中所布置的都是要塞大炮。弹的直径，都一尺有余。内藏'葡萄'六百余粒，外套炸片无数，设若向武昌射击，虽屠城也很容易。海军不降，武昌万难守住。这封信我即刻刊出，你放心。"次日，果然登在第一版了。萨镇冰看了此报，在旗人监视之下，当然还不会有甚么表示，不过旗人对他又加上一层猜疑。别的作用，都谈不上，在军略上却发生了"间"的作用，这是肯定的。

徐兆斌勇进阵亡　民军初次大捷时，战士们都主张乘胜急追，以驱逐敌人于武胜关外，则汉口可于武胜关以至戴家山一带扼要布防，但总指挥何锡蕃力持不可。其时敢死队队长徐兆斌自告奋勇，愿率部进击退在滠口之敌，何许之。当即挑选敢死队两大队，步队一营，炮队一营，以谢元恺为司令，徐兆斌为前卫司令，带队前进，如风驰电掣一般。行至第二道桥以北，即开始射击。滠口清军，寂无音响，徐以身当先，奋勇进至第三道桥。清军用机关枪堵截隘口，向敢死队猛烈扫射，徐兆斌在此阵亡。

张景良任指挥官　徐兆斌死于战役，同志无不哀悼，佥谓何锡蕃胆子太小。当我军大胜利时，敌人胆寒，我军气盛，应对敌为长驱直入的扫荡战，不应逗留不进，致使徐兆斌孤军深入，造成可痛的牺牲，贻误戎机，应免除其指挥职任。何锡蕃亦自行引咎辞职。其时，张景良自告奋勇，谓何锡蕃为彼部下，愿到汉口杀敌，以赎其愆。黎元洪允准了。李翊东说："张景良有许多嫌疑。靠得住吗？"蔡济民说："须彼以家小作担保。"陈磊说："假若彼靠不住，就是杀他全家，有何益处。"吴兆麟说："他既自告奋勇，何至怀有贰心，由他去吧。"二十八日，张景良奉命为汉口指挥官，即到汉组织司令部于刘家庙车站，以萧国宝为参谋。对敌作战时，张景良临战竟无命令，汉口军政分府詹大悲派其参议吕丹书、叶达三、黄之根等在刘家庙设第一粮台，在大智门设第二粮台，罗锡炎奉军府命为运输子弹队长，皆极力布置，而指挥部迄无报告。军政府因景良任事不力，遂派蔡济民、徐达明等往汉查询。见景良状甚惊惶，不知所措。济民请杨玺章代下作战命令如下：

一、在汉口败退之满军，其步兵约两标，已占领滠口附近一带，但黄陂、孝感、祁家湾等处满军陆续增加防御。海军计兵输五艘，在阳逻停泊，似有与满军协攻我军之势。

二、我军拟于明日进攻滠口之敌。

三、步兵第二协何统领（锡蕃）率该协于明日拂晓，先派一部步队潜进，占领三道桥以北，掩护其余队伍陆续前进，向敌之正面攻击。

四、步兵第四协张统领，率领该协于明日拂晓出发，由藤子冈前进，向滠口敌之右翼攻击。

五、炮兵第一标蔡统带（德懋），率该标于明日拂晓占领第一道桥堤防，布置放列，以能射击三道桥以北援助我军前进为要。但须派一部于第二道桥堤防占领阵地，亦向三道桥附近射击。

六、其余步队第七标及敢死队，为预备队，在造纸厂西端集合待命。

二十九日拂晓，民军谢元恺标潜行由三道桥向滠口方面前进，刺杀敌步哨数人。及至三道桥北端，敌用机关枪扫射，谢标死伤不少，于是退回二道桥。四协由藤子冈附近用船渡往滠口右岸，准备进攻，见后面谢标败退，而敌军又防范严密，未便深入，亦仍退回原防。九月初一、初二（10 月 22、23 日）两天，民军与清军各自维持原有阵地。初三日，两军在朱家河开战，互有胜负。初四日，交战于七里河，也没有显著的变化。初五日，清军进攻江岸车站，前线已达到一道桥，但被民军打败。至六日以后，敌军大举增援，又与海军配合作战，情势就为之一变。

敌海军炮击我阵地　初六日（10 月 27 日）晨，驻屯于滠口的清军，进至一道桥与民军激战，发炮多命中。战了几十分钟，民军退却，清军又进一道桥，民军不支，再退却。清军即占领戴家山一带的丘陵，布炮多门，向车站的民军轰击。其时驻在阳逻的海军，有海筹、建威、江元、楚同、楚有、楚泰、楚豫及水雷艇三艘，编成舰队，由萨镇冰坐舰海容、沈司令坐舰海琛统率，溯江而上。而民军驻在青山之炮队，为统领成炳荣指挥，竟因饮酒太多，疏于瞭望，遂任其安全通过，到达造纸厂江面，向民军防御阵地，进行侧面的攻击，将民军散兵壕内的兵士，击死五百余人。民军遂沿铁道线退却。正在慌乱退却时，遥望见后方的大智门粮台突然火起，更为焦急，因之纷乱失措，如溃堤一般的败下阵来。这一役，清军利用海军的掩护，得以通过三道桥。第一步，即占领造纸厂南端，以掩护其炮队过桥，至造纸厂西端附近布置放列，即向民军攻击。一面掩护其部队前进，直至占领刘家庙为止。民军愤极，在南岸布列大炮多门，齐向停泊江岸车站附近的敌舰开炮轰击。敌舰是早已预料有此一举的，于前一日下午三时，由萨镇冰向英国东洋舰队司令官通告，称次日下午三时以后，将炮击武昌、汉阳二处，难免不危及租界，请原谅，等语。英国韦提督命各国船舶暂时投锚下游。日海军司令川岛通告日侨妇孺，乘船避险，地点为阳逻下游，信号在旗舰樯顶挂B旗。当B旗尚未升起时，萨即命令海军开始击南岸我炮兵阵地。对轰约一小时，敌舰发弹三百枚，因殿舰海筹中炮弹四枚受伤，遂相率遁去。

刘家庙之争夺战 刘家庙被敌军占领了，大智门粮台亦付之一炬了。民军退至大智门附近，占领阵地，整顿队伍。计此次死伤之数，步队第二协谢元恺标死一百余人，伤七十余人；步队第四协死一百四十余人，伤九十人；炮队蔡德懋标死五十余人，伤七十余人。其余敢死队、工程队、输送队死一百余人，伤五十余人。共计伤亡一千余人。民军将士，均极愤慨，誓志奋勇反攻，夺回刘家庙。但不知指挥张景良究在何处。据报，大智门的粮台，就是张景良派人纵火焚烧的。谢元恺说："这样的指挥官又不中用，又靠不住，要他做甚。我愿打前锋，夺回刘家庙。同志们，都跟我来！"六日正午一时，开始进攻。谢元恺打前锋，步队第二协在右，第三协在左，齐向刘家庙进攻，士气极奋，锐不可当。清军在刘家庙用机关枪及步炮队顽强抵抗，弹如雨注。民军仍节节猛进，将近刘家庙五百米达，各部队均上刺刀，由谢元恺带头冲杀，一声吆喝，清军莫不丧胆。双方在刘家庙阵地作肉搏战，清军溃败，民军收复刘家庙。是晚，在该地以战斗队形彻夜戒备。七日拂晓，清军乘民军未前进时，一由造纸厂，一由姑嫂树，分两路向民军攻击。两军相持至五小时之久，不分胜负。清军又由滠口陆续向前增加兵力一镇以上，民军所占的阵地，又极其低下，伤亡惨重；步队第四协统领张廷辅受伤。战至天晚，火力渐息，民军各部队陆续向大智门新停车场附近退却，占领该地宿营。清军即前进，占领刘家庙一带。

民军四勇将阵亡 初八日（10月29日）晨六时，敌发动攻势，置大炮八九门于距离大智门车站不远地方，轰击民军在跑马场附近及右侧铁路沿线之炮兵阵地。我军奋勇迎击，敌稍退却。嗣因敌炮猛轰不已，仍退回原防。其时进攻之敌，有北洋第二、第四两镇的兵力，由王占元、鲍贵卿、陈光远等在后督率，只准向前不准退后。一鼓作气，攻到歆生路，将步兵五千及马队一营，分两方面前进：其一，攻我军守华商跑马场之队伍，另一部分，攻我军守歆生路后方二百公尺铁路沿线之队伍；攻势均极猛烈。谢元恺愤极，因与炮兵统带蔡德懋商量道："敌军已攻入市场，我等再退不得，只有拼着一死，反守为攻。"蔡亦以为然。遂令敢死队持大令督战，退者斩。元恺冒敌之十字火网，奋勇前进，各部队亦追随前进。蔡德懋亦更换炮兵阵地前进。冲锋陷阵，所向披靡，虽敌方陆续以预备队加入，亦不能阻止。敌遂狼狈地退至歆生路，而以机关枪与重炮为掩护。不料德懋更换阵地时，目标太显，敌炮齐注其地，弹如雨下，我炮兵多有死伤，德懋亦中弹阵亡。元恺攻至距敌最近之地，亦被敌之机关枪扫射而死。众见两勇将阵亡，士气大为沮丧。何协统锡蕃，亦同时受伤。敢死队队长马荣、工程队队长李忠孝，皆以苦战阵亡。其在市街后方村落中交绥者，一进一退，战况亦烈。是时汉市商场，呈极度纷乱而悲惨的景象，伤兵收容于红十字病院及医院的共数百人，死亡而横卧于战场者，无算。

张景良被捕正法 军政府得到甘绩熙的报告，痛悉四将士阵亡及我军惨败情形，在愤怒而悲哀之下问张景良在哪里，甘绩熙说："打了这多天的仗，几曾见他到过战场呢？"黎元洪说："事已至此。快找他出来，维持秩序吧。"派人出找，到处找不着他的踪迹。汉口军政分府派人在后城马路，将张景良寻着了。恰遇着张彪的正参谋刘锡麒也同他在一块，即将刘、张两人，一并拘至军政分府，由詹大悲亲自审问。詹先向刘锡麒问道："你从哪里来？"刘答道："由湖南来。"

詹又问："往湖南做甚么？"刘答道："往湖南办公事。"詹问道："你既到武汉来为何不往军政府投到？"刘道："我是满清的官，干么要到军政府投到？"詹问："你不向军政府投到，干么住在这里，是想投降呀？还是想当间谍呢？"刘道："我不当间谍，但是也不投降。"詹怒道："你不投降，就是汉奸。"刘说："你说我是汉奸，我说你们都是一伙的土匪。"詹冷笑说："瞧不起当汉奸，也充好汉。绑了！"次向张景良道："你既做了指挥官，为何不照料队伍？"张道："各部队都不听指挥，我也无法照料。假使要听我指挥的话，那我就切实地干，早已攻过武胜关了。"詹说："既如此说，你不是故意使坏吗？"张不语。詹又问："粮台是谁烧的？你同敌人的正参谋住在一块，做些甚么？"张不语。詹道："汉奸是实，铁案如山。绑了！"左右将刘、张两人绑着，押在监牢。詹将两人的供词报告黎元洪，请示办法。黎谕将二人解至军政府审问。詹怒道："这两个汉奸，若是解过江去，一定是从宽赦免，而且会重用的。"当即将两犯提出监牢，枭首示众。

炮队管带孟华臣阵亡　敌军既攻入歆生路，即成为巷战之局面。歆生路一带，屋多树密，敌派侦察队搜索，我军伏民房后者，俟敌近，即开枪袭击，时有俘获，故敌不得猝进。乃以猛烈火力向各房屋树林射击，逐渐前进。进至堤防前面，我军步炮齐击，其地无掩蔽，敌乃后退。退时，射弹如雨，我炮队管带孟华臣即中弹而亡。

刘玉棠监斩汉奸　八月初九日，南京有学生队八十余人，寓于武汉陆路稽察长刘玉棠所开的新大方栈。随船来者，有南京张勋派来的侦探四名，为学生队所怀疑，告于刘玉棠，同时有同盟会员吴小韩与相熟识，认明此四人确为密探。当即派队捕获，由刘玉棠讯明情由，就地正法。

第十三章　袁世凯出山之姿态与策略

向清廷提出六条件　戊戌政变，袁世凯是入京告密的人，害得光绪帝（载湉），幽禁瀛台，暗无天日。载湉临死的时候，泣向隆裕密嘱道："袁世凯的仇，切不可忘。"所以溥仪即位，载沣为摄政王，隆裕就向他要求将袁世凯处死，以谢先帝。经庆王奕劻代为缓颊，算是以革职了事。世凯回到原籍，本来是永不录用的，可是他住在彰德洹上村的养寿堂中，也和"老马伏枥，志在千里"一样，功名富贵，岂肯忘怀。他有一首诗，载在《圭堂唱和集》中，读之可以想见其野心不小了。诗曰："楼小能容膝，檐高老树齐；开轩平北斗，翻觉太行低。"简直是皇帝的口气。他有两个门客，尝往来于北京、彰德之间。一个是做过尚书的徐世昌，一个是多才善辩高唱"铁路国有"的杨度。京里头，又有庆王奕劻与段祺瑞、冯国璋一般宿将与相呼应。自从武昌起义以后，张锡元师出无功，荫昌又逗留不进，清廷要派遣大将，想不出适当的人。奕劻入宫奏道："国家多难，需才孔殷。非请袁世凯出山，不足以维持大局。"隆裕说："大不可也。一来，他是先帝的仇人，要起用他，对不起先帝。二来，他是反复无常的小人，万难靠住。"奕劻说："北洋六镇，是他一手练成的，只有他才能够调遣。不用他，恐怕不行。"载沣道："只要他忠于朝廷，以往的事，倒可不作计较。你能担保他愿意出山吗？"奕劻说："我可以托徐菊人（世昌字）前往彰德，劝他出山。"载沣说："既是如此，就放他为湖广总督便了。"奕劻听说，即由内阁发出字寄，由徐世昌送交袁世凯，命其由彰德起程，径到湖北，以总督名义“相机剿抚”。世凯说：“我近来足疾发了，实在不敢奉诏。”经世昌再三劝说，他才提出了六个条件，须清廷件件答应，才肯出山：一、明年即开国会，实行立宪。二、组织责任内阁。三、宽容于此次事变的人。四、开放党禁。五、须与以指挥水陆各军及关于军队编制的全权。六、须与以十分充实的军费。徐世昌就将他所要的条件电奏。清廷觉得太苛了，因为依照他的条件，奕劻的内阁总理也做不成，载沣也不能摄政。而且未战以前，就对南方的革命党又表示好感，晓得他是何居心？因此把这事延搁下来。后来见荫昌所带的军队调度不灵，而湖南、西安和江西又接二连三宣告独立，各方告急的电报，有如雪片飞来，清政府惶恐异常，不得已才电谕徐世昌，说袁世凯所求各项条件，全部允许。世凯说：“既是如此，那我就马上起程了。”徐世昌说：“你带谁的军队去？”世凯说：“我想带谁的兵，就带谁的兵；你想这北洋军队，哪一镇不听我调动呢？你看，我就近调第六镇，令发即行。”世昌说：“第六镇吴禄贞不是湖北人吗？湖北人去打湖北人行吗？”世凯说：“我调他的协统李纯，要什么紧？我早已晓得，吴禄贞是靠不住的。”世昌说：“你莫大意，吴绶卿可不是好惹的。”袁笑道：“你放心，我有办法。请你回京静养，听我的捷报好了。”两人分手时，又说些秘密的话。他即日动身南下，直到孝感县驻扎，指挥作战事宜。

冯国璋火烧汉口　袁世凯于九月初八日到孝感。正是民军惨败的一天，也就是黄克强、宋教仁到达汉口的一天❶。北方的将领，于战胜声中，听说袁世凯到了，都道：“我们刚打胜仗，宫保来了，他老也喜欢，我们也有面子。这回他老出山，我们是应该给他捧场的。”民军当惨败之时，忽听说黄兴到了，犹如大旱三年，甘霖下降一样。军心大振，欢喜若狂。一般同志，都到汉阳门江岸欢迎，武昌城内的人民，均鸣放鞭炮为礼，表示额手致敬。黄兴进军政府与黎元洪相见，寒暄数语，即谈汉口日来战争情形。黎请黄到汉口主持，黄亦毅然负责，席犹未暖，即偕吴兆麟、杨玺章、蔡济民、徐达明同赴汉口，视察战线情形。抵汉时，见清军与民军在歆生路附近以炮火战

❶ 黄兴到武汉日期，据张难先《湖北革命知之录》（第312页）的考证，为九月初七日。

斗，各在原占阵地相持中。视察完毕，即返武昌。众同志向黎元洪建议道："黄兴勇敢善战，且为革命党声望极高之人。请军政府任以全军总司令名义，督率作战。"黎满口赞成。即由大众开会，公推黄为总司令。黄当晚渡江，在汉口满春茶园设总司令部办公处。即日检查军队，计步队第二协兵额约两千人，步队第四协兵额约一千人，步队第五协兵额约两千人，第一协林翼支一标马队一营、炮队一营、工程队一营，敢死队两大队，季雨霖团防兵一千人。黄兴叹道："兵队如此薄弱，而又缺额太多，以抗北洋大兵，还曾打过胜仗，还能够支持这多时日，总算不错。"当即布置了防守地点，以战斗姿态守备彻夜。十日（10 月 31 日）晨，黄兴即往前线察看情形，清军已于晨六时由王家墩向民军攻击，炮火机关枪，均极猛烈。民军利用堤防固守，清军节节逼近，火力愈猛，民军亦令预备队向第一线增加。黄兴率敢死队督阵，有后退者，即用刀斩决；民军亦奋不顾身，无后退者。敢死队俟敌进至一百米达时，骤起冲锋，敌人被杀倒无数。冯国璋见民军猛勇异常，而市街又处处设防，为其掩护，欲求进展，万分困难，即据状以电报向袁世凯请示。袁回电："速用火攻。"是日晚，敌遂在英租界背面及中国街市后方村落数处，举行纵火。歆生路一带房屋，皆化为灰烬，使民军失其掩护。又乱放大炮，以击民军。于是民军右翼，不得不节节退却。至十一日午后二时，人数大减。黄总司令遂下令，退玉带门一带。五时许，民军皆集于玉带门。敌节节放火，烧一段，则前进一段。正午，火势愈烈，汉市中心地区满春戏园一带，化为焦土。入夜，火更加大，居民仓皇逃走，四面都是火海，无路可逃，儿啼妇哭的哀声，惨绝人寰。敌军更趁火打劫，到处抢掠、屠杀，不死于火窟的人民，也死于敌人的刀下。其时军政分府驻在的地方，也快被火烧到了，詹大悲坐在办公厅的沙发上，正在痛哭，正在愤怒，李文辅进去，急道："詹先生，你还不快走；敌人杀到了，火也烧到跟前来了。"詹说："你看汉口烧得这样，我们不杀敌报仇，一走了之，怎么对得起百姓。"文辅道："詹先生，我今日才认识你，你真是革命者。"当即将詹驮在背上，冒着弹火出走。同行者，有温楚珩、黄季刚、陈冕亚诸人。上了船。到下游九江去了。果然前脚出门，火势就延烧到江汉关。沿河一直到四官殿，也都化为灰烬。军政分府，已经成为火窟了。歆生路之敌，更加紧压迫。徽州会馆以下之敌，亦出没于怡心茶楼附近，有时隔岸向汉阳放枪。其时江岸已无船只，昨日赴援之辎重营，拦得驳船二只，先将械弹马匹运回。至五时许，武昌开一小轮渡来，汉口与汉阳的交通，才未隔断。十二日（11月2日），总司令命各队仍守后堤至玉带门一带。又派查光佛通知甘绩熙、杨传连、伍正林各队，防御张美之巷附近。午前七时，敌在歆生路刘家花园一带，以炮轰击，并向兵工厂及都督府发炮，扬言分攻武昌、汉阳，以扰乱我方人心。一面仍在街市节节纵火，随风所煽，愈焚愈烈。延烧至马王庙江边一带，打扣巷、龙王庙、沈家庙等处，火光亦大。敌自十日纵火起，至本日更盛，教堂被焚者亦多。汉口繁华市场，化为丘墟，人民损失的生命财产，难以计算。所余者，上仅桥口至遇字巷一带，下仅张美之巷至花楼一带而已。当火烧歆生路时，胡石庵的大汉报馆，亦化为灰烬。石庵带着家小，逃到襄河边一个茅棚里头。火烧到茅棚跟前，才唤来一个小划船，渡江往武昌。船至江心，风浪大作，流弹又来去如蜂，船上打死几人。其他的渡船，中炮弹而沉没的不少。这一天，汉口陷落的景象，真是天地变色，非笔墨可以形容。袁世凯带着军队，来屠杀湖北人；这笔血债，湖北人怎能够忘却呢？

袁世凯遥制京畿 袁世凯一到孝感，即将汉口攻下。一封捷电传到京都，清政府当然喜欢。但是一声霹雳，同时又转喜为忧。九月初八日，驻滦州第二十镇张绍曾及混成协协统蓝天蔚等有电到京，建议清廷立宪，削去皇族特权，并声言“进驻京畿，以资保卫”等语。其时山西已经独立，假若此事实现，一座北京城，就在东西两面夹击中。因而清政府大起恐慌，有逃往热河之议。这个消息，由电信传到孝感，袁世凯也大吃一惊。心里想道：“假若张、蓝动手，与山西联络起来，又加上一个第六镇吴禄贞，相与呼应。不独北京危险，连自己所带的兵，也在南北夹攻之中，腹背受敌了。”这一着棋，倒使袁世凯有些棘手。他想了一会，即以密电迅达内阁，请其代奏。略谓：“张、蓝所请，尽可照准，以缓和当前局势。西狩之说，万不可行。盖根本动摇，则人心瓦解，其危险实不可测。此间已攻下汉口，军心奋发，胜算可操。凯正召集诸将，面授机宜。一俟进攻军事布置就绪，即当北上拱卫，务请坚持镇静，以安大局。唯吴镇心怀叵测，亟应严防。请以此意代奏。”这封电奏到京，清政府果然照办。九月初九日下诏，对张绍曾传令嘉奖，赏给侍郎衔，授为宣抚大臣，派往长江宣抚，并命资政院起草宪法。初十日，释放汪兆铭、黄复生等于狱。十二日，任袁为内阁总理大臣。十三日，公布宪法信条十九款。同时将京奉列车，调集北京车站，以防止二十镇人马直捣幽燕。果然，这么一来，把风潮缓和下去。自此以后，北京与孝感之间，时常取得密切的联络。专车来去，冠盖如云。第六镇的卸任统领周符麟，就是其中最关重要的一个。

石家庄吴禄贞被刺 吴禄贞，字绶卿，湖北云梦人。留学日本士官学校时，昌言革命。庚子唐才常之役，他曾参加；失败后，又逃到日本留学。刘敬庵组织日知会，他多所帮助，失败后，又参加秘密会社为首领，别名梦泽雄。其后为铁良所赏识，派他调查边务。他著了延吉厅报告书三本，又为张之洞所赏识，保他署吉林副都统，旋授以延吉边务大臣。他从前在奉天，日以醇酒、妇人为乐，其时徐世昌为东三省总督，说他有玷官箴，曾当面斥责过。及往延吉开府，再过奉天，世昌特往拜谒，他不理，请他赴宴，他也不到，因此他同徐世昌有些嫌隙。武昌首义后，他本想带兵南下，援助革命军，因为他是湖北人，所以清廷对他很不信任。山西独立，因命他巡抚山西。袁世凯为湖广总督，南下督师作战，从他所部的第六镇调出李纯一协来，就是釜底抽薪之计，减少他的兵力，防他在近畿捣乱，响应武昌。他和张绍曾、蓝天蔚、阎锡山，本来是有接洽的，所以兵驻石家庄，有两种计划：一、联合晋军及张、蓝所部，三路进攻北京；二、截断京汉路交通，以制袁世凯的死命。有一天由北京运往湖北的军火，被他扣留了。袁世凯如何容得，因打定主意，非杀吴禄贞不可。但是他拥有兵权，明杀不大容易，只有利用他部下已经革职的协统周符麟，行使暗杀的手段。因为周符麟革职之后，誓不甘心，故袁认为尽可利用了。其时湖北人蒋作宾在陆军部充任司长，得着消息，告诉孔庚道：“你和吴绶卿同学，快去送信给他。听说周符麟由京南下，去见袁世凯，已经商定计划，要杀吴绶卿。你去教绶卿好生防备，至为紧要。”孔庚说：“这个消息，从哪里来的？”作宾说：“是军咨府传出来的，千真万确。”孔庚听说，连忙搭车前往石家庄。上车时，正遇见周符麟坐着花车，听说是奉着重要命令到石家庄去。孔庚惊道：“果然不错，周符麟此去，定有阴谋。”九月十八日（11 月 8 日）午后一时，孔庚在石家庄下车，径往吴禄贞的司令部。禄贞很欢喜的迎着说：“雯掀（孔庚字），你来得很好。我这里正缺人办事。”孔庚说：“你还想到山西走马上任吗?”禄贞说：“这是甚么话！满清的巡抚，我还高兴做吗？阎锡山那里已经商量好了；张绍曾那里，也派代表去接洽了。马上张绍曾从京奉路发动，我们从京汉路发动，听说湖南、江西，都有大批援鄂的军队。我们同他们呼应，向京汉南段夹攻，看袁世凯带的几个兵，跑到哪里。”孔庚说：“好固然好。可是目下有一件要紧的事，周符麟坐着花车，到这里来了。听说他是到孝感去，同袁世凯商量好了的。此次前来，阴谋不利于你。这个消息，是蒋雨岩（作宾字）对我讲的。因为你扣留军火一事，清廷容不得你，袁世凯尤其容不得你。我搭车来的时候，亲眼看见周符麟上车，你千万防备，不可大意。”禄贞沉默了半晌道：“这也是意中之事。并不稀奇。不过今天晚上十二点钟，山西的兵准到。我调他们来守卫好了。这个地方太窄，明天把司令部迁到英美烟公司大楼，那地方宽，你可以同我一块住。还有好多要商量的事。”孔庚临去的时候，还叮咛几句，教他加意提防。这天晚上，孔庚寄住在晋阳（旅）社，睡不到半小时，就听到司令部的枪声。想去看，沿路有军队戒严，直等到天明去看时，只见吴禄贞的尸休，躺在司令部的后门地上，头已经没有了。他的秘书长麻城周干丞也死了，房子里，凌乱不堪。他的副官长张华飞头上砍了一刀，也死在车站月台上。是日山西军队开到，又调回娘子关。曹锟率领第三镇军队到石家庄接防，可见刺杀吴禄贞，是早就布置好了的。事后，打听受周符麟运动刺杀吴禄贞的人，叫做马蕙田，安徽人，速成学堂毕业，到六镇充任见习官。禄贞很赏识他，由见习官升排长，升连长，以至营长，每月亏债积累至几百元以及千余元，都由禄贞替他填还，可说是受恩深重了。哪晓得周符麟买人行刺，正要选择这禄贞所亲信的人，给与他两万块钱，就买得禄贞的一条性命。行刺的那一晚，禄贞和周干丞正在一处办公。马蕙田递进名片，说他从防地回来，因为统制高升了，特地前来道喜。禄贞见是自己亲信的部属，当然让他进来。谁知马蕙田双腿打躬下去，一面就摸手枪。禄贞见来势不佳，便靠着桌子走避，想由后门跑出去。哪晓得后门早有多人拦住，拿起刀就将他斫死。用钱买通凶手，作无耻的暗杀勾当，这是袁世凯一贯的作风。禄贞既死，继之而死者，不知多少。这一笔血债，我想湖北人，尤其是革命的同志们，永远不会忘却吧。

刘承恩来信讲和 袁世凯火烧汉口，以为这个下马威定可把民军吓住了。于是派人前来，向军政府斡旋和平。这是他所说的“剿抚兼施”，满以民军于战败之余，定可就范。派的是谁？是湖北襄阳人在清朝做过镇台的刘承恩。他同黎元洪本来很熟，但是在敌对的情势下，不便冒昧前来，因先向黎寄一封信，以观动静。其信谓：

> 宋卿仁兄大鉴：顷奉项城宫保谕开，刻下朝廷有旨：一、下罪己诏，二、实行立宪，三、开放党禁，四、皇室不问国政；等因。似此，则国事尚可有挽回振兴之期也。遵即转达台端，务望趁此时机，和平了结。且看政府行为如何。可则竭力整顿，否则另行设计以谋之，未为不可。果以弟见为是，或另有要求之处，弟即行转达项城宫保，再上达办理。至诸公皆大才榱盘，不独不咎既住，尚可重用，相助办理朝政也。项城为人诚信，阁下必素所深知。此次决不至失信于诸公。弟情关桑梓，又素承不弃，用敢不揣冒昧，进言请教。务乞示复，即交原人携下为祷，乡愚弟刘承恩再拜。

黎元洪接得此信，尚不敢一人做主，特召集会议，征询大众意见。众一致骂道：“袁世凯是什么东西，他打了个胜仗，就劝我们投降吗？”信置不复。过了两天，袁又密派蔡廷干与刘承恩为代表，由英领事介绍，渡江谒黎。为了敷衍英领事的面子起见，军政府才允许接见。其时，孙武、吴兆麟、张振武等均在座。见所开条件，中有君主立宪一条，大众都表示反对。府中职员朱树烈、陈磊、甘绩熙、范义侠等都抽出指挥刀，喝道：“谁主和，谁吃刀！”刘、蔡这一回试探又失败了。事为黄总司令所闻，为了防止苦战已久的前敌士兵一闻媾和之说，心理动摇，特发出警告同胞书如下：

> 自鄂军起义以来，不旬日间，响应者已六七省，足见民军必

胜，满虏必亡。乃虏廷不揣时务，不顺民心，出其猃犴之卒，敌我仁义之师，是实妄干天诛，于我何损。汉口之战，我军屡捷。近虽小挫，亦军家之常，不必介意。现鄂军大整，湘军赴援，恢复之功，当在旦夕。顷据保定侦探何式徽来报，虏廷已命袁世凯为内阁总理大臣，仍统海陆军队。袁世凯甘心事虏，根据九日罪己诏，倡拥戴皇帝之邪说，先运动资政院，遍电各省咨议局，有云政府十分退让，吾人只求政治革命，不为已甚云云。现袁已派心腹多人，分途驰往各省，发布传单，演说谕众。冀离间我同胞之心，涣散我已成之势。设心之诡，用计之毒，诚堪痛恨。我同胞光复旧宇，义正词严。既为九仞之山，何惜一篑之覆，自不致为所动摇。然恐妖情善蛊，致荧众听。故此密谕同胞，速饬密探查拿前项演说之人，销灭传单。俾鼠窃之技，无由而施。大局幸甚。

袁世凯回京组阁 吴禄贞被刺后，张绍曾势成孤立。轩然大波的北京危局，就登时安定下来。御用的资政院于九月十八日，根据其所制的伪宪法，通过袁世凯为内阁总理大臣。袁世凯即于二十三日，得意回京。二十六日，组织其所谓责任内阁，其名单如下：

内阁总理大臣袁世凯	外务部大臣梁敦彦
民政部大臣赵秉钧	度支部大臣严修
学务部大臣唐景崇	陆军部大臣王士珍
海军部大臣萨镇冰	司法部大臣沈家本
农工商部大臣张謇	邮传部大臣杨士琦
理藩部大臣达寿	

内阁组成了，他的作法如何呢？一面电令前方将领，速将汉阳攻下，以卖弄其战无不胜攻无不克的威风，使民军易于就范；一面又利用怀柔政策，以见好于民党。例如他回京之后，对于由监狱开释出来的刺杀载沣的汪精卫特别地待以上宾，命其子克定与之换兰谱，拜弟兄，并嘱杨度与之联络，费洋五十万元，组织一个国事共济会。他对于清廷如何呢？一面把海陆军权抓到手里表示其忠诚负责，替皇帝保江山；一面又把少年亲贵一脚踢开，做一个挟天子以令诸侯的曹操。阵势摆定了，他才好操纵南北，为所欲为。

第十四章　汉口失守中之湘局

首先响应武昌的焦达峰　湖南和湖北，是血肉相连的。历次的革命战役，湖南人和湖北人总是团结一致的。此次武昌首义，湖南人参加的很多，出力也就很大；所以首义之后，最先响应的就是湖南。要是湖南不响应，或者是迟些时响应的话，那武昌就势成孤立，各省也观望不动了。因此湖南革命势力的消长，关系着武昌局势的安危；写阳夏战争，这一点应该注意。湖南都督焦达峰，人家说他是会党出身。他是会党吗？不过是走的黄克强路线，利用会党而已。他是湖南浏阳人，性情豪迈，年十八，入长沙高等中学的游学预备科，与日知会禹之谟烈士相结纳。丙午（一九〇六）年夏季，禹之谟以革命被捕遇害。焦潜逃至日本，与余简斋、许纬等谋举义于萍醴。焦自任刺杀端方，不成，萍醴也失败了，又往日本留学。一九〇七年五月，入中国同盟会，又与彭邦栋、杨任回湘，密谋起事，分三路布置，也不成功。一九〇八年十月，同盟会议大举，各省同志分途猛进，焦以两湖起义为己任，遂于十二月至汉口，就商于咸宁人刘玉堂，结纳会党，并设两湖革命联合会，以通声气。一九〇九年，复设干部于汉口。其时武昌同志日多，赀无从出，焦劝说湖南布商周海文、刘肯堂入会，以接济经费。七月，回湖南广结浏阳、醴陵、萍乡会党，与余昭常、杨任、周果一、谢伯圭等在湖南设立干部，分派人到衡、郴、桂、岳州、宝庆等处运动。一九一〇年三月，焦更至萍乡、醴陵编组党员，得敢死之士千余人。一九一一年二月，与曾杰、洪荣圻、文经纬、易宗羲、陈作新、龙璋、谭人凤、吴超群等百余人，密议于龙璋住宅，磋商响应广州起义方法。及广州失败，与陈作新联合新军及巡防营，并来往于武昌、汉口间，与湖北同志商定湖北起义及湖南响应的通盘计划。八月十九日晚，武昌起义。二十八日，李金山等举火城外，谋以炮队攻打长沙城。清抚余诚格及防军统领黄忠浩力持镇静，防卫紧严。黄忠浩且派省外防营王鼎华、夏占魁两队，赴汉援助张彪。焦大怒，誓于众曰："武昌首义多日，我们湖南岂可袖手旁观。中国存亡，在此一举。再不动手，更待何时。"遂毅然决然于九月一日举义，由焦与陈作新以身当先，攻破长沙城，将统领黄忠浩杀死。商民闻变，纷纷逃走，焦率两骑巡行街市，大呼道："我们推倒满清，是为人民造福利的，何必逃走。"市民皆欢呼万岁，安静如常。焦为正都督，陈作新为副都督，是凭着革命的功勋得来的。后来咨议局反对他，说他是会党出身，不够资格。他是会党吗？他不是住过学堂，留学日本，历经革命艰险，一个很勇敢的青年吗？

湘咨议局与督署的暗潮　湖南自太平天国之役，造成了曾、左、彭、胡四大姓的巨阀，门生故吏，遍于全省；所以绅权极重，封建的积习太深，咨议局的势力自然高于一切。焦达峰以二十多岁的青年一跃而为都督，咨议局的大人老爷们，还瞧得起吗？其时谭人凤在鄂，得到长沙光复的电讯，即向都督黎元洪商请接济械款，使湖南派兵赴援。黎允许了，当即发枪三千只，款若干，派卫兵队营长刘佐龙率兵护送❶，谭人凤也同往长沙。见咨议局的绅士们把持军政，一切事无大小，须经咨议局议决，始能施行。因此关于调兵赴援与征募新兵等事，诸多掣肘。焦都督徒拥虚号，没有一点实权。人凤道："这是军政时期，一切应集权于督署。咨议局的人，多半是宪政会分子，事事阻挠，恐非湖南之福；不如采取断然的手段，以解决这个议事机关。"焦说："这是做不得的。他们咨议局的人，不是翰林进士，就是举人秀才，在社会上的潜势力非常的大。就是拿军队来说，独立之后，标统还是标统，管带还是管带，同他们咨议局，当然呼吸相关。这里不比湖北。湖北起义的，都是军队中的同志，兵权在自己手里，可以为

❶　据谭人凤《石叟牌词叙录》记载，运往湖南之枪枝为二千枝，系由任震运送（《近代史资料》1956年第3期53页）。

所欲为；我呢？同陈作新两个人，孤掌难鸣，他们开口闭口，说我们是会党，叫我们有什么办法？”人凤叹道：“天下老鸦一般黑，湖北还不是一样，革命不彻底，总是没有办法的。为今之计，你要赶紧练兵，把革命的势力巩固起来，再作道理。”焦说：“练兵要械，购械要钱。练兵要兵，养兵要钱。咨议局通得过吗？”人凤说：“等我同克强、钝初商量办法。这里的事，你好生应付便了。”人凤在长沙并无停搁，即回转汉口❶。

王隆中逗留不进 焦达峰得到湖北接济的饷械，即将巡防营残部及新兵一标，扩充为两个协，命王隆中率一协，先发；余一协，驻岳州，作为预备队。其时湖南新军，早被清抚余诚格调遣在外，长沙城只有少数军警，维持治安。咨议局的议员们，因向焦督问道：“你把兵队调往湖北，这省城的防务，未免太单薄了。”焦说：“汉口地方，此时正在血战，请兵呼援的电报，纷至沓来，救兵如救火一样，岂能延误。到必要的时候，我还要亲自出马，带领五十标前往增援咧。保卫湖北，即是保卫湖南。这时候长沙城内，极其平安，怕什么。”可是王隆中奉命之后，还是把军队逗留岳州。湖北屡次派人去迎接，他按兵不动。向海潜、阎鸿飞去请过他，他也是屹然不动。

梅馨叛变杀都督 长沙独立之次日，焦都督令驻在益阳之梅馨一标回省。梅馨一到，即令其率众由株萍铁道直逼江西，谓：“南昌尚未独立，必须有此一举，才可以逼他独立，也好响应武昌。否则江西出兵，与清军夹攻湖北，很危险的。”梅馨道：“军行劳顿，必须休息半月，才可出发。”焦说：“军事紧急，如同星火一般，如何迟得。我令出维行，违者，军法从事。”梅馨勉强答应着，及回到营盘，召集标下军官会议，说：“武汉正在打仗，谁胜谁负，尚未可知。焦达峰以会党出身，做了都督，就作威作福起来。我们从益阳来到长沙，喘息未定，就要我去打江西，迟一天也不容许。还要拿军法从事的话来压迫我们。你们想想，我如何容忍得！他一定要逼我，我就……”说到这里，看看大众的颜色，大众都不作表示。他又翻悔了，怕的是部

❶ 据谭人凤《石叟牌词叙录》（《近代史资料》1956年第3期53至54页）记载，谭系九月初五日到长沙，十月初二日离开长沙。

下离心，不肯附和。他当即啮舌而说道："我病了。"卫兵将他扶了进去，将士们也退走了。事为焦都督所闻，立即将梅馨撤职。咨议局利用机会，从中煽动，并掀起纸币挤兑风潮。梅馨的部下，有一个杨子玉，对梅讲道："你前两天讲的话，为什么吞而不吐的。大丈夫说干就干，怕甚么。"梅说："怕的是大家不附和，我一人干不起来。"杨道："大家不说话，是听统带的命令。统带不下决心，所以无人敢说。"梅说："干得吗?"杨说："他是土匪头子，咨议局都反对他。说他滥发纸币，扩充军队，勾结会党，压榨人民。有这多罪名，怎么干不得。"梅起立道："既是如此，这时就干。你带你的队伍到和丰公司门外挑衅、挤兑。我带兵到都督府去，好杀焦达峰。"主意打定，杨子玉即率众往和丰公司，肆行掠夺，市民大哗。陈作新亲自前往弹压，子玉就指挥所部士兵，将陈作新杀死。焦都督闻报，立即乘马出来，梅馨正到府门，遇着，即挥众斫断其首。在署之阎鸿飞、曾杰、陈树人等均逃。于是众议举梅馨为都督。梅馨是事先早有布置的，说："我资望太浅，必须举一资望最高的人为都督。"登时在咨议局投票选举，举定议长谭延闿为都督❶。

宋锡全死非其罪 焦都督遇害，是九月十日，正汉口危急，黄兴督战之时。宋锡全的军队，驻守汉阳，忽接得长沙的急电，说形势险恶，但是还没有说焦都督已被人杀死。胡瑛、王宪章、宋锡全等均在汉阳，为湖南问题开秘密会议（因为他们都是湖南人）。会议的内容，局外人是无从知道的。十日晚上，在前方炮火的激烈声中，宋锡全忽向水师统带陈孝芬道："赫山已被敌人占领了，我们非退不可。"陈孝芬说："赫山失守，汉阳何至于这样平静。不确吧?"宋道："确得很。请把你的炮船，替我运辎重，向武昌撤退。孝芬问："有命令没有?"

❶ 焦达峰被害经过，章太炎《焦达峰传》（《太炎文录续编》卷四）说："初，衡湘间多贵族子，达峰以寒微起为师，参佐大抵椎少文，播绅间独龙璋与善，佗多嫉之。知达峰誉闻狭，可动，则以术挠其庆赏，而扬言'武昌济饷数十万，达峰持不下'，又'新军有功不迁官，将尽黜'，用激怒其众。标统梅馨忿，九日，密谋于求忠学堂。明日，市中小骚，作新（陈作新）单骑行视，即马上击杀之，断其头。遂引兵攻督府。达峰困，请拜军旗而死，许之。拜起，杀焉。乃推故咨议局议长谭延闿为督。……诸述达峰事者，率承变乱时所录，后起势盛，故人多雷同，其语绝谩。"《邹永成回忆录》（《近代史资料》1956年第3期）亦有较详实的记载，可参考。

宋答："有的，黄总司令的命令。"孝芬说："你是汉阳负责的人，又有总司令的命令，我当然带着炮船，送你过江。"开到鹦鹉洲，孝芬说："就在这里过江吧。"宋道："不，这里过江，避不开敌人的炮火。再往上开。"开到金口，孝芬问："可以开过江吧？"宋说："不，还是要往上开。"孝芬正色道："老宋，行军大事，不可儿戏。再往上开，不是开到你们湖南吗？"宋道："朋友，不瞒你说，就是要开到湖南。"孝芬道："战事如此紧急，就算汉阳不守，也要退保武昌。回到湖南，是何用意？"宋道："军事机密，不可泄漏。开吧！"孝芬道："你奉有命令，我没有看见命令。你是湖南人，就算可以回湖南；我是湖北人，当然不能去的。一则军法不能容我，再则湖北人也不能容我。"宋道："铁侯（孝芬字），你舍得吗？"孝芬道："朋友是私交，公事要公办。有什么舍不得。"宋此时也不能勉强，两下把军队和辎重划开。宋坐着拖军队的小轮，与孝芬告别了。孝芬带领所部，将船开回。船到文昌门停着，单身进城，到军务部去见正部长孙武。孙问道："据襄河水师统带陈士华报告，你同文学社的一般湖南人，很要好的。不是偕同宋锡全到湖南去了吗？如何会转来呢？"孝芬正色道："奇极了，我到湖南去干么？"孙冷笑道："我晓得你干么？你去见都督吧。"陈退出，到都督府去，遇着副官卢云卿。这位卢副官，原任马队营的队官，正是孝芬的旧上司，黎元洪很信任他。他见了孝芬，问道："你是来见都督的吗？"孝芬道："正是。"他又道："你从襄阳回来，为何不先进城，会会孙部长。你本是共进会的人，他已经疑你进了文学社咧。你应该知道，这几天，共进会和文学社，又闹起意见来了。刚才孙部长在黎胡子面前，谈及你的事，说你同宋锡全偷逃到湖南去了。声音很低，听不清说些什么，只见黎胡子面上很有些发怒的样儿。你进去，对答之间，措词要放慎重一点。"孝芬道："我心里坦然，理直气壮，他问一句，我答一声，怕什么。"孝芬见了黎元洪，黎问道："据报告，你到湖南去了。战事紧急，你们临阵脱逃，还了得吗？"孝芬道："我又没上火线，逃什么？因为宋锡全说奉着黄总司令的命令，促我开船到武昌，我不能不听命令。开到金口，才晓得他们回湖南，我是从金口转来的。"黎不语，悻悻然冷笑一声，拿起笔，准备下手谕。卢云卿站在旁边，见不是好意，一定是交军法处，那就完了。连忙上前，向黎下了一跪，道："都督，他所答是实，要是同宋锡全约着去，他就不会转回来的。"元洪听了此言，把笔放下道："好吧，你下去，我同孙部长商量。"孝芬退下，遇见蔡济民，把会见都督的情形，向蔡告诉。蔡说："江那边的战事，那样的紧急。敌人的炮，瞄准着我们猛攻。我们此时，不能精诚团结对付敌人，还自己闹意气，是什么话呢。莫怕，黎胡子那边，我负责替你分辩；不过老宋此去很危险的，听说黎胡子有电报去了，要将他拿获正法。你不晓得湖南此时已经换了都督吗？幸亏你中途打回转。不然，你就死得不明白。"果然宋锡全路过岳州，岸上设有炮位，军队拦着放枪，不准船走。这时候，与宋同行的有王宪章、林翼支二人，宋说："我等上去说明情由，免得他们误会。本来我也要上岸去见王隆中的。"于是留林翼支守船，王宪章和宋锡全一同上岸。王隆中见面时，问道："你来做甚么？"宋道："汉口战事紧急，我来搬兵。"王隆中说："你来搬兵，为甚么你的兵，开到到湖南呢？"宋道："这是黄总司令的命令。"王隆中说："你奉有命令，我也奉有命令。"宋说："甚么命令？"王隆中说："我奉着黎大都督的命令，说你'临阵脱逃，应即拿获'。"当即叱令卫兵将宋锡全、王宪章拿下，由王隆中押着，解到湖南长沙。这时候谭延闿已经接事了，审讯时，宋问："焦都督在哪里？"问官笑道："你要见焦都督吗？很容易的。马上就可以会见的。"可见宋离开汉阳时，还不知焦都督已经被杀害。当宋被捕的时候，黎元洪接得电报，即命钱维骥赶到长沙。一则搬请救兵，一则要催解宋锡全的首级；谭延闿都答应了。钱维骥回到武昌，带着宋锡全的人头，奉都督的命令，挂在城门之上，示众三日。平情而论，宋之退回湖南，是决定于胡瑛、王宪章等之秘密会议，是有计划的。临行之时，奉有黄总司令的命令，这也不会是假的。就军法来讲，战事那样的紧急，他突然抽出一协的兵，这是不可容许的事。但是他是有会议的根据，有命令的许可，竟不由分说，给与以私自潜逃的罪名，也不能不说是冤枉的事了。

汉阳秘密会议中的胡瑛　焦达峰被人杀害，汉阳之秘密会议，宋锡全之被杀，这是汉口作战时的三件大事。当时因军事关系，讳莫如深，报纸亦形格势禁，不能作详尽的纪载，所以成为一笔糊涂账。事过景迁以后，关于当时湘事的叙述，如居正所著的《梅川日记》，只书盗杀焦都督，而不书其人。他难道不知道凶手是梅馨吗？难道不知道梅馨就是谭延闿都督任内的师长吗？因为他作《梅川日记》，是他当司法院长的时候。也就是谭延闿当行政院长的时候。书盗不书名，为人讳也。李廉方的《辛亥武昌首义纪》，谓宋锡全离开汉阳，并无总司令的命令。其理由，谓黄兴于十三日就职，后于宋离汉阳两天，不应有命令。不知黄到汉之日，即被公推为总司令。可见李所持理由，并不充分。章裕昆所著《文学社武昌首义纪实》，有冤哉宋锡全一段。只为宋锡全呼冤，也不曾说出冤的所以然。这些事，直到于今，还是一笔糊涂账。其实要尊重历史，抱定实事求是不偏不倚的精神来写它，还是不会糊涂的。据当时第二镇参谋长钟琦、军务部人事科长杨王鹏、写《武昌两日记》的龚侠初等人所述（他们都是文学社的湖南人，所述也比较详明真确），兹志之于此。当时之斗争情形，是很复杂的。其一，为咨议局与党人的斗争。湖北咨议局议长汤化龙与湖南咨议局议长谭延闿，同是清朝进士，同是国会请愿代表。起义之后，同以议长资格，主持民政事宜。不过湖北的党人势力较湖南为强，而湖南的绅权，又较湖北为重，这是一点差别。汤化龙虽不得志于湖北，究为黎元洪所尊重；黎之对于谭延闿，也是同样的尊重。其间有密切联系，自在意中。焦达峰之被杀，是湖南内部的事，诚然与湖北无涉。但是谭延闿之继任都督，毕竟得到湖北的支持。例如焦、宋两人被杀后，到湖南去搬兵的，也是钱维骥；把宋的首级解到湖北来的，也是钱维骥。这位姓钱的，就是谭延闿的参谋长。蛛丝马迹，不是很显然的吗？其二，为文学社与共进会的斗争。在起义期间，文学社与共进会的合作，是极其融洽的。但是孙尧卿做了军务部长以后，就感觉极不愉快。汉阳的事被宋锡全之第一协所控制，汉口的事，被詹大悲之军政分府所把持。对于军务部的职权，难免不发生矛盾。矛盾愈加多，则斗争亦愈尖锐。这是势所必然的。其三，为湖南人与湖北人的斗争。汉阳的秘密会议，是胡瑛所发起的。其间所持理由，有的说，焦达峰手无兵权，受了咨议局的箝制，军队既不听调度，城内又时起风潮。所以要宋锡全回去，帮助他扩充军队，巩固政权，并可以严令王隆中早点前来助战。这个计划，谭人凤、宋教仁都以为然。有的说，湖北军队太少，缺额又多，对北洋久经训练之兵，万难取胜，如若汉口不守，汉阳决难存在，汉阳不守，也难保守武昌。不如把湖南军队扩充起来，备武汉危急时，有一条退路，留作将来反攻的地步。这个计划，黄克强也以为然。可是胡瑛的主张，却有他个人的打算，他是富于领袖欲的，从前坐在模范监狱里头，对于革命同志，就自居于领袖地位。黄克强致冯自由信有云："胡经武派有人来，彼虽在狱，与军界关系未断。其部下亦有千余人。"所谓部下，即指文学社而言。所以他出了监狱，虽一跃而为外交部长，并不会认为满意。他的意思，是要取得独当一面的军政权，干脆地说，就是要当都督。湖北都督，被黎元洪抢先了，那么退一步想，就注目于湖南的都督。宋锡全之退往湖南，是他的主张。同时并由他交给五百支枪，为宋扩军之用。他在会场中愤慨地讲道："大敌当前，内部还闹意见。眼看着武汉三镇，未必守得住。即令守住了，我们在此，也未必站得住。不如保存实力，回到我们湖南。把湖南稳住了，还不是一样革命吗?"这一段理由，大家也都以为然。不料宋锡全依照计划，由汉起程的时候，正是湖南焦达峰被人杀害的时候。现成的都督，被人夺去了。湖南督署与湖北督署之电信往来，比宋锡全之水上行军，要快捷得多了。两下把头一接，不但宋锡全之死，蒙不白之冤，就是宋教仁、谭人凤和黄克强，也都是哑子吃黄连，有苦也说不出。胡经武假公济私的大计划，就完全失败了。汉口失守之日，他毅然决然敝屣外交部长的尊荣，而与詹大悲同船东下了。大计划虽未成功，领袖欲毕竟还在。他到了南京以后，终于得到孙中山先生的任命，取得山东都督的头衔。又不料好事多磨，凭空又来了一个张广建，与之对抗。这一出双包案，相争不下，还是以黎元洪的一纸电报了之。其文如下：

> 胡都督贤劳国事，奔走拘囚，海内同志，久深景仰。自武汉起义，赞助外交，东南半壁，倚为长城。元洪饮水思源，尤所深感。乃因蕲求统一，竟请取消重任，归隐故园，视富贵若浮云，爱共和若性命。此等人格，直当铸金事之。倘必欲强仙鹤于牢笼，投神龙于涸辙，明德为累，令闻不彰。揆诸君子爱人以德之心，岂忍出此。

这一条电报，表面上极其恭维，实队上是赶他走路。他当时进退维谷，也乐得借此下台，一生的革命事业，就由此宣告结束了。写到这里，应该郑重声明：胡瑛因同乡的关系，与文学社同志情感甚深，这是事实。但是他自居于领袖地位，未免近于夸张，他个人的荣枯，是不能代表文学社的。文学社的失败，固然有些地方是受了他的影响，文学社同志的革命精神，自有其永久存在之价值，绝不曾受他的影响。

湖南易督问题的讨论 九月十一日，军政府开军事会议，黄兴、宋教仁、黎元洪及军政府干部人员，均出席。黎元洪说，顷接湖南来电，有“都督另举谭延闿，援军即发”等语。黎只念了这两句，并未谈焦达峰与陈作新正副两都督被杀情事。黄兴怒道：“焦达峰是日知会老同志，热心救国，自是好人。而况湖南独立，是他拼命打出来的。就职没有几天，何以突然更换呢?”宋教仁说：“谭延闿乃是文人，焦达峰是光复湖南建功立业的人。这样的更换，我反对。”钱维骥起立言道：“湖南人素讲门第。必须德高望重者，才可以收服人心。焦达峰资望又浅，年纪又轻，他虽然是同志，恐怕大众不服。现在清军猖獗，汉口急盼援军，湖南人另举都督，有“援军即发”一语，军政府设若反对，岂不是拒绝湖南的援军吗?”黎说：“你这话说得很对，我们只贺新都督，不问旧都督。催援兵速出，如何?”众多赞成。黄兴和宋教仁，都悻悻然退席了。钱维骥立即起草，写成贺电。略谓“闻公被举为都督，万众皆喜。特此敬贺，并祈援军速发”等语。谭延闿得电，即复电云：“已令王隆中率四十九标先至，余并集中即发。”钱维骥又问黎元洪道：“谭延闿既有此表示，我可以往湖南一行。请都督即下手谕，所有公私小火轮，除预备济江而外，其余统往湖南运兵及粮食。湖南地方，多的是米粮，缺的是饷械。以后湖南出兵及米粮，以助湖北；湖北则输送军火及饷款，以助湖南。如此交换，湖南人一定愿意。”黎向吴兆麟问道：“你道应该如何?”吴道：“如湖南出救兵，其饷械服装，都由湖北供给。至于湖南所有的军械，留着他镇压盗匪，也就是了。”办法商定，钱往湖北。果然在谭延闿命令之下，逗留不进的王隆中，竟毅然前进了。湘局之内幕如何，由此可以想见。

第十五章　汉阳的血战

黄克强登台拜将　汉口失守，黄兴即回武昌，与黎元洪及同志们筹商汉阳的攻守方略。九月十二日，宋教仁、田桐、居正、胡瑛等，邀请一般同志开会。由居正提议，拟公推黄兴为两湖大都督，谓："可以兼领湖北、湖南两省，节制各军。一俟湘省的援军到来，有了统一的指挥，必可以挽回战局。"凡属在座的同盟会分子，均极赞成。惟有吴兆麟一人，提出异议。他说："黄廑午抵鄂时，已由大众公推为总司令，由黎都督以命令发表。是黄的位置，已在黎下。兹忽以大都督名义，节制黎都督。在黎原无可如何，如有人代鸣不平，岂不立起内争。若黎因此之故，愤而辞职，各省及外国人群来质问，我辈如何答复？因此，我反对。这个提议，望各同志三思。"杨王鹏慷慨发言道："武昌起义，本质是甚么？当然是堂堂正正的革命。只有满奴瑞澂汉奸袁世凯，才说我们是'土匪'起事，不承认是革命。革命是有来历的。既有革命，就有领导革命的党，既有党的领导，就应该拥戴着党的领袖。黄先生领导革命，十好几年，全国的革命党人，哪一个不信仰他？黎都督为人忠厚，甚得军心，我也很爱戴他。不过他的资望，只能号召一部分军人，何若黄先生的声望，足以号召全国。居觉生同志提议举他为两湖大都督，在座的同志多数赞成，只有吴先生表示反对，未免对于革命的体认有点不够吧。再者吴先先说，黎都督若因此辞职，假若各省和外人提出质问，其奈之何。我认为这是过虑的。江西革命军，始以吴介璋为都督，继而换了马毓宝 。没听说有人反对，有人质问我们。湖南焦达峰，以真正的革命者为都督，忽而换了谭延闿。也没听说有人质问；这里军政府，且去电庆贺。况且我们公举黄先生为大都督，于黎之位置，并无妨碍，黎又何必辞职。吴先生不是黎元洪，为甚么要代替他声明辞职呢？”吴兆麟听了这一段的批驳，有些愤怒了，昂然起立，准备作更尖锐的答辩。宋教仁摇首起立道：“你们不要争吧。江那边的火，烧得那样的大，炮放得那样的凶。恐怕论议未定，兵已渡河，岂不为敌人所笑。黄廑午此来，是为奋勇杀贼而来，不是来争权位的。同志们要他为大都督，是要他指挥统一，好迅速地消灭敌人，也不是替他争权位的。我们初到湖北来，于湖北的军队情形，不大熟悉。既是有利害的冲突，就作为罢论好了。”于是大家复议，推黄兴为战时总司令，所有各省军队，均归其节制调遣。请黎都督用聘请方式，聘黄兴为总司令，再举行隆重的登坛拜将典礼。众一致赞成。九月十三日（11 月 3 日）午前八时，都督府面前之阅马厂，建一将坛。黎元洪传知各机关人员及武昌军事长官，并派军队一标，准于正午齐集军政府，请黄兴登坛拜将。于坛之四角，树立军旗，中立一“战时总司令黄”六字大旗。军乐齐鸣，文武毕集。黎登坛，先致词道：“本都督代表中华民国四万万同胞及全国军界同胞，特拜黄君兴为战时总司令，于本日此时就职，率我军队，推倒满清恶劣专制政府，光复汉族，建立良善的真正共和，共谋人民福利。我军将士，皆须诚心悦服，听其指挥，群策群力，驱逐鞑虏，以卫国家。中华民国幸甚。同胞幸甚。”说毕，即请黄兴登坛受职。并由黎将关防、聘状、令箭等物亲交黄总司令。黄即在将坛之上，向大众演说云：“此次革命，是光复汉族，建立共和政府。斯时清廷尚未悔祸，派兵来鄂，与民军为敌。我辈宜先驱逐在汉的清军，然后举行北伐，收复燕京，以完成革命任务。今日既承黎都督与各位同志举兄弟为战时总司令，为国尽瘁，自属义不容辞。但是军人打仗，第一，要服从命令；第二，要同心协力。自今而后，对于作战倘有不服从命令及临阵怯敌者，即以军法从事。尚望大众都努力前途为要。”说毕，众鼓掌。齐呼“中华民国万岁！”散会。黄总司令即往汉阳组织总司令部于昭忠祠。其组织分为参谋、副官、秘书三处。以李书城为参谋长，杨玺章为副；王孝真为副官处长；曾可楼为军需处长；王安澜为兵站司令；胡鄂公为大别山要塞监督。是时，清军冯国璋火烧汉口，外人纷纷抗议。袁世凯又派刘承恩、蔡廷干向民军运动和平。其实际，正在调集军队，布置防务，为进攻汉阳作准备。十二日到二十五日均无剧烈战事，民军在休息整编中。湘军第一协统领王隆中率所部赴援，开往汉阳，驻十里铺附近。湘军第四协统领甘兴典亦率部来援，黄总司令命驻汉阳西门外听命。并新编炮兵团，以曾继梧为司令，指挥全军炮队。程潜随援军来鄂，任前线参谋。

海军在九江投降 天门人沈鸿烈，毕业于日本海军学校，起义后，军政府任为长江舰队宣抚官，奔走于长江上下游，鼓动各处海军反正。其时海琛舰员有张怿伯者，与驾驶二副杨庆贞、三副高幼钦、见习士官阳明、水手头目李春清、一等水手刘文才、号手王春山、海容正电官金琢章、海筹正电官何渭生、枪炮二副沙训龄、教练佘振兴等，同谋响应革命。以舰禁往来，意志难以达到，因临时编订密电码十二种，借通消息，由是取得联络。同时又因为九江独立后，海军的米煤等项断绝了采办和运输，而江水降落，行驶也不便利。九月二十一日［11 月 11 日］，海琛、海筹、海容，及江贞、飞鹰、楚豫等舰，皆自动离开阳逻东下。中途，海琛士官阳明把龙旗抛掷江中，代以白旗悬于舰尾。其舰长黄钟英，事前已有默许，不作追究。其余的兵舰，也继续地照样而行。舰上的满人，见势不佳，一个个避匿舱中，不敢出面，飞鹰帮带满人吉升投水而死。各舰行至九江，向岸上扬起白旗，表示归顺。当即由军政分府马毓宝都督出来招降。其时林森任九江军政府政务处长，以乡谊关系，开欢迎会，请各舰长官上岸联欢。惟海容舰长系旗人，投江死。马都督派兵赴各舰，卸下炮闩，各舰遂降。马毓宝即将招降情形，电告鄂军政府，其文如下：

> 本日（九月二十一日）午刻，有海琛、海筹、海容三舰到浔。据各船主云，因水涸，奉萨统制谕，命驶东下。该船通竖白旗，并向浔军政公府请领国旗。惟窥其意，尚欲下驶。现在南京尚未克复，该舰仍想东下，不可不防。现已由浔将三舰扣留，暂时不准下驶。究应如何处置，及该舰所用米煤等，可否由浔供给？敬乞迅电遵行。

鄂军政府复电，嘱“优待萨镇冰。满籍人员，可遣送往沪。至军舰如何处置，即派员前来接洽”等语。去电后，立派李作栋携汤化龙私函赴九江，与汤芗铭、杜锡珪、李烈钧、马毓宝等会商，请其派舰西上赴援。其时萨镇冰已经化装商人，坐渔船到上海去了。浔军司令部即电黎元洪报告，已派定第二舰队海容、江贞、湖鹗三舰，并附步队两队，归汤芗铭指挥，于二十七日（11月17日）午前十时，由浔来鄂助战。旋又加派海筹、海琛援鄂。二十九日由汤芗铭、杜锡珪率领到达青山。

杨选青是否该杀　汉口失守后，双方都忙于布置攻守事宜，十多天没有正式作战。因为湘军有两协来援，而黄克强又登坛拜将，军威大振，敌人亦觉胆寒。清军之在汉口者，其主力移置蔡甸方面。刘家庙预备队，不过二千人。黄总司令得报，即拟乘虚袭击，以遮断清军之后方联络。二十六日（11月16日），黄总司令令步兵第一协掩护工程队，以所征发船只，就琴断口地方，架设浮桥三座，限即晚八时以前竣事，令第十一标统带杨选青率所部，于本队渡河时，由南岸嘴抢渡龙王庙，以为助攻，别遣一支队，由武昌青山潜渡刘家庙下游，击袭清军后路，以为牵制。其他部队，率依命令实施。是晚十时三十分，民军已接续渡河。时值连日阴雨，路又太湿，气候又太寒，清军的守兵，大都伏处民房，燃火取暖。民军潜渡，进入清军的防线，清军仓皇逃避，秩序大乱。民军乘胜进攻，其前线已达居仁门以至歆生路一带。但清军各地防兵，渐渐增援，作顽强的抵抗。民军因道路泥泞，前进阻碍，所有部队，渐渐失了联络。右翼的湘军王隆中所部，几至不能支持。预备队先后增加，而左翼湘军第二协，先行溃退。清军乘势包围，以至牵动全局。黄总司令以时机已失，无可为力，遂令退回汉阳。次日军政府得到报告，以统带杨选青临敌不前，贻误戎机，在阅马厂处斩。杨为文学社人，在首义秘密工作中，为极出力之同志。首义后，屡次战役，无不奋勇当先。此次误阵，实由于请假结婚所致。临讯时，他说：“有十多天没有战事，我结婚，是向黎都督请准了假的。结婚之时，因客多吃醉了酒，相隔一江，命令于晚间送到，我已不省人事。而况命令交给的任务，我部下的管带和督队官，已经代我执行了。兵到龙王庙，因清军据险扼守，未能如时登峰，这也是无可奈何的事。”经军事会议讨论，蒋翊武、蔡济民等均谓情有可原，暂且记大过一次，命其戴罪立动；孙武和黎元洪，均主张按照军法从事。临斩之时，同志无不流涕，都道杀了宋锡全，又杀杨选青，从此以后，同志们人人自危了。孙黎之结怨于同志，就从此始。

渡河反攻大失败 二十六日夜晚，民军渡河，向汉口敌军反攻。我大别山及武昌凤凰山炮队，向汉口之敌军阵地轰击。午后十一时，我步兵第四协，由南岸嘴至高公桥一带，向对岸猛烈射击，遂将清军火力压倒，即派教练官马得胜及第七标第一营管带李国栋率该营由南岸嘴渡河。我军行将登岸，清军用机关枪射击，我军死伤百数十人，仍退回南岸嘴。清军见我军步炮射击猛烈，甚为恐慌，将火车准备齐全，似将向北退却。总司令黄兴到达汉口，至阵地视察，见我军步队悉达彼岸，逐次向玉带门推进，心中愉快异常。二十七日午前三时，玉带门之敌已被我军击退，我们占领玉带门一带。黄总司令用电话通知各部队，希望步队第四协张廷辅所部与第六协杨载雄所部，必须奋勇渡河，向玉带门协攻，以收夹击之效。第四协统领张廷辅即派第七标统带胡廷佐率该标由南岸嘴至高公桥附近渡河。讵知强渡数次，都被清军机关枪击回，死伤甚重。第六协统领杨载雄见四协不能登岸，也不敢渡。两协统即将危险情形，报告黄总司令。午前九时，湘军一、二两协第一线已进攻占领居仁门之线，我第五协之第九标，并敢死队两队，占领王家墩之线，两军相距千余米达。清军用排炮向我军射击，我军虽死伤甚多，均沉着应战，清军火力渐衰。正午，清军渐次向北退却。午后二时，我军因战斗一昼夜，极为疲劳，遂休息用饭。所有士兵，因饿极，群往争食，秩序遂呈紊乱状态。湘军第一协见部队动摇，忽向后退。清军即乘此空隙，向前进攻。我军慌乱失措，纷纷后退。总司令下令制止无效，乃自率学生军及同志等向前堵截，并手刃士兵数人，亦难制止。清军乘胜追击，复占玉带门一带，向我军行射击追袭，我军死伤甚众。黄总司令下令退却，而自行殿后，士兵争渡琴断口，堕水死者无算。总司令返昭忠祠司令部，开军事会议，决斩违令溃奔之湘军一协统领甘兴典，以徇于军。甘畏罪，潜逃归湖南，不久为湘督谭延闿捕获枪决。渡河反攻之战既已失败，黄总司令派参谋长李书城将反攻失败情形报告军政府。当派蒋翊武前往慰勉，并安慰各部队长官。晚后十二时，得各部队战后报告，知此次战斗军官死伤五十七员，兵士死伤共七百九十二名，失去山炮十八尊，步枪六百余支，子弹约二千三百余箱（每箱千粒）。嗣敢死队队长方兴报告，该队二十六日晚到汉口，由日本人导引前进，向大智门袭击。敌用机关枪猛烈扫射，我队死伤二十余人，日本人大元等亦阵亡，其余兵士，现退回汉阳。

祁国钧负伤苦战　十月初一日（11 月 21 日）午前七时，接湘军第二协报告，谓清军兵力，约一混成协，已由蔡甸渡河，向汉阳攻入。当渡河时，我军派往蔡甸方面部队，努力防止。惟敌人炮队威力甚大，不能抵御，是以退回三眼桥。总司令据报告，即令十里铺至三眼桥之部队，严行防御。查此次渡河攻汉阳之敌军，系敌将李纯所率，为北洋精锐之师，不可忽视，并以此信报告军政府。军政府并立即下令海陆军同时并进，由青山附近渡江。但所派之第三协统领成炳荣，手脚慌战，似有精神病。当海军掩获其部队在青山下游渡江时，炳荣惧极投江，被船夫救起，官兵大哗，因而延至天黑未动。汉阳方面，午后二时由蔡甸北进之清军，达三眼桥南约三千米达之地。总司令命管带祁国钧赴三眼桥增援，与湘军第二协协同防御，炮火交集，未尝稍息。是日天气昏暗，其地又异常狭隘，我军防守严密，敌屡攻未曾得手，即移主力于琴断口方面，猛攻美娘山。祁国钧所率部队，为马队三标之第二营，不过七十余人，冒险冲锋，导引各军齐进，夺敌军之标旗一面，机关枪两尊，杀毙其指挥官一员。祁国钧两腿受十一伤，亦忍痛不退。湘军第四十九标二营管带杨万桂率所部不过二十四人，奋勇登上赴援，将美娘山夺回。同时在汉口之桥口一带的清军，复于龙灯堤至赫山对岸，用民船十余只强行渡河，亦被我炮兵击退。

甘绩熙病夺扁担山　十月初四日（11 月 24 日），清军进攻益力。各方前线，危险万状。黄总司令调湘军第一协第一标赴三眼桥方面增援。而该标士兵，谓从战七昼夜，疲困过甚，且谓上次渡河之战，湘军死伤太多，拒不听调，于初五日纷纷回湘。同时民军中有人为清军做间谍，将各地地雷火线截断，并悬挂敌旗，炮目王某且停炮不放。其时湘军统领刘玉堂（与汉口稽察处长刘玉堂同名）正率部来援，初上火线，见此情形可疑，与总司令部督战员张鹏飞商，立捕其人，检查其身边，得清军饷单一纸，认为通敌有据，立予枪决，并捕其管带张振臣，解往军政府处斩。有了这两件间谍案的破获，我军人心愈动摇，而清军愈益得势，一鼓作气相继占领美娘山、汤家山、扁担山、仙女山、锅底山、磨子山各要点。我民军退守十里铺。是日午前六时，总司令命沿襄河防御部队，各抽四分之一，到十里铺增援。正午，各队到达，利用战壕与敌相持，敌未得猝进。但民军勇敢之士，死伤殆尽，因而士气消沉，军无斗志，汉阳危在旦夕。军政府各机关军事人员，如参谋部长杨玺章，稽查部长蔡汉卿，军务部副长张振武，参议夏道南，科长胡干城、胡捷三、李华模等数百人皆渡江督战。其时《大汉报》在武昌贡院新街出版，主笔胡石庵亦亲到阵地观战。军政府参谋甘绩熙正在害病，闻汉阳危急，顿足忿呼曰："事急矣，与其病卧绳床而死，何如战场杀贼以死。"言已，勉自挣扎，与蔡济民、高尚志一同渡江。至十里铺，见总司令，问曰："仙女等山失去。为之奈何？"总司令说："只有死守十里铺，守得一天是一天。"绩熙道："敌置炮于磨子、扁担二山，向十里铺轰击，十里铺怎守得住？我要挑选敢死队一二百人，乘夜夺回此山。"总司令叹道："势已至此，谁个敢死。"绩熙道："我去找敢死的人！"当即邀朱树烈同去挑选。辎重管带孙宏斌首告奋勇，并担任拼出六十人。又往工程营挑选，其管带韩某应命，又挑选三四十人。其他下级军官及陆军中学学生多人均愿同往，共约一百余人。是晚，由甘、朱、孙、韩四人率领前进，预约首袭磨子山，其山上小庙火起，总司令即派队前往。于是与尖兵数人摸索而上。敌军时有枪声，甘等不理，再上。将及山顶，见敌哨十余人蜷伏而卧，绩熙大呼曰："敌人！"当即开枪击之，毙敌八人，余亦旋被歼灭。时山上庙内尚有多数敌人，见甘等冲锋而进，猝不及备。而我方敢死队接踵而至，齐呼"杀！杀！杀"声振山崖，敌军遂大溃乱。我军更纵火焚庙，追歼敌军。至此扁担山之敌，已有戒备，机关枪弹发如雨。琴断口的敌人，亦用探照灯四照。孙宏斌率队赶到，身中流弹，以队伍交绩熙指挥。有顷，湘军协统刘玉堂赴援，周秉武亦率其所部一营来会，并力抢夺扁担山，一齐冲锋而上。敌以来势勇猛，相率弃械逃往美娘山。我军又进占扁担山。绩熙时当病后，倾跌数次，乃扶枪而行。当抢磨子山时，后脑已经受伤，在扁担山冲锋，又伤了左手食指，精神困惫至极，难以支持。刘协统向他安慰道："你太劳苦了，快回后方就医吧。"胡石庵目睹其景，因他外号甘侯，在报上作甘侯行一章，[1] 以纪其事。

湖南刘协统阵亡 湖南协统刘玉堂，率步兵一标援鄂，于十月初四日上午抵武昌，去见黎元洪。黎说："汉阳危急，你赶快去谒总司令增援！"午后三时，玉堂率队渡江，赴十里铺见黄总司令。其时总司令往花园，会攻仙女山之敌。玉堂即时率队加入前线，激战良久，进攻数次，敌恃机关枪为保障，屹不为动。玉堂愤甚，身先士卒，冲锋数次，官兵死伤甚众。战至夜七时止，我军乃固守扁担山。次日，汉口敌以大炮猛击我军，伤亡甚众，玉堂与诸军竭力防御，终日保持原有阵地。初六日（11 月 26 日），清军部队愈增愈多，复密布机关枪巨炮，向我军猛击，弹下如雨。我军纷纷退却，总司令严禁无效，遂失扁担、磨子二山。及甘绩熙率敢死队夺回扁担山时，玉堂谓绩熙曰："此山较他山为高，得此，已足与敌军对抗。俟援军及炮兵来时，再夺回仙女、美娘二山，一定不难。但是到军政府请援，非君不能任此事，请君速往！"绩熙道："我实在受伤太重，不能助战，留此无益。就渡江去请援兵吧。惟此山夺回不易，请君尽力苦守，以待援兵。"玉堂说："你放心，我虽死，亦不能离此山一步，山存与存，山亡与亡。"绩熙去后，清军复派大队环攻此山。玉堂以身当先，与敌剧战，终于在弹注如雨的火力下，中弹阵亡。甘绩熙回至昭忠祠见总司令，总司令说："你太劳了，快去休息吧。"绩熙道："我要过江去，请都督速派援兵来，不然，汉阳危矣。"总司令持远望镜观察阵地，则见扁担山退下之敌，又夺去扁担山。绩熙叹道："似此情形，刘统领一定不保，汉阳也恐怕难保啊！"

王殿甲、杨玺章阵亡 初六日上午六时，敌大举增援，由花园以北，向十里铺绕攻，其火线上密布机关枪，射击我的右翼。加以敌之炮队，发出炮弹，有如飞蝗一般，注集于我军阵地。我军右翼，勉强支持了两小时，终于退却。加以悍敌冯国璋勾结汉奸张振臣，贿买炮队队官谭森林发动内变，使冯部得以偷渡，击杀管带冉超，占领赫

[1] 甘侯行诗，《湖北革命知之录》第 375 至 376 页收录。

山。上午十一时，敌益逼近，火力更猛，我军伤亡甚多，第三标第二营管带王殿甲阵亡，下级军官，亦阵亡多人。敌进至十里铺时，黄总司令亦亲自督战，参谋长杨玺章在侧，有炮弹落在跟前，总司令毫不为动，杨亦不为所动。第二颗炮弹又到，杨中弹阵亡。随从人员，强拽总司令以避之。至午后四时，十里铺亦为敌所占领。

汉阳失守，萧钟英阵亡　十里铺失陷后，我军一面退据地形抵御，一面派涂金炳、罗子清等搬运兵工厂枪弹。王安澜则将归元寺储藏的军需物资运往汉阳东门外，用船载至武昌。六日下午五时，敌又越十里铺，进占梅子山、赫山等处，追击我军。而硚口方面的敌军，则用炮轰击我方溃退密集的队伍。少顷，敌以民船运步兵，自硚口附近渡河。我军步六协及步四标，皆不战而退。总司令派三标第一营管带郭炳坤，掩获归元寺以北。六时，总司令回昭忠祠，痛哭失声，将以身殉，同志田桐等婉劝而止。至夜十一时，派步兵四标管带黄经猷及辎重营队官黄甲，掩护汉阳城。总司令遂渡江至都督府。七日（11月27日）上午六时，我兵工厂及江岸各部队尚未退毕，敌已由赫山线进发汉阳。至十时，汉阳城为敌占领。其时有留日士官生萧钟英，不忍见汉阳陷于敌手，自动组织死士数十人，赴汉阳作决死战，在铁厂码头登岸，持枪击敌，敌死伤颇多。敌以机关枪扫射，钟英及敢死之士，率皆阵亡。

黄兴离鄂往上海　十月初七日上午十时，战时总司令官黄兴，由都督派员接至武昌。正午，军政府召开紧急会议，到者约六百余人。黄兴此时，悲愤交集，自承放弃汉阳，深以为愧，当往上海与同志集议，从速攻下南京，为武昌声援，此外并无他语。孙武接着呼道："请总司令报告汉阳战事经过情形。"黄不作理会，默然有顷，即退席。因为防御汉阳的任务，业因汉阳失守而失去，留鄂无益，故毅然有上海之行。先是黎元洪号召独立各省，在鄂合组临时政府。当时所谓名流，如张謇、汤寿潜等，集议上海，推庄蕴宽到汉参观战事，并观察革命党人物及其组织如何。蕴宽到了武汉，察知黎元洪不足有为，其军政府办事紊乱，分子亦极其复杂。及往汉阳晤黄总司令，一见倾心，期望其一往上海，主持国是。黄之决然东下，这也是一大原因。黄退席后，会议仍进行讨论。黎谓汉阳失守，敌人在龟山架炮，轰击武昌，人心惶惶，武昌势难保守，应如何应付，以策安全，请大家讨论。李翊东、张振武、甘绩熙等均主张死守，范腾霄以军略见解说明武昌必守的三大理由。振武并以手枪示众曰："如有人主张放弃武昌者，当以此对付之。"全体掌声如雷。孙武令移藩库储金于城外，甘绩熙道："城存与存，城亡与亡。城既守住，储金用不着迁。城如不守，迁他有何用处，反而影响人心，作为不守的准备。我反对!"众更鼓掌。于是保守武昌之议，由此决定。

第十六章　汉阳失守后之武昌情况

军政府重要决议　汉阳失守后，武汉人心异常悲愤。所有车夫舟子，皆相顾涕泣，因此武汉三镇，无一人力车上街；襄河及大江两岸，上自金口，下至阳逻，帆船绝迹。汉口市场，被清军烧成焦土。其余未被燃烧的街市，亦皆关门闭户，寂然无人。稍有知识的清军将领，亦感觉人心若此，不可轻侮。然而他的兵队，还是沿家搜索，奸掳烧杀，无所不为，他们也不制止。至于武昌城内，谣诼繁兴，同志们在悲愤至极中，誓非死守不可。黎元洪发下命令，以万廷献为战时总司令，此人曾在南京陆军中学当过总办，其时，头上发辫，还不肯剃。同志们说此人顽固至极，岂能任总司令。万即告辞，杨开甲亦同时辞参谋长职。乃以吴兆麟为参谋长，姚金镛为副。是晚，特别戒严。军务部长孙武、张振武、总监察刘公派员密查，凡形迹可疑者，即治以军法。十月初八日（11 月 28 日）午前十时，军政府召集军事会议，议决事项如下：

一、以蒋翊武护理总司令，设战时总司令部于洪山宝通寺。

二、规定沿江防御区域，以专责成：由青山至大堤口，为第一区；由大堤口至鲇鱼套，为第二区；由鲇鱼套至金口，为第三区。

三、黄州、鄂城两处，为武昌下游重镇。派黄楚楠、张济安率兵一标，据守黄州；张其亚、陈伟率兵一营，驻扎鄂城。

四、设兵站于防御线后方各处。

五、海军须在阳逻附近游弋，掩护武昌。

黎元洪密谋逃葛店　初九日（11月29日），护理总司令官蒋翊武，在洪山宝通寺发布命令，各部队在沿江防御区域，妥为布置。各部队均遵照命令，占领阵地，构筑防御工事。清军在大别山，不断地用大炮向武昌城内轰攻。黎元洪极为惶恐，其左右小人，如孙发绪、杜锡钧等，曾向黎秘密建议，欲将都督府迁至葛店，并将现银搬运六十万两到阳逻兵舰上，设若武昌战事不利，即乘兵舰到上海，黎深以为然。据此，足见放弃武昌之说，是黎元洪，而不是黄兴，彰彰明甚。黎有此计划，即暗派邝杰至葛店准备房屋，并嘱舰队派兵船一只，停舶葛店木鹅港附近，以备不虞，暗嘱左右，必须严守秘密。又暗嘱卫队两连，将枪械子弹准备齐全，以便保护都督出走。是日午前十一时，接侦探报告，谓清军约一营，已向大军山方面前进。又传下游仓司埠亦有清军之便衣侦探发现。黎元洪坐守孤城，大有风声鹤唳草木皆兵的景况。三十六着，走为上着，他的预定计划，是牢不可破的。

捉奸细都督具保　总监察刘公及军务部副部长张振武，连日接得探报，谓清军已派有汉奸多人，混入城内，欲运动军队，以作内应；并谓都督跟前，亦有汉奸多人。张、刘据报，立派稽查队到处调查，拿获有嫌疑的人，就地正法。并在都督府拿获万廷献、龚光明二人，查知是由北京来的，且头上都有辫子，认为可疑，应解至军法处严讯。黎答："他们二人，一个是南京陆军中校的监督，一个是前马队八标统带，因为参观了永平秋操，从北京回来的。他们都是我的朋友，我正想重用他们，怎么说是汉奸呢?"张振武说："都督既深信他，不是汉奸，能具下保结不?"黎说："好，我愿具保结。"是晚，参谋部吴兆麟、蔡济民、吴醒汉，军务部孙武、张振武，总监察刘公等，在城内各街道各城门，分途巡视，并嘱第二协统何锡蕃严密防御，无论何人，不得准其在城门自由出入，戒备极其紧严。

黎元洪逃到王家店　十一日（12月1日）午前七时，参谋总长吴兆麟同护理总司令蒋翊武，同往青山、两望，巡视防线。至正午，行抵大堤口，遥见城内火起，甚为惊异。时有百姓由武胜门出城，说："都督府起火。"吴、蒋两人闻言，更加焦急，即策马赶回城内。遥望见都督府正在焚烧，火光烛天，不知黎督安危若何，急往驻在两湖书院之军务部，询问孙武道："都督府起火，都督何在?"孙武道："据报告，都督出宾阳门，到洪山去了。"蒋问道："火是怎样起的?"孙说："有人说是中了炮弹，烧起来的；有人说，是都督命人纵火，好借词逃走的。我看后一说不大合理，但是我也不能保证他没有此事。"吴兆鳞说："他出城，定到洪山，此时必然在总司令部。我们同出看看吧。"吴、蒋两人，一同出了宾阳门，看见城内百姓纷纷出城，城门拥挤不开，妇女小孩挤死的和践死的甚多，啼哭之声，惨不忍闻。问其何故出城，大众说："北兵杀得来了，连都督也跑了。我们不走，不是等死吗?"吴、蒋二人一面令守城门的兵妥为维持出进的秩序，维持不住，即行关城；一面绕道通湘门至洪山。出了通湘门，又见城外有许多兵士纷纷窜走。其时甘绩熙、李作栋、高尚志、蔡济民骑马赶到，大呼道："同志们听着，九省的援军到了，武昌稳如泰山。都督在洪山总司令部，就回的。同志们，莫听谣言，莫中敌人的鬼计。赶快回防，否则军法从事。"各兵士听说，才各自回到原防。接着，《大汉报》的号外发出了，买报的儿童，连跑带喊道："号外，号外，号外，光复南京的号外。九省援军开到的号外。"没有五分钟，十几个卖报儿童所拿的号外都卖完了。"跑反"的人民和兵士都表示安心了。蒋翊武问甘绩熙道："幸亏你们来得好。《大汉报》的号外，又凑一把劲。不然，城内外秩序大乱，我们也无可奈何。现在平静好多了，我们到司令部去吧，都督定在那里。"到了司令部，遇顾问吴兆鲤，兆鲤说："都督已经往葛店去了。"翊武说："何以不阻止他?"兆鲤说："谁敢阻止，谁又阻止得住。"翊武说："随从他的是些甚么人?"兆鲤说："有杜锡钧、龚光明、唐仲寅、萧慕何等。都督坐着轿子，带着两队卫兵，簇拥而去。"翊武写了一封痛哭流涕的信，派参谋甘绩熙、谢鸿涛及顾问吴兆鲤三员乘马速往葛店，请黎速回武昌。甘等赶到王家店，天已黑了。这个地方，离武昌六十里，距葛店还有三十里。正要前进，忽见黎元洪带着一干人，正在该店休息。甘等即向黎说明武昌情形及蒋总司令来信，请都督回到洪山。黎不可。三人苦苦哀求，黎仍不可。甘问："都督究欲何往?"黎曰："到葛店。"

甘曰：“都督到葛店，不是放弃武昌吗？都督走了，百姓和兵士也随着走了，哪个守武昌呢？”黎厉声喝道：“休要多言，你们小孩子晓得什么？”甘见他不信人劝，只有留谢洪涛和自己，在黎旁监视着，嘱吴兆鲤回洪山，报告蒋总司令。

英人盘恩商请停战 见可而进，知难而止。这是兵家的一句老话，袁世凯是善于体会的。他虽然占领了汉阳，但是默察全国大势，晓得各省独立，武昌定有援军，这个仗再打不得。他暗中要求英国公使朱尔典电谕驻汉英领作有力的调停，因为他们官僚向来是依靠外国人的。英国要维护他在长江的利益，也不愿战事延长下去。十一日下午六时，英人盘恩偕军府顾问孙发绪到洪山司令部，与参谋部长吴兆麟接洽。盘恩说：“我们领事，见武昌省城成天受炮火的威胁，百姓慌恐万分。故此联合各国领事，与清军商议，暂且停战三日。清军业表同情，因此我特来武昌，面谒黎都督，请他认可将我带来的公文盖印，然后送至清军盖印，双方即可停战。”吴兆麟说：“阁下要见黎都督，现在因为城内的军政府中炮起火，所以迁到城外刘氏祠办公。刘氏祠距此，还有十几里路。请阁下今夜暂且在此休息，我们派人取印来盖便了。”于是吴兆麟一面嘱咐办饭，款待盘恩；一面电告军务部孙武，请速觅刻字工人，将都督印章照样摹刻一颗。约两时许，就刻好了。盘恩在洪山饭后，吴兆麟即邀同英人盘恩，至军务部盖印毕，盘恩渡江去了。总司令蒋翊武即发下命令，自十二日八时起，一律实行停战。

黎元洪卷土重来 蒋翊武以两军停战，一切事件必须与黎都督接头，非请黎速回武昌不可。即写了一封信，连同停战条文，派吴兆鲤前往王家店促黎即回武昌。吴兆鲤到达王家店时，黎已睡熟，萧慕何进去代为报告，黎喜极，一跃而起，道：“我决定回。明早即动身，到刘氏祠堂再作道理。”十二日午前十时，参谋长吴兆麟，派马队标统王祥发率马队一队，到王家店接黎，转回洪山附近的刘氏祠堂。黎到达后，见同志前往迎候，面上有忸怩不安的状态。同志们窥知其意，都说些门面的寒暄套话，以安慰其心，只有甘绩熙太天真了，他说：“都督，现在独立各省公推武昌为中央政府。你的声望加高，威信不可不保。望都督以后不要贪生怕死，不要听小人之言。怕的是举动失慎，为天下所笑。”黎怒道：“尔等青年人，屡次说激烈话，实属不成事体。”杨开甲见黎发怒，说：“都督不要生气。”并将甘扯出门外，嘱他莫再多言。少顷，吴兆鳞请黎仍迁至武昌城内办事，黎允可。遂派人到城内，选定城内昙华林高小学堂旧址为军政府。并由黎发出布告，晓谕人民。

谭人凤被摈去职 黄兴去鄂后，所遗战时总司令一职，由蒋翊武护理。是时黎元洪私逃王家店，武昌城人心动摇，蒋翊武独力支持，尚无陨越。然而黎元洪回转武昌以后，不愿蒋翊武握此重权，而又无词可借，于是变更方法，用迂回的手段，推谭人凤继任。因谭人凤为老革命党，而又是湖南人，翊武是不会反对的。十月十六日（12 月 6 日），在武昌城内大朝街卞宅开会，推举谭人凤为战时司令官。谭说：“此时武昌情形，与在汉阳打仗时不同。此时重在防御，将来还要北伐，请将总司令官名义取消，改为武昌防御使兼北伐招讨使。各位同志，以为何如?”众赞成。遂备文请黎任命。黎即委谭人凤为武昌防御使兼北伐招讨使，调蒋翊武为都督府顾问。蒋翊武事前毫无所闻，骤然奉调，心颇不平。经大家劝其顾全大局，始办交代。谭人凤接事后，于十七日午后八时召集各机关人员，齐集卞宅开会。谭当众发言道：“凡办事，权限必须划清。自今以后，各部队如有军官遗缺，须由防御使委任，以资统一而便节制，此其一；武昌现在所储械弹，必须报防御使备查，以备计算分配，此其二；防御使署及所属各军队饷项，每月财政部须先筹拨，此其三。以上三项，请大家表决。”孙武说：“任命军官，原系军务部权限，防御使只有节制与指挥之权，不能有任命权。第一项，我反对。枪枝弹药，战时可备文领取，防御使无须兼管。第二项，我也反对。”当时谭人凤与孙武反复辩论，不欢而散。十八日，各机关、各部队有多人往军政府，向黎陈述说：“谭人凤不是军人，年又衰老。刚就职就想独揽一切大权。头脑不清，万不能胜此重任。”黎说：“既是大家反对，就另想办法。现在停战展期，将在上海议和，就派他为湖南的议和代表吧。”二十日（12 月 10 日）午后八时，在武昌城内教育总会，开全体军事会议，黎元洪登台发言道：“武昌防御使谭人凤，已派为湖南和议代表到上海去了。此间军事，应另举一声望素著深明战略的人负责，请诸君公举。”经刘公、高尚志、孙武面陈，以参谋长吴兆麟为合格，并仍用总司令官名义。黎点头。孙武即登台发表云："我等与都督会商，公举参谋长吴兆麟为战时总司令官，大家以为何如?"众赞成，散会。

代表人选的变更　湖北代表的人选，原由黎元洪拟定以孙发绪与汤化龙充任之，业经写在粉牌上面。杨时杰说："此次议和原则必须推翻满清的专制政体，建立共和。孙发绪为满清道员，汤化龙为君宪派重要人物，他们能赞成共和吗？我们选代表，必须选举革命党人。"经大家决议，推定居正、杨时杰、马伯援、时象晋为代表。同时，南京光复，都督程德全有电来鄂，请去电英伦，欢迎孙中山先生回国，此电尚搁置未办。杨时杰说："孙中山先生回国，全国人盼望甚殷。南京已有电来，何能置之不理。"经蒋翊武向黎催请，黎说："这两天太忙，所以搁下来了。"蒋即代为拟稿，把复电和欢迎电同时发出。

第十七章　外国人导演之和局

朱尔典出面作调人　帝国主义者侵华斗争，极其复杂，主要的是英日的斗争。美德两国，当时是赞助英国的，方式不同，其企图侵略，则无二致。日本的作法，在制造中国的纷乱，从中取利。因此对各种对立的局势，常采用操纵的手段。英美等国，则一贯地扶助中国最反动的人物及其政府。认为这种的人物与政府，才是他忠实的代理人。眼看着清廷之局势难以支撑，再选择比较合格的，只有袁世凯了。当清军攻陷汉阳之时，正张勋败退南京之日，而北方近畿一带，险象环生，袁世凯若再战下去，恐时局不可收拾。因请托英使朱尔典斡旋停战，并派遣唐绍仪为代表南下，与民军议和。这个时候，北京东交民巷的使团，是经过朱尔典的疏通，而赞成南北议和的。朱尔典遂电谕汉口英领事，斡旋停战，并介绍袁世凯所派之南下代表，与鄂军府进行和议。

为和议而奔走之杨度　川省争路风潮，是辛亥革命的导火线。杨度是铁道国有的倡导者，可以说这个革命导火线，是他燃烧起来的。接着袁世凯为内阁总理，他作了入幕之宾，主战主和，处处有他策划着。他是湖南湘潭人，在清光绪癸卯会试，考取经济特科的翰林，梁士诒中第一，他中第二。他是王湘绮的高足弟子，文笔自然不差。太平天国时代，王湘绮曾经劝过曾国藩夺取清朝的帝位而自代；曾国藩不听其言，湘绮深致惋惜。杨度受老师的衣钵，也想找一着类似曾国藩的人物，劝他取清廷帝位而代之。物色多年，恰恰看中了袁世凯。袁世凯野心勃勃，当然也看中了他。心事一般同，自然是如鱼得水了。他虽然主张君主立宪，并不肯依傍康梁的立宪党。他的叔父，曾做过朝阳镇总兵，所以他家中很有资财，供他挥霍。他留学日本时，住在东京饭田町，招待一般留学生，座客常满。同他来往的，有黄兴、宋教仁、陈天华、刘揆一诸人，所以他认识的革命党不在少数。孙中山同黄兴认识，还是由他介绍的。他一面交结革命党，一面又交结立宪派。一九〇七年，他由东京回国时，出洋考察宪政的五大臣保他为宪政编查馆提调。他在颐和园演讲，说立宪乃君主万世一系的保障，否则难免革命。袁世凯同他认识，就在这个时期，此次出山，他就拿着鹅毛扇子，在幕后为袁划策。汪精卫从牢里出来，他就替袁拉拢，由袁拿出一笔巨款，组织一个国事共济会，其中各党各派，形形色色都有，因谋刺载沣而坐牢的汪精卫，也是其中突出的一人。当唐绍仪南下议和时，在袁世凯左右号称“智多星”的杨士琦，曾向袁建议道：“孙文是广东人，南方代表伍廷芳也是广东人，内阁的代表唐少川，又是广东人。广东人顶重乡谊的，似乎要提防一下。”袁笑道：“你放心，派几个得力的参赞和随员，同少川一路南下，就行了。杨皙子多才善辩，路路都通。有他到处鼓吹，又加上一个汪精卫，挂着革命党的招牌替他附和，我包管一往顺利。”果然杨度到上海以后，极其活跃，逢人便说：“这次议和，不是民军与清室问题。而是民军与袁世凯问题。只要把袁世凯拉拢了，一切事都可迎刃而解。”这一段话，娓娓动听。由此和议问题，着重在袁世凯身上，拿清室的皇帝，来换取民国的总统；两方面都抓住这个题旨来做文章。

唐绍仪一行到汉 唐绍仪奉命南下，除带着前邮传部大臣杨士琦、学部侍郎严修及杨度而外，并由京官中挑选各省代表二十余人。计为直隶于邦华、奉天绍彝、吉林齐忠甲、黑龙江庆山、河南陈善同、山东侯延爽、山西渠本翘、陕西雷多寿、甘肃刘庆笃、四川傅增湘、江苏许鼎霖、湖南郑沅、江西蔡金台、安徽孙多霖、浙江章宗祥、广东冯耿光、广西关冕钧、湖北张国淦、云南张锴、贵州蹇念益、蒙古熙钰等，此外还有随员多人，于十月二十一日（12 月 11 日）上午十一时，到达汉口大智门车站。清军往迎者，有军统冯国璋，新任汉黄德道黄开文等，及英国驻汉代理领事、英舰长、英居留民团长等。唐绍仪偕参赞下榻于英民团公所内，其随员及各省京官代表等共七十余人，则宿于太平街嘉宾酒楼。又二日，复到委员多人，同行者有《泰晤士报》北京通讯员摩理逊博士。次日午刻，由英代理领事及英舰长陪同代表参赞等渡江，至武昌织布局，与都督黎元洪接谈约半小时。黎主张在汉口开会。即日电沪，请伍代表廷芳来鄂，并派江苏来鄂之代表雷奋往迎。但在沪之各省代表，开会讨论议和地点问题，对于赴鄂开会之说，全体反对。谓汉阳失守，民军新遭挫折，若赴鄂议和，等于城下之盟，大不可也。其时各国驻沪领事，亦盼在沪谈判。因由英代理领事致电英公使朱尔典转商袁世凯，命唐来沪。唐即于二十四日（12 月 14 日）乘洞庭号轮船往沪，黎元洪派王正廷、胡瑛同往。

在沪举行之正式会议　唐绍仪一行，于十月二十四日在汉口起程，二十七日（12 月 17 日）到达上海。由驻沪英领事介绍，寓于英人李德立之住宅。定以英租界南京路的市政厅为会议地址，名曰议事厅。李德立住宅为一高大洋房，在戈登路尽外，门牌三十号。与唐同住者，只有记室俞琴贻。其住处，由英捕房保护，门首有印捕多人，荷十响快枪站岗，并有便衣暗探多人。防卫十分严密，所有中西宾客，均不接见。其参赞随员，皆寓于静安寺路之沧州旅馆。二十八日午后，唐绍仪与伍廷芳会于议事厅。厅前立西捕及印捕二十余人，便衣侦探多人。一点半钟，禁止行人行走，两点钟时，有汽车开到，内坐李德立、唐绍仪及唐之随员二人。少顷，又来汽车二辆，每辆有清代表二人。二点零五分钟，伍廷芳、王正廷、胡瑛等八人，乘马车至。厅中设长桌，两总代表上座，左为伍廷芳，右为唐绍仪。左列各座，皆伍之参赞，有温宗尧、王宠惠、汪兆铭、钮永建四人。右列各座，皆唐之参赞，有杨士琦、许晟霖、严修、杨度等数人。王正廷、胡瑛，坐于两代表对面。会议时，参赞、随员皆不能发言，只能以书面与其总代表笔谈。此外参预和议者，除李德立外，尚有各国领事。少顷，开会。唐绍仪及伍廷芳分别致词毕，互将所得之全权代表委任书交换审阅，遂坐定开议。伍廷芳说："从十九日停战以后，凡湖北、陕西、山西、山东、安徽、江苏、奉天各省，均应一律停战，须得切实回电，始能正式开议，如开议后，再有此等事情发生，须将擅自行动的军队，严重处罚。请唐代表电袁内阁总理照办。"继续讨论和议，条件如下：一、废除满洲政府；二、建立共和政府；三、优给清室岁俸；四、优恤年老贫苦的满人。十一月一日（12 月 20 日）袁世凯复电云：“艳电悉。停战命令，早经通饬湖北、山西、陕西、山东、安徽、江苏、奉天等省均归一律，自无疑义。倘于开议期内，有擅自行动之军队，定行处以重罚。至山西、陕西两处，彼因电报不通，属为转电，顷为照转，望即告前途为要。凯。”又接第二电云：“艳第二电悉。各军队已迭电饬，认真遵守信约，停止进攻，静候解决。凯。”当时即以世凯复电通知伍廷芳及各领事，定于午后第一次正式会议。

各领事之意见书 十一月一日午前，驻沪之德、美、英、法、日、俄六国领事，乘皮篷马车，联行过市，行驶甚速。从爱文义路出来，先赴英人李德立家，访唐绍仪，到时才十一点钟。唐绍仪接见时，领事声言，奉本国命令，前来“劝告”议和。由德国领袖领事娄黎致意见书。其他领事，亦各以意见书递交，措词是一致的。文曰：

> 驻扎北京德国公使馆，曾奉本国政府训令，向各议和使陈述私见。德国政府，以为中国如果继续战争，不特有危于本国，并有危于外人之利益与安宁。现德国政府依旧严守中立。但不得不尽义为私交上之忠告，愿两议和使设法将战争早日消灭，从两造之所自愿者，办理一切事宜。有厚望焉。

唐绍仪接受领事意见书，乃致答词道：“承诸贵国如此关怀，吾甚感厚意。吾知伍廷芳博士亦必与吾同情。”各领事再至伍廷芳处，同样将意见书宣读。廷芳答道：“诸君所述意见，当于议和时提出讨论，以副美意。”计两次相会，所费不过三十分钟。

会议中之国体问题 十一月初一日各领事送达意见书归去后，伍唐两代表即于午后开第二次会议。英总巡勃罗、捕头琼生，均亲自莅会，工部局议长葛兰亦到。两方代表，于两点钟前到齐，即入席开议。先以停战期限于十一月五日结止，现又续议停战七日，自十一月初五日（12 月 24 日）上午八点钟起，至十一月十二日（12 月 31 日）上午八点钟止。期内，两军于各省现在用兵地方一律停止进攻，两代表皆承允电告。再议中国国体问题，唐问伍意见如何？伍答道：“全国人心，皆倾向共和。此问题不尽先解决，即无法进行会议。或谓改为共和，于满人不利。不知我等今日，欲合汉、满、蒙、回、藏为一共和国，岂有摈斥满人之理？所欲去者，一君位而已。关于皇室之待遇，亦必从优，至于满人与汉人权利，一切平等。可见共和于满人实为有利。此意不但望各位赞成，且亦望袁世凯君赞成。盖彼此均为中国人也。”绍仪曰：“今欲和平解决，非共和不可，我实有此心。至于如何办法，须彼此商量。盖须使东三省及蒙、回、藏完全无缺，才可以保中国。”伍说：“所谓共和国，非指十八省而言，乃指全国而言。东三省及蒙、回、藏必须列于共和国之内，决不放弃以授外人。总之，承认共和，则各事易商。”唐道：“我虽为全权代表，但此事甚大，须先电达袁内阁。俟回电后，再行通知会议。”议毕。两代表互相签字。散会后，唐回到寓所，立即发电，请袁内阁转奏。并请即日明降谕旨，命内阁总理大臣，召集国民会议，将君主民主，付之公论；一面将汉口、汉阳所有军队，一律撤回。电中有孙中山先生挈带巨资，偕同泰西军官回国等语，均系恫吓清廷之词，并非事实。盖欲清廷就范，则和议易于完成也。清廷接得此电，即开御前会议。载涛与毓朗二人，均表示反对，奕劻则主张允唐所请。因于初九日下谕，召集国会，公决国体问题。并命内阁迅拟选举法施行。袁世凯即据以电复唐代表。唐代表接电，即据以通知伍代表，于初十日（12 月 29 日）开第三次会议。

和议中之国会召集问题　国体问题，须由国民会议解决之，业由双方代表承认，自无异议。惟有待解决者三事：第一、为国民会议之产生方法。伍代表主张以现时在沪之代表充之，所缺北方数省，即速选派，不必另定选举法。二、国民会议进行之程序。伍代表主张代表省份有三分之二到，即开会。唐代表说：“此为全国大事，必须全国各省均到齐，始能开会。如三分之二之省份为言，即显示东三省、直、鲁、豫、满、蒙、藏不必列入，我反对。”伍说：“并无此意，可电催速派代表到会。”三、会议地点。伍代表主张在上海，唐主张在胶州、烟台、威海卫等中立地界；结果，仍决定上海。是日，由唐电袁请示，次日开第四次会议。签定下列各款：

一、国民会议，由各处代表组织。每一省为一处，内外蒙为一处，前后藏为一处。

二、每处各选代表三人，每人一票，若有某处到会不及三人者，仍有投三票之权。

三、开会日期，如各处到会人数有四分之三，即可开议。

四、各处代表，江苏、安徽、湖北、江西、湖南、山西、陕西、浙江、福建、广西、广东、四川、云南、贵州，由中华民国临时政府发电召集；直隶、山东、河南、东三省、甘肃、新疆，由清政府发电召集。并由民国政府电知该省咨议局；内外蒙及前后藏，由两政府分电召集。

十二日开第五次会议。唐伍两代表又同意签定五条款如下：

一、山西、陕西由两政府派员会同前往，申明和约。

二、张勋屡次违约，且纵兵烧杀奸掳，大悖人道。由唐代表电知袁内阁查办。

三、皖、鄂、山、陕等处清军，五日之内退出原驻之地百里以外，只留警察保卫地方，民军不得进袭。须由两方军队，签字遵守。

四、国民会议，在上海。开会日期，定十一月二十日。唐代表电袁内阁，从速电复

五、上海通商银行日前收存南京解银一百余万元；现在两方代表议定，将此款拨出二十万元，交与华洋义赈会，为各处义赈之用。

唐绍仪解除全权职务　正在召集国会双方意见接近的期间，袁世凯忽得电讯，南京正准备选举总统，组织政府，不禁大吃一惊道："他们这样做法，将置我于何地。"愤怒之下，计上心来。当即电诘唐绍仪，声明十一日以后之签字各款为越权，万难承认。唐即电京，辞去代表职务。袁世凯即复电准其辞职，一面径电伍廷芳，谓以后议和之事，由内阁直接主持。伍请袁到上海，袁亦请伍到北京。往返电商，无法解决；和议遂陷于停顿。唐绍仪的"仪"字，原因避溥仪的讳，改为"怡"字，至此辞去代表职，依然改称"绍仪"，继续斡旋和议。他料定袁世凯此时不过讨价还价，和议是不会决裂的。

第十八章　组织临时政府的波折

黎元洪通电号召　武昌首义，各省纷纷响应，本当组织临时政府，以便集中力量，与清政府抗衡。因而黎元洪于九月二十日（十一月十日）发出通电如下：

> 大局粗定，非组织临时政府，内政外交均无主体，极为可危。前电请速派妥员，会议组织，谅达尊鉴。惟各省全体委员，一时未能全到。拟变通办法，先由各省电举各部政务长，得择其得票最多者来鄂，以政府成立，照会各使领，请各本国承认，庶国基可以安定。敝省拟中央政府暂分为内务、外交、教育、财政、交通、军事、司法七部。其首长条件，以声望素著，能出而任务者为必要，盖非此不足以昭中外之信用也。现除外交首长多数省分已举伍廷芳、温宗尧二君外，其余首长，应请协举电知。俟汇齐后，其得多数票选者，一面电聘，一面通告。时事迫急，希即召集会议举定。再财政首长，敝省拟举张謇，并万祈速复。

各省代表集议上海　九月二十一日，江苏都督程德全、浙江都督汤寿潜、上海都督陈其美联合发出通电，请各省推举代表集议上海。其文略曰：

> 自武昌起义，各省响应，共和政治已为全国所共认。……吾国上海一埠，为中外耳目所寄，又为交通便利不受兵祸之地。急宜于上海设立临时会议总机关，磋商对内对外妥善办法。以期保疆士之统一，复人道之和平。务请各省举派代表，迅即莅沪，协

商集议方法。

集议方法：

一、各省咨议局，各举代表一人。二、各省现时都督府，各派代表一人，均常驻上海。三、以江苏教育会为招待所。四、两省以上代表到会，即行开议。续到者，随到随与议。

提议大纲：

一、公议外交代表。二、对于军事进行之联络方法。三、对于清皇室之处置。

通电发出之次日。又以江苏都督府代表雷奋、沈恩孚，浙江都督府代表姚桐豫、高尔登联电催各省代表来沪，并请公认伍廷芳、温宗尧为临时外交代表。九月二十五日，开第一次会议，决定名为各省都督府代表联合会。会所仍设上海，并电武昌即派代表与会。而公认武昌为民国中央政府，以鄂军都督执行中央政务，并请派公推之伍廷芳、温宗尧为民国外交部正副部长。

各省代表移汉开会　十月三日，鄂代表居正、陶凤集到沪，请各代表赴鄂，组织临时政府。一时应召赴鄂的，计有江苏雷奋、马君武、陈陶怡，浙江汤尔和、陈时夏、黄群、陈毅，福建潘祖彝，山东谢鹤焘、雷光宇，安徽王竹怀、许冠尧、赵斌，湖南谭人凤、邹代藩，广西张其锽，四川周代本，直隶谷钟秀，河南黄可权，湖北时象晋、胡瑛、王正廷、孙发绪等。其时正值汉阳失守，武昌全城皆在龟山炮火威胁之下，因假英国租界之顺昌洋行，为代表会所。初十日（11 月 30 日），开第一次会议，推谭人凤为议长，由雷奋、马君武、王正廷起草中华民国临时政府组织大纲。

政府地点改设南京　汉阳不守，南京克复，各代表又离汉往沪，决定将临时政府地点移到南京。十月十六日，各省代表齐集于江苏教育会，讨论当前局势，佥谓南京虽然攻下，军政太不统一。江苏原有军政府，扬州、无锡、松江均有军政分府，群雄分据，各不相下。程德全虽名为都督，实则徒拥虚名，应急选举大元帅，以资统慑。适黄兴抵沪数日，一切军事，无形中集于彼之一身。因提议投票，选为大元帅，大家均极赞成。果然开票结果，黄兴当选为大元帅，黎元洪当选为副元帅。即以大元帅名义，组织临时政府。经上海都督陈其美、九江都督马毓宝通电报告。黎元洪得讯，即通电各省，表示反对，云：

> 各省代表均到鄂，议定临时政府组织大纲，并定期在南京，公举临时大总统，组织临时政府。经敝处通电各省，谅已达览。现忽据来电，称沪上有十四省代表，推举黄兴为大元帅，元洪为副元帅之说。情节甚为支离。如实有其事，请设法声明取消，以免淆乱耳目。黎元洪印。

武昌为首义地方，黎元洪为首义都督，有此反对的表示，当然不能漠视。代表团中，也有同情于黎元洪的，主张将选举案推翻，重新再选。黄兴闻此消息，就于二十六日（12月16日），通电辞职。二十七日，代表团在南京开会，又改选黎元洪为大元帅，黄兴为副元帅。这次开会选举，代表等都认为选举随便推翻，事同儿戏，会场发生激烈的争论。有人提出折衷办法，谓黎元洪为大元帅，势不能离开武昌来到南京就职，就让他落得大元帅的头衔，由黄兴代理吧。虽有此议，但未经大众表决，相率散会。代表等以组织临时政府刻不容缓，若往复拖延，深恐贻误大局。因派湖北代表时象晋、陶凤集回鄂，向黎元洪疏通说："大元帅已经改选了。公为正，黄为副。湖北的面子总算挽回过来了。不过武昌军事重要，都督势难远离。因于组织临时政府大纲内，增加一条云，临时大总统未举定以前，以大元帅代行其职务；若大元帅不在临时政府时，即以副元帅代行其职务。这是名实兼顾的办法。都督于意云何？"黎元洪听着此言，才满口应允了。上海都督陈其美为黄兴布置行辕，以便开始办公，好布置军事，调遣队伍。黄兴说："我们革命，不是争权位的。我岂但不代理大元帅，连副元帅我也不就。孙总理快要回国了，横竖是要选举总统的，急什么。"有了这个波澜，临时政府的组织，就无形搁浅了。然而黎元洪远在武昌，发号令、出布告，都用大元帅名义。直至孙中山先生就总统职，以至辞总统职，他还是用的大元帅名义。

孙中山先生回国　辛亥秋间，孙中山先生住在美国，轻装游历，从者只朱卓文一人。途中得黄兴密电，以密码本不在囊中，无从译出，姑置之。次日晨，就旅舍早餐，见案上早报载武昌独立消息，即告朱卓文返寓，检出密本，将黄兴的电报翻译出来。原来也是报告武昌新军举义事，孙先生遂决定偕朱卓文由欧洲返国，当即由纽约动身，乘亚特亚底格船，于公历十一月十号，到英国苏旦德登岸。改乘火车，前往伦敦，住于克乐司车站附近之一大客栈中。其时伦敦各报，转载有汉口大汉报之孙大总统劝同胞书。因而伦敦外交界与经济界，都到孙先生寓所访问。孙先生就乘此机会，打消清廷所订结的币制借款及湖广债票发行等案，复要求英国接受中国新政府的交涉。不久孙先生由英到法，过巴黎，旋即由马赛乘英公司船往香港。广东首义同志谢良牧在香港候迎，胡汉民也到港欢迎，告以国内情形，须急应上海之请，组织统一政府。孙先生即依从同志之议，在广州绝无停搁，偕胡汉民等径驶上海。黄兴、陈其美及各省代表，齐往三马路海关码头迎接。船抵岸时，岸上中西人士，脱帽欢呼，声震天地。孙先生起岸，寓于宝昌路，车马盈门，日不暇给。有同志问道："传说总理回国，带有许多款项及军用物回来，是否属实呢？"孙先生笑道："我带着全副革命精神归来，这是可以告慰的。"

各省代表由沪赴宁 在上海之各省代表，因为草定了临时政府组织大纲，决定了南京为临时政府所在地，遂于十月下旬，纷纷前往南京。计有湖南代表宋教仁，奉天咨议局代表吴景濂，直隶咨议局代表谷钟秀，福建代表潘祖彝、林长民，九江都督代表林森，江北代表马良、王照，江苏代表雷奋、赵凤昌，浙江代表汤寿潜、汤尔和、黄群，广西代表马君武，广东代表丘先庚、赵士北，四川代表周代本，山东代表雷启宇，云南代表吕志伊，山西代表景耀月，贵州代表平刚，安徽代表郑赞丞，湖北代表杨时杰、居正。在沪宁车中，有一个口操福建音的英雄，指着林长民私向居正问道："他是何人？你认识否？"居正说："我和他不大熟悉，只晓得他是林长民。"及晚车抵南京，下车时，枪声一响，林长民遇刺未中。后来打听那一位放枪的福建英雄，原来是同盟会员。因为林长民是立宪派的人物，素来反对革命，在此选举总统期间，恐其秘密运动，将不利于同盟会，故有此刺杀之举。

哈同花园的宴会　十一月初七日（12 月 26 日），黄兴及陈其美、宋教仁等，宴孙中山先生于哈同花园。席次，密商举总理为大总统，众无异议。晚间，又至孙中山寓处，会商政府组织方案。宋教仁主张内阁制，孙中山力持不可。黄兴劝宋勿坚持，宋不允。黄说："俟我到南京征询各代表意见，再作决定吧。"

代表会之决议案　十一月初八日，黄兴乘专车抵宁，驻丁家花园。晚间赴江苏咨议局代表会，首由黄兴提出三案：一、改用阳历；二、起义时以黄帝纪元，今应改为中华民国纪元；三、政府组织，取总统制。经众讨论，第一、第二两案并为一案；惟民间习惯已久，且关系于农村之农事兴作问题，当于阳历下注明阴历节序，全体赞成。第三，总统制与内阁制案，宋教仁犹持前议，讨论颇久。黄兴说明提案理由，多赞成总统制，照提案通过。次由宋教仁提议，临时政府组织大纲，既已决定，应即按照大纲选举临时大总统；隔日举行，即由代表会准备一切。众无异议，散会。

孙中山当选大总统　十一月初十日，午后一时，各代表齐集会场，由浙江代表汤尔和主席。将开会时，湖南代表谭人凤，自湖北来，赶入会场，精神百倍，登台报告武昌防守经过，群鼓掌欢悦。下台时，密笑向湖北代表居正道："你是湖北人，当然要举黎元洪呀！"居答道："当然的。"少顷，主席汤尔和报告开会，命秘书长宣读上次通过之临时政府组织大纲，说明今日按照大纲选举临时大总统，计到十七省代表，每一省代表，无论若干人，当推一代表，书一票，选举不记名。众无异议，命秘书散票。谭人凤高声呼道："湖南代表的票，给我"，秘书与之。以次投票毕，由主席指定监票人开票。结果，孙文得十六票，黄兴得一票，合十七票，而不及黎元洪。因为候选人有三人，黎居其一，其余则为孙黄。何以黎具有候选人的资格，竟不能获得一票呢？由此可以想见当时多数代表的心理。各代表多不属同盟会会员，而能尊重同盟会的系统，并承认辛亥革命完全为同盟会主持的。这是公论，这是事实，不是任何人所能篡夺的。

孙总统赴宁就职　选举完成后，即由代表会电上海，请孙总统入都就职，并派汤尔和到沪迎接。上海都督陈其美派马队护送，沿途军队及绅商人民来送者人山人海，拥挤非常。开车时，送者皆脱帽为礼，总统亦还礼。沿途各站，“共和万岁”的呼声，闻于数里。花车到南京，总统下车与各欢迎人握手为礼，改坐蓝色绣花彩绸马车至总统府，由黄兴、徐绍桢迎入。夜十时，在大公堂行接任礼。代表团推举景帝召（景耀月）报告选举情形，大声昭告于众曰：“今日之举，为中国五千年来所未有。我国人所希望者，在共和政府之成立，及推倒满清专制政府，使人人享自由幸福。孙先生为革命创始之人，富有政治学识。各省公民选定后，今日任职。愿孙先生始终爱护人民自由，毋负全国人的期望。请大总统就职，宣读誓词。”景帝召退，即由孙大总统大声宣读，其词曰：

> 颠复满清专制政府，巩固中华民国，图谋民生幸福，此国民之公意，文实遵之，以忠于国，为众服务。至专制政府既倒，国内无变乱，民国卓立于世界，为列邦所公认，斯时文当解临时大总统之职。谨以此誓于国民。

读毕。景帝召捧着大总统印信，送于大总统座前，大总统接受。其印文为“中华民国时临大总统之印”。当取出宣言书，将印盖上，由胡汉民代读。读毕，各界推徐绍桢读颂词。读毕，总统致答词。众呼“中华共和万岁！”散会。时为辛亥十一月十三日，即一九一二年一月一日。

通过阁员并选副总统　总统就职之次日（阴历十一月十四日——1912 年 1 月 2 日），代表会开会，孙大总统出席。按照临时政府组织大纲，各部长由总统提出，须得代表会之同意。先由代表开谈话会，总统交出部长名单，交换意见。当时，初提黄兴陆军，黄钟瑛海军，王宠惠外交，宋教仁内务，陈锦涛财政，伍廷芳司法，汤寿潜交通，张謇实业，章炳麟教育。代表中有一派反对宋教仁、王宠惠、章炳麟者，又有以伍廷芳改外交者，争持不决。继由黄兴与总统商，以宋教仁主张初组政府，须全用革命党，不用旧官僚，理由甚充足，但在今日情势之下，新旧交替，似难过于操切；计不如部长取名，次长取实。改为程德全长内务，蔡元培长教育，秩庸（廷芳字）与亮畴（宠惠字）对调。总统曰：“内教两部，依兄议。外交问题，我欲直接。秩老长者，诸多不便，故用亮畴，可以随时指示，我意甚决。”乃复商代表会，外交司法勿变更。黄兴复出席代表谈话会，以所改名单及总统意告之，众无异议。乃移开正式会，按照提出名单，投同意票，一致通过。其名单如下：

陆军总长黄　兴	次长蒋作宾
海军总长黄钟瑛	次长汤芗铭
司法总长伍廷芳	次长吕志伊
财政总长陈锦涛	次长王鸿猷
外交总长王宠惠	次长魏宸组
内部总长程德全	次长居　正
教育总长蔡元培	次长景耀月
实业总长张　謇	次长马　和
交通总长汤寿潜	次长于右任

各部长同意票通过后，黄兴以武昌首义的人无一人参加政府，恐其啧有烦言，乃示意代表会选举黎元洪为副总统。是日开副总统选举会，黎元洪果然当选了。

第十九章　和议期间之武昌政局

孙发绪反对南京　在副总统尚未举定以前，黎元洪对于南京，希望很少。料定大总统一席，非孙中山莫属；副总统一席，未必能争得过黄兴。故对于临时政府的组织，不感兴趣。其左右亲信的人，对南京多抱怨望，说总统所提的正次部长，除了居正是同盟会的老资格，得了一个次长而外，再没有武昌起义的人。尤其是安徽人孙发绪，更利用机会，挑拨其间，怂恿黎元洪和孙武一班人，反对南京政府。他说："孙文说话，完全是骗人的。从欧美回来，想做现成的总统，声称有几多借款、有几多军火、有几多华侨的捐款、有几多外国军官，其实百无一有。只带着一个残废的美国人，冒充美国将军。此次组织政府，所用的人，都是他从前打滥仗的朋友。我们万不可同他联合。免得陪着他一路垮台。"这一席话，把黎元洪说动了。及黎元洪当选副总统，湖北代表杨时杰将副总统的文凭和印信送到武昌，黎接着，极其欢悦，在都督府中，设宴款待杨时杰。席间有胡瑞霖、孙武、刘成禺等，也都是从南京失意回来的，加入宴会。宴毕，即开会议。孙发绪又发言道："南京的临时政府，开场一出戏，就是以湖北的矿产和赋税抵借外债。大家意见如何?"孙武说："岂有此理。我等用湖北全体名义，通电反对。"杨时杰道："孙发绪是安徽人，尚知爱护我湖北，我是湖北人，难道不爱护湖北吗？但是我从南京来，这件事毫无所闻。"孙武说："我听人说过的。无论如何，非反对不可。"时杰拍案道："现在和议未成，敌人未走。我们刚组织的中央政府，敌人倒还没有反对，你们就首先反对起来。这不是破坏革命的阵营，替敌人张目吗？我不署名，谁敢用全体名义！”孙武道：“我用个人的名义反对。”时杰道：“那可以由你。可是你不能用军务部长的名义。你不能在报上发表。因为军务部，是革命的机关，《中华民国公报》，是革命的报，不是你个人可以利用的。”两人越争越激烈，几乎要动起武来。还是黎元洪居中调解说：“用不着打通电，我们去电忠告就行了。”因为他得了副总统，正在高兴之下，所以乐于得做个调人。然而武昌同南京，就此发生裂痕了。物必先腐也，而后虫生之；无论为战为和，还会有好结果吗？

蔡大辅枪击孙发绪 因为孙发绪勾结北廷，充当间谍，时常在黎元洪面前诽谤南京政府。都督府的同盟会分子，闻之愤懑异常，在斗级营民心报馆集议，筹商对付的方法。蔡大辅说：“他有通敌的证据，落在我的手中。马上在都督府开会，是要当众宣布的。”查光佛说：“宣布有何益处？”大辅说：“通敌有据，杀他的头。光佛说：“他是都督的红人，又是孙部长的本家。有人庇护，你杀得了吗？”杨王鹏说：“ 顶好是乘其不备，拿一管手枪，将他扣了，再宣布他的罪状，那才干脆。”光佛说：“说倒容易。哪个肯干？”大辅说：“我要有手枪，这时就干！”光佛从身旁掏出手枪给他，道：“现成的手枪在此，子弹装得满满的。这是一支德国造，再灵便没有。”大辅毫不犹豫地接着，出了斗级营，一直进都督府，同志们都跟上去了。这时都督府，已经由昙华林迁到旧藩署，正在南楼洞对门，离斗级营很近。大辅一鼓作气，跑到孙发绪的办公室。孙发绪起来迎接道：“云舫（大辅字）来了，请坐。”大辅一言不发，当头就放了一枪。哪晓得大辅并不会放枪，子弹射出去，太不准确。射在窗户上，把玻璃打成粉碎。再放第二枪时，心也慌了，手也有些发抖，扳不动枪机。发绪放声高呼道：“救命！”登时来了两个卫兵，将大辅拦腰抱住，扭到黎元洪的签押房。参议厅的一般同志们听得呼声，晓得蔡大辅事已失败，计有张廷辅、李基鸿、丁人杰、李作栋、杨王鹏、马伯援、查光佛、蔡济民、蒋翊武等，都跟进去了。看见孙发绪在黎元洪面前跪着哭道：“蔡大辅在这里公然行凶，目中没有副总统了。请副总统作主。”黎道：“这……这……这成甚么事体。”发绪说：“他是汉奸，应以汉奸治罪。”大辅道：“我……我……我就是要杀汉奸的。”大辅口讷，说不出甚么理由。丁人杰、李基鸿、马伯援三人，乃据实数发绪罪状。众说：“非杀不可。”张廷辅主张更力。黎见事实昭彰，也无法替他辩护，但是一味地支吾其词，不肯下手谕，交军法处。李作栋见黎有难色，乃对众排解道：“现在暂且不杀，定为永远监禁何如？”黎说：“好。就是这样办。”即命卫队送到军法处收监。然后向大辅道：“云舫，孙发绪诚然不好，你也就太无法纪了。这是甚么时候，我这里是甚么地方，你拿着手枪，随便打人。凭大家同志说，应该怎办？”蒋翊武说：“他今天吃醉了酒，有些举动失常。记他一次大过，戒之以后吧。”黎说：“好，你把他带下去，好生开导他就是。”这一段风潮，算是两面敷衍下去了。

杜锡钧为孙武划策　杜锡钧，北直人，其叔父曾任第八镇标统。杜依叔成立，在工程营当哨官，后送日本留学，毕业于士官学校。回国后，在湖北服务，曾充任管带。武昌首义后，为军令部长，常奔走于黎元洪与孙武之间，很获得他们的信任。孙发绪被押后，黎闷坐在签押房中，怒容悻悻然。杜进去，向黎安慰道：“副总统不要生气。他们这样胡闹，总归是要杀头的。”黎道：“也罢，这都督我也不用做了。自从起事以来，我哪一天不是过的这样日子。他们都想做都督，把都督就让给他们。我做一个不负责任的副总统，倒清静得多。”杜说：“只有一个都督，想的人太多了，让给谁呢？我看让是笑话，为副总统设想，趁这时候，可以大刀阔斧地干起来。自古道‘当权者贵’，权是不可放松的。袁世凯为甚么‘抖雄’，还不是仗着兵权在握吗？现在和议未定，正可借备战的名义，把军队扩充起来。尽管当选了副总统，大元帅的名义，千万不可取消。各省来鄂的援军，编遣和节制的权，都在大元帅手内。不过高级官吏，多物色几个亲信的人。有了兵权，谁个敢不服从呢？”黎道：“是的。你是我亲信的人，我不妨直对你讲。关于军队扩充的事，我同吴兆麟已经计划好了。将武昌防御线第一、第二、第三区司令，改为鄂军第三镇。外加混成第八协，一个机关枪营，一个督战敢死队，两个护军队，一个卫生队，由吴兆麟统率，称为北伐军第一军总司令官。以后要不打仗呢，再统计湖北所有的军队，我估量一下，可以编成八个镇。兵也有，械也有，就是要物色几个稳重可靠的长官。那一些起义的小孩子们，都不能胜任，而且是靠不住的。”杜说：“吴兆麟确是很好。不过……”黎说：“你有意见吗？”杜说：“我对他并无意见，不过孙尧卿此时很想这个位置咧。”黎说：“不会的。一则他是书生，哪里能带兵打仗。再则三个防区的军队中，下级官长有好多文学社的人，他也带不了。三则他舍得军务部吗？万一他认真要干，由他干就是。吴兆麟是自己人，好商量的。你呢，我将来要大大地借重你，有机会再说。”杜谢道：“承副总统栽培。”说完出了都督府，一跃上马，赶到军务部。见着孙武就说：“糟了，糟了。”孙武说：“有甚么事？”杜说：“我昨晚不是同你谈过吗？副总统要腾出都督的位置。继任的人，非你莫属。可是吴兆麟的兵权太大，怕你争他不赢；现在他更高升了。”孙说：“我早已得信，他升了第一军总司令官。是不是？”杜说：“是呀。这位子多重要哇！”孙说：“那是调出去打仗的，正同调虎离山一样。要甚么紧。”杜说：“有甚么仗打？民军也想和，袁世凯也想和，外国人也逼着要和，和定了。这里调兵遣将，不过是一种姿态吧。哈哈哈，你真是书生之见，把假的当作真的。”孙说：“既是这样，那末，吴兆麟做总司令官，我反对。”说着，即出了军务部，去见黎元洪。问：“第一军总司令官，副总统委了人没有？”黎说：“已经委了吴兆麟。我不是同你谈过吗？”孙道：“不行。我当军务部长，同所辖的军队很少联系。所以人事的调动，军需的支配，有很多掣肘的地方。我想趁此机会，做一任总司令官，也好取得实际的经验，横竖是不会打仗的。我以部长兼任，有何不可？万一打仗，部长也有人代理了。——我从前到上海去，不是蔡幼襄（济民字）代理吗？”黎说：“别人要干，那是不行的；你要干，就给你干。吴兆麟有现成的参谋部长给他，他一定愿意。”说着，即吩咐秘书，速办两封委札，一封委吴兆麟为参谋部长，一封委孙武为北伐第一军总司令官。当天就分送了。吴兆麟正在司令部布置军队出发事，忽然又接到这封委札，即亲自打电话问黎道：“一天之间，两次改委。朝令夕改，事同儿戏。副总统是听了谁的话？黎答道：“对不起。因为孙尧卿来到这里，硬要这个总司令官的名义。我想这是临时的任务，他要，就给他。将来八个统制，还少得你吗？你不要生气，我想你定能原谅我。”兆麟说：“我并不是争位置，是恨的那一般小人。”说到这里，负气的把电话挂了。接着，就派一传令兵，将委札退回都督府。次日（1912年1月13日），总监察刘公偕同协统王安澜，到洪山宝通寺总司令部去见吴兆麟，说："副总统听着小人之言，把命令当作儿戏。临作战的时候，随便地更换总司令官，这简直是闹笑话。我看你不要办交代，看尧卿怎样下台。"兆麟笑道："我昨天是有点生气的。转念一想，怕使副总统为难。横竖事闹穿了，孙尧卿也不好来接。就是来接，他也未必干得了。不过无论他接与不接，我已经打定主意，决计不干的。尧卿这样的作法，恐怕革命党的几个同志都要同他绝交了。"刘公主张由吴兆麟以总司令官的名义，驱逐黎元洪身边的几个小人；兆麟不可。这个消息，传到孙武耳里，孙武有些懊悔，把杜锡钧找去商量。杜说："你不干，吴兆麟也是不会再干的。为顾全面子起见，请你推举一个亲信的人，继任此职，谁敢说一个不字。"孙武曰："诺"，即与黎元洪商议，以杜锡钧任北伐第一军总司令官。兜了这个大圈子，把总司令官弄到手来。杜锡钧的手段，狡猾极了。由此武昌军界中，又造成孙武与吴兆麟的矛盾。

蒋翊武住宅被查抄 共进会与文学社在首义的秘密运动期间，经过刘尧澂、陈铁侯等之努力斡旋，而融合无间。自从宋锡全被杀后，又开始破裂起来。蒋翊武任护理总司令官，没有几天工夫，军务部就捣弄玄虚，把谭人凤拉上台。不上五天，又捣弄玄虚，把谭人凤挤下台去。这明是兜个圈子，好排除蒋翊武的。翊武在湖北军界，是有一部分潜势力的人，怎能够自甘寂寞。黎元洪窥知其隐，因命为江汉招抚使，以招抚清军之有民族思想者。蒋因此携带巨款，在汉口设立招抚机关。孙武忌之，谓翊武携去之款，均作为购买军械扩充私人实力之用。据报告，其汉口住宅存有现金及枪械甚多，并有组织军队的准备。其居心叵测，可以想见。因此都督府立派稽查处刘有才带着稽查队，于半夜三更时分，将翊武的住宅彻底查抄；实则一无所获。翊武到都督府向黎辩白道："我汉口住宅，业已查抄，只有将家眷搬到斗级营来，请都督府随时派人监察可也。"自此招抚使署宣告结束，又加深蒋翊武与孙武的矛盾。

张振武赴日买军火 当黎元洪弃城出走期间，武昌一座孤城，危险至极。其时坐镇武昌，巡查防地，除刘公及蔡济民而外，军务部长孙武和张振武之力居多。孙、张二人，都是共进会的人，患难相共，感情极其莫逆。不过战事既停，各人有各人的利益打算，冲突的地方，就渐渐发生了。停战的初期，张振武向黎元洪面陈道："现在武昌军火因为失去了汉阳的供应，就感觉缺乏了。设若停战期满，再行续战，没有补充的军火，其何以抵御敌人。请饬财政部暂拨现银四十万两，我亲往日本购买军火，何如？"黎答道："这是大事情，应该赶紧办的。"当即派张振武赴日本，并拨银四十万两，由振武携去。杜锡钧闻此消息，向孙武郑重讲道："你又增加一个敌人了。张春山（振武字）此去日本，买得军火回来，一定要招兵买马，扩充他个人的势力。他性情暴躁，而又多才善辩，比文学社的蒋翊武要可怕得多。为虎添翼，这一着未免失算了。"孙武也深以为然，沉默了半晌才答道："不怕，我有办法。"张振武由日本回上海时，孙武即与黎元洪商量此事，决定派几个可靠的专员，以他种名义驻沪，随时于无形之中，监视张振武的行动。并对其所购枪械，从严检点。兹将都督府与张振武之来去电报，详录如下：

张振武来电：江宽谅已抵鄂。二批军火将到沪，武等拟于二十八日返鄂。（元月二十四日到）

都督府去电：江宽运来之枪系日俄战争之废物，概不能用。如何速复。（元月二十八日）

张振武复电：此次枪械到沪，当请丁复君往吴淞检验，因只有数箱旧物，尚属可用。已罚银万两。今既如此，只好赶办交涉，竭力相争。（元月二十八日到）

都督府去电：所购之枪，系日俄战争时日本所得俄国废枪，全不适用。不特虚縻鄂款，亦且贻笑外人。宜速与前途交涉更换，为盼。（元月二十八日）

张振武来电：现到机关枪弹及七生的五日本速射炮弹，均全。请速另汇八万五千两找价，免延认罚。（元月二十九日）

都督府复电：所购到鄂之枪，已经试验，均系废枪，不能适用。尚须速向该商严重交涉退换。又据来电，所购枪炮子弹均已到沪，须汇银八万五千两，但不知所购之炮弹机关枪及子弹各若干？已付银若干？尚欠款若干？分别电复。即将所购之枪炮子

弹，全数运鄂。俟试验后，如能合用，再行交款。庶免受欺。（一月二十九日）

都督府去电： 前所购之枪，业已试验。内有坏枪三分之一，缺刺刀者三分之二，子弹因年久药性失效不能用者三分之一。似此虚糜公款，咎将谁归？须将经手各事，清理完结，迅速返鄂，为要。（二月五日）

张振武来电： 洋商固执不允运鄂找价，并将货物搬至岸上不交。立望电汇五万两，庶可早归。否则迁延枉费，不堪设想。至前购之枪，系丁复亲验无讹，缺失之处，应询丁复（丁复系都督府所派之专员）。此次枪弹，由武验看，确系全新运鄂，如有不符，武愿负完全责任。（二月六日到）

似此雪片一般的电报，加紧地向张振武进攻。张振武是性情暴躁的人，如何受得，骂道："这一定是尧卿的主意，从中捣鬼。要我回去，老子就回去，看他把我如何？"正在发怒时，谭人凤来了，问他何事生气，他说："孙尧卿一手遮天，赶走了克强，赶走了你，赶走了蒋翊武，又要捣我的乱。你看这一封电报，气不气死人？"人凤道："你打算怎样对付？"振武道："要我回去，我就回去。他们逼人太甚，誓不与他甘休。"人凤道："春山，这可不是打架骂娘所能解决的。而且这个时候，不比武昌起义的时候，黎元洪的势力，已经造成了；他和孙尧卿已经打成一片了。你硬挺回去，不是很危险吗？为今之计，我认为湖北地方，你是站不住脚的。不如趁此时机，向外发展。"振武道："向哪里发展？"人凤道："这时候烟台独立，张广建正统带他的部队进攻烟台。因而我们政府，已经委任胡瑛为山东都督，并命令杜潜统带闽军，乘着海筹、海容、建威、豫章、通济等兵舰去援助烟台。你所购买的军火，他们认为不合，你就分一部出来，作为援烟扫北之用。将来由政府转一笔账，你的手续，也可以完结，而且你同胡经武一路北上，也有效力的地方。这不两全其美吗？"振武道："好极了。存在上海的军械，就完全拨给援烟。不足之款，你代我缴清，何如？"人凤说："行，你就据此情电复湖北都督府吧。"振武正拟电稿时，驻在上海之鄂都督府参议陈宏诰，转来都督府一电，其文及张的复电如下：

都督府去电：上海陈参议宏诰转张振武君鉴：足下购办军械，经手甚巨，仅据清册，恐难明晰。现正派员来沪接洽，务将所购军械，全数交清，再行北上为要。（二月七日）（所谓北上即回鄂）。

张振武复电：电悉。武所购枪械军衣银照杂件，造具清册，并交陈宏诰等解回。枪械因所欠余款由谭人凤君交出，已分一半作为救烟扫北之用。现两方面对象，均已下船启行，可勿庸派员来申。（二月九日到）

鄂都督府接得此电，黎元洪即召孙武商量。孙武说："这还了得。他以湖北之款购买的军火，擅自报效于南京政府，去打烟台。我反对。"黎道："这是目无政府的行为，应该重办。"正在谈时，上海联络员来了电报。

驻沪联络员电：急。张振武拟借北伐名，携械潜逃。请急电沪督扣留为要。

黎阅电向孙武道："他随着胡经武到山东去了。湖北这一笔款，算是白送了。我看他走了也好，少一个捣乱的人，湖北安静得多。"当即发出两个电报：

致上海陈都督电：顷接驻沪员电称，敝省张振武欲将所购之枪械携往他处，祈代将枪械悉数截存，并将张振武挽留。即派员接收，以保款械。

致张振武电：南北联合，烟台已无战争。所购衣物器械，望全数运鄂为要。

陈其美接得此电，晓得是湖北人内部闹意气，当然不愿过问。只有请在沪的湖北人从中调停，才把张振武劝回武昌。振武一到武昌，即至军政府向黎质问。黎说："这不怪我，你去问孙尧卿。"一口推得干干净净的。这么一来，就造成张振武与孙武的矛盾。

孙武组织民社　各省代表在上海开会时，孙武曾往上海活动，军务部一切事务交副部长蔡济民主持。因为他听信了杜锡钧之言，到上海去拉拢唐克明、石星川、陈血岑一班人，回来准备改组军队，以扩充自己的势力。一面借此临时政府的机会，也好在中央的重要官职上夺取一份。谁知事与愿违，中央政府的人选，没有他的份儿，只有邀同几个失望的湖北人一同回鄂，于是有民社的组织。其中干部，计为孙武、张振武、张伯烈、刘成禺、时功玖、饶汉祥诸人，旨在拥护黎元洪，与当时之同盟会相对立。这个民社，是撇开共进会而重新创立的，并不是继承共进会的系统而改组的。有了这个组织，共进会就起了分化。原系同盟会而加入共进会的分子，如刘公、杨时杰、杨玉如、李作栋、江炳灵、居正等都回到同盟会的阵营去了。民社组织之日，正南京政府成立之时。对于南京的一切设施，监督得极其严紧。例如汉冶萍与外人合办一事，招商局借押借款一事，合同并未订结，武昌就严电反对起来。而湖北所推举的三个参议员，且因此宣告辞职。题目虽然正大，也有些借题发挥吧。和议未成，政局未定，而南方革命阵营中，已经造成了武昌与南京的矛盾。

鼎足而三的报馆　《中华民国公报》，是军政府的机关报，其中负责人，多与孙武接近，也可以说是孙武一系的报。张振武由日本回来以后，与孙武势成水火，便离开民社，自己独树一帜，也就需要一个言论机关。在《中华民国公报》负责的张芸天，就离开《中华民国公报》，而另组织《震旦民报》于汉口英租界的扬子街。主笔的人，是邓狂言、马野马刘菊坡、方觉慧、李慎安等。这个报出版之时，可以说是张振武一系的机关报。蒋翊武在停战期间，出资创办一报，名曰《民心报》。主笔的人，是蔡寄鸥、毕斗山、毕勳武、高仲和、赵光弼等，社址在斗级营。这三家报馆，言论各不相同：《民心报》是拥护南京政府的，《中华民国公报》是拥护黎元洪的，《震旦民报》则两不偏倚，好像是超然派。但考其实际，各有一个人做后台。后台的人是谁，就是当时所说的"鄂军三武"。一、孙武，二、张振武，三、蒋翊武；也有人称之为"鄂军三虎"。黎元洪所怕的，就是他们三人，所恶的，也是他们三人。由三个报馆的言论看来，可以看出三武间相互的矛盾。

群英会驱逐孙武　群英会，是向海潜、王国栋等在秘密革命运动中的小组织，后来归并于共进会。孙武是共进会的领袖人物，为甚么群英会会驱逐他？其间也有点原因：一则民社成立，明明是拥护黎元洪的机关；因而共进会的真正革命者，相率离开，不愿意同它合作。再则孙武做了军务部长，挟黎元洪以自重，大权独揽，对同志不大重视；所以同志们怨望很多。十四标标统黄申芗，原本是共进会的人，他的标统，也是孙武委任的。其时，邓玉麟以第七协统领升任统制，而以蔡汉卿任第七协统领。黄申芗之第十四标，就是第七协之一部，同时高尚志任近卫军统制，黄申芗自觉起义功高，无论就资格与学识来说，都在他们之上，所以得了标统，心内还是不安。然而接事之时，少不得到军务部去向孙武谢委。其时孙武坐在靠椅上，双足俱跣，昂然不动。向申芗问道："你来了，接到委札没有?"申芗道："接着了，我特来谢谢你的。"孙武说："标统不小呀，在满清，要戴蓝顶子。你好生地干。听着没有?"申芗见他全无礼貌，而且语意之间，太瞧不起人。默然良久，不辞而去。孙武也老实不客气地没有送他。申芗出外，到处说道："尧卿得意忘形，连老朋友也不认识，我非杀他不可。"这时候战事虽停，和议还没定局，所有城内军队，都分布于各防御区去了。武昌只有黄申芗之第十四标，担任都督府的近卫事宜。他于是同向海潜、吕丹书一班人约着，组织团体，就用向海潜一派原有的群英会名义，以资号召。与各方面接洽就绪，只驱逐孙武及其亲信的一班人。黎元洪同蔡汉卿事前亦有所闻，并不曾加以制止。二月二十八日夜晚，军政府及斗级营一带，布满军队，戒备得极其紧严。至夜半，枪声四起，闹了一夜，并没有甚么战事。孙武及邓玉麟等都逃到汉口去了。只有第二镇张廷辅突然被人枪杀，事在夜深昏乱之中，这段公案，无从彻底追究。蔡济民在都督府被捕，经黎元洪出面力保，才得保全生命。次日天亮，黄申芗因孙武已逃，把他的家眷拿住，亏了李作栋和杨时杰前去营救，才放出来。这一天，省城内的秩序极其紊乱。满街上能够通行无阻的人，袂角上都挂着"群英会"和"毕血会"的白布徽章。其时，虽然是仲春天气，还有很多人穿着皮袍，碰着军队，就立被将皮袍脱下，随身的钱，也被搜洗一空。到了下午，孙武同邓玉麟准备统率军队，出来靖难。经绅商蔡辅卿、李紫云等负责调停，孙武提出三个条件：其一，拥护黎都督，不许变更。其二，变兵各归各营，不得滋扰。其三，武汉商场照常复市。黎元洪听说，心内一块石头，才落下来。当即命蔡汉卿接收邓玉麟所带的军队第四镇，即以蔡为统制。蔡即援引杜邦俊为第七协统领，邓答应了，他才向黎表示负责。其时黄申芗本升任了近卫军统领，因为蔡汉卿态度改变，就不敢到差了。由此各部的组织，重新整理，改部为司。所有与孙武接近的部长，如苏成章、牟鸿勋、周之瀚等，都免职了。孙武发出通电云：

> 乱党与军人勾结，谋杀元勋，破坏大局。纵兵抢劫，戕害商民。瞻望前途，祸患正未有艾。武只有洁身引退，还我初衷。一切是非，付之公论。

黎准孙武辞职，即以曾广大为军务司司长。第三日，蔡汉卿密布军探，捕获几十个肇事军人，在阅马厂执行斩决，暴尸示众。又捕获军官祁玉山一名，在司门口的南楼洞前监斩。都督府的参议杨震亚，向前诘问道："希圣（汉卿字），你初当统制，便这样随便杀人，何苦呢？"汉卿厉声叱道："大令在此，你敢如此放肆？"顾左右卫兵道："将他拿下！"正在捆绑时，恰值财政厅长李作栋骑马来了，震亚疾呼道："春萱，快来救我。"作栋向汉卿作揖，请求缓刑。汉卿说："我们一路到都督府去请都督秉公办理就是。"到了都督府，元洪问明底细，也向汉卿替震亚讲情，汉卿才吩咐卫兵替震亚松绑。元洪说："你俩原是好朋友，握握手，免生意见。"震亚向汉卿冷笑道："汉卿，你记不记得我们从前歃血为盟的时候？有道是，不愿同年同月同日同时生，但愿同年同月同日同时死。口血未干，言犹在耳。哦，交朋友原来是这样，兵权到手，就拿朋友开刀。"作栋连忙把震亚拉开道："话说清楚了，朋友还是朋友，何必再提。"震亚跳跃道："甚么朋友？我们革命，革出鬼来了。他们专制的手段，比满清还要毒辣。他妈的，震亚一息尚存，是要革到底的。一次不成，再来二次。二次不成，再来个三次四次，你看。"汉卿怒道："都督，他在你老面前，敢于这样'抖狠'。足见二次革命，有他在内。"黎元洪道："这……这太不象话。"顾左右道："绑了。"李作栋再讲情时，黎、蔡二人，都不作理会，当即叱令卫队将震亚拖出，在都督府第二道门前处斩。南楼洞口的墙上，又挂上一颗血淋淋的人头。正是，风雨满城天地变，杀人如草不闻声。谁料到首义的武昌，是这般黑暗的景象啊。

章太炎来鄂被摈斥　在《东京民报》当过主笔的章太炎，是以光复会领导的资格参加同盟会的。南京政府成立时，因为初次提出的阁员名单中，原由他长教育。后来有人反对，又改为蔡元培。他怒了，于一月三日，宣布脱离同盟会，改组中华民国联合会，并于二月一日自上海电湖北都督府，主张以袁世凯为临时大总统，并谓中央政府宜仍在旧都北京。这两个主张，恰与黎元洪相符合。因而黎复他一电，请其到武昌一谈。章太炎到鄂之后，住在都督府中，每天高谈阔论，无非是反对约法，反对南京政府的一切设施。同盟会同志闻之，均表愤慨。马伯援、丁人杰、蔡大辅等更当面责斥，谓章是袁世凯的走狗，同盟会的叛徒。如此毁谤政府，摇惑人心，非驱逐出境不可；如再不去，即以手枪对待。章太炎见势不对，毅然离开武汉。他对黎元洪道："这些亡命之徒，遇事蛮干，总有同归于尽的一天。"临行时，吟成夏口行一章，登载各报。其诗曰：

> 夏口何迢迢，南国之纪纲。中有二猛士，威棱瞻殊荒。力能斩地脉，智能分天章。不念同胞苦，好自相扶将。斗鸡一寻衅，骨肉还相戕。称兵犯幕府，五战皆夷伤。行行各分陌，千里不相望。远视尚角目，焉知弟与兄。晓风忽凌厉，白露能为霜。赤松既云远，谁能无肝肠。良言不见听，思之泪沾裳。

章太炎是革命的党人，而且是中国数一数二的文学家，竟然来到武昌为袁世凯作说客，真乃怪事。然而这一首诗，毕竟道破了当时同志的病象，也是值得记载的。他所指的二猛士，想系指张振武与蒋翊武而言。因其时孙武已去职，在军务部任事者，为张、蒋二氏，均为黎元洪所疾恶的人，故章氏有感而作。

第二十章　袁世凯操纵和议

电诘南京组织政府　和议为甚么停顿，唐绍仪为甚么解职，袁世凯心中有两种打算。一则因召集国会，须费时日，其时清廷贵胄，正力谋满、蒙、回、藏之大联合，以抵制南方。倘若联合成功，则自己失去重心，地位且不可保，更不能见重于南方。再则南方已组织政府，势力逐日加强，以前让出总统一席之诺言，恐无履行之望。情急之下，故采用以攻为守的策略，并非弃和言战也。其致伍廷芳一电如下：

国体问题，既由国会解决，现在商议办法。乃闻南京忽已组织政府，显与前议相背。此次选举总统，是何用意？盼复。

南京孙大总统，立即致电袁世凯，其文如下：

北京袁总理鉴：文前日抵沪，诸同志皆以组织临时政府之责相属。问其理由，盖以东西诸省之缺统一之机关，行动非常困难，故以组织临时政府为生存之必要条件。文既审艰虞，义不容辞，只得暂时担任。公方以旋转乾坤自任，即知亿兆属望，而目前之地位，尚不能不引嫌自避；故文虽暂时承乏，而虚位以待之心，终可大白于将来。望早定大计，以慰四万万人之渴望。孙文。蒸。印。（十日）

袁世凯接得此电，还不放心，又复电如下：

孙逸仙君鉴：蒸电悉。君主共和问题，现方付之国民公决。

所决如何，无从预揣。临时政府之说，未敢与闻。谬承奖诱，愧悚至不政当。惟希谅鉴为幸。世凯。盐。（十四日）

孙大总统接电，回顾左右道：“袁慰庭以小人之心，度君子之腹。对我太无认识了。只要他拥护共和，我乐得与人为善。”因又回一电道：

袁慰庭君鉴：盐电悉。文不忍南北战争，生灵涂炭，故于议和之举，并不反对。虽民主君主，不待再计，而君之苦心，自亦有人谅之。倘由君之力，不劳战争，达国民之志愿，保民族之调和，清室亦得安宁；一举数善，推功让能，自是公论。文承各省推举，誓词具在。区区之心，天日鉴之。若以文为诱致之意，则误会矣。孙文叩，删。（十五日）

这一纸电报，给袁世凯一颗定心丸。但他既撤去代表，不能不有一种激烈的表示，以掩天下人的耳目。于是授意于段祺瑞　冯国璋等，联络大小将校四十余名，发出一篇激烈的通电，主张维持皇位，反对共和。一面恫吓南方，一面欺骗清室，并且调兵遣将，表现出准备作战的姿态来。在这情势之下，和议不是决裂了吗？不，如要认为是决裂，那就太天真了。他派驻上海的一班人，如杨度，如杨士琦，如唐绍仪等，这一班能员还是在到处奔走，替他斡旋着。

骗到黄金八万锭　袁世凯拿着各军将领的通电，亲自上朝向清太后隆裕奏道：“臣自奉命督师及组阁以来，无论主战主和，总以国家社稷为重，艰苦与嫌怨，均不敢辞。但是民军的要求，实在太苛了。各将领谋国忠贞，忍无可忍，因联名发出通电，主张讨伐。臣敢不鞠躬尽瘁，以报天恩。”隆裕看了通电，欣然答道：“有了各将领这样忠忱，真国家社稷之福也。如何作战，全仗卿善自主持。”世凯道：“打仗我有把握，不过有一桩大为难的事，就是军费问题。外国既不肯借款，国内又无地可筹。打仗就是要钱，没得钱，如何打仗呢？”隆裕说：“战费一层，由咱们尽量筹给就是。”当即打开内库，得黄金八万锭，交给内阁，以实军需。这一笔钱，是那拉氏逐年的积蓄遗下来的。世凯领着，即售与外国银行，私人的囊橐算是填满了。为着政治上的活动，正需要这一笔傥来的钱，心中正在高兴，又加上唐绍仪来了电报说："和局急转直下，再不谈甚么国体问题、国会问题，索性开门见山，径直谈清帝退位问题。全仗我公一言，决定三事：一、清帝退位；二、孙文逊位；三、袁世凯为大总统。公如负责，速示办法。"这时候赵秉钧站在跟前，笑道："早就该这样办的。"世凯说："事情不这样简单，还须要你们再加努力为好。"

清御前会议之退位问题 和议内容在报上宣布了，清室的一班亲贵，读之愤怒异常。当即召集御前会议，请袁世凯出席，以便向他诘问。世凯此时也觉得无面见人，所以自己不肯出席，秘密地到庆王府，去见奕劻。奕劻说："慰庭，你究竟准备打仗呀？还是迁就议和呢？"世凯道："局势变得太快了。自从孙文做总统以后，独立各省，比从前加倍地团结。北伐的军备，比从前加十倍的扩充。反而观之，北方匪寇如林，烽烟满地。近畿秩序，岌岌可危。战线太长，顾此失彼。军队既不敷调动，调动又极其困难。似此情形，这个仗如何打得？说是议和吧，革命军反对君宪，极其坚决。送来了优待皇帝条件，以皇帝退位为先决问题。你想我袁家世受皇恩，这条件，我怎能接受？"说着，从怀中掏出优待条件底稿，交给奕劻。

奕劻看完，微微地点头。世凯说："我们退一步想，这条件总算很优的。翻开二十四史看来，哪个朝代的变更，对于前朝的皇室，能有这样的优待？这还不是议和的好处吗？要是用兵到底，打胜了，自然很好。倘若打败，那就不堪设想了。"奕劻道："是的。你总算是有功的人。要不是你在汉阳打了胜仗，根本就不能议和。就是议和，也不会有此优待的条件。马上御前会议，我去开导他们，你不去也好，我料定那一班年少的王公，一定都很疑你，你去了，我还不好讲话。"世凯道："王爷能原谅我，我是很感激的。"奕劻送世凯出门，亲自进宫，去参加会议，将优待条件，在御前诵读一番。然后婉言道："退位的事，说起来本骇人听闻。但是尊号不废，体制也没有变更，不过政治上没有实权罢了。其实英国的皇帝，号称君宪，还不是坐拥虚位吗。你们反对退位，当然是一片忠心。但是利害问题，也要审量一下。设若再打起来，谁能够保住必胜？倘若败了，古来亡国的历史，你们想一想，哪一朝末世的君主，不是得着最悲惨的结果呢。"说着，喉间呜咽，老泪纵横。一班年少亲王，也就面面相觑，不发一语。这次御前会议，是没有甚么结果的。

袁世凯与良弼之暗斗 在阳夏战争时期，清宗室良弼组织一个宗社党，罗致了不少的“胡匪”、会党和流氓，他们的组织，极其严密。武汉地方，拿获的也不在少数。其组织分为暗杀、破坏、间谍、联络各队。就康熙钱反面的字，作为暗号，编为二十大队，就是“同福临东江，宣原苏蓟昌，宁河南广浙，台贵陕云章”这一首诗。编入某一队的，就怀着某一字的康熙钱一枚。不独武汉三镇破案甚多，就是北京城内，也因此而造成恐怖的局面。这回御前会议，已经证实了袁世凯操纵和议的阴谋，良弼退出宫来，口中不住地痛骂袁世凯，说：“这样的奸臣，咱们容忍不了。有良弼在，誓不与他甘休。”回到私邸，把他手下的一个队官喊来，问道：“你们队上，今天做些甚么工作？”队官道：“他们在四川营及总理官邸一带，到处传说袁世凯带剑入宫，逼着皇帝退位，他再大举南征，做现成的皇帝。议和之事，难上加难。”良弼说：“好固然好，但是不能救急。为今之计，必须将他杀掉，才能保住皇朝。你快去吩咐他们，成功重重有赏。”队官诺诺退下。可是宗社党暗中活动，早有人向袁世凯报告了。世凯不动声色，暗地里派遣军探，到处侦查，在内阁总理官邸附近捕获周武和李蒙两名，一齐处死。但是北方革命的活动更是屡仆屡起，革命党在京、津、保一带积极进行组织工作，酝酿起义，而袁世凯则多方进行破坏。党人迭次起义不成，牺牲了很多同志，愤怒至极，就到北京筹划刺袁工作。发生了丁字街刺杀案。暗杀失败，党人张先培、黄之萌、杨禹昌均被杀害。

袁世凯利用这个事件，在清廷跟前更是讨价还价，并勾结奕劻进行活动。良弼的宗社党则为保护反动政权的利益进行“君主立宪维持会”的组织，与袁世凯进行抗争。在御前会议上，袁世凯的心腹内务总长赵秉钧、财政总长梁士诒、外交总长胡惟德三人提出清廷退位的方案，最后并谓：“臣等所提方案如不采纳，只有内阁总辞职了”来进行威胁。

袁世凯的野心被揭穿 御前会议散会后，良弼回到私邸，召集亲贵王公集议，很愤慨地说道：“袁世凯尾大不掉，目无君上，逼迫退位，篡夺咱家天下。他所恃的，不过是他部下的几个军官。要晓得军官的前程，不是容易挣得的，有了皇上，他们才有前程。不见得人人都背叛朝廷，拥护一个袁世凯。趁此时皇位还在，总可以拿圣旨来号召他们。袁世凯如若辞职，就给他一个照准吧。我们提出毓朗或载泽出来组阁，以铁良为总司令。再号令各省，各旗，各盟，各镇，同心协力，一致勤王。或能够挽回危局，亦未可知。”这一席话，大家一致赞成。当时一路进宫，向隆裕面奏。袁世凯听此消息，大吃一惊。正在焦急的当儿，南京孙大总统，又提出最后的办法五条，命伍廷芳电达袁世凯。这个电报，并且在报上披露出来。其文如下：

> 前此所云于清帝退位时即辞临时大总统之职者，以袁世凯断绝满清政府关系，而为中华民国之国民，斯时乃可举袁为大总统也。然其后得由上海来电，袁之意，非徒不欲去满清政府，且欲取消民国政府，于北方另组织临时政府。彼所谓临时政府，果为君主，抑为民主，谁则知之？彼自谓为民主，谁则保证？故又须俟各国承认民国之后，始行辞职。盖欲使民国之基础巩固，决非前后矛盾。袁若能与满政府断绝关系，为民国之国民，文当履行前言。今确定办法如下：
>
> 一、清帝退位。由袁同时知照各国公使，请转知民国政府，或转饬驻沪各国领事转达，亦可。
>
> 二、袁同时颁布政见，绝对赞成共和。
>
> 三、文接到外交团通知清帝退位布告后，即行辞职。
>
> 四、由参议院举袁为临时大总统。
>
> 五、袁被举为临时大总统后，誓守参议院所定之约法，始能接受职权。

这五项条件与声明在各报登出后，显见得袁世凯主和，是拿着清室的皇帝来换取自己的总统。

袁世凯杜门谢客　袁世凯的野心被揭穿，就改变了活动的方式，一方面吩咐外交部发表一种声明，说南北议和交涉，并非由袁总理直接进行，任何条件袁亦并未公认，且并无欲作大总统之心。一面又吩咐大小喽啰，在外面布散谣言，说袁内阁快要总辞职了，军心动摇，北京城定有变动；劝外国人都要迁入东交民巷居住，以防危险。这两个法宝放出后，他杜门谢客，称病不肯入朝。辞也不辞，干也不干，战也不战，和也不和。世凯只在上房内同他最宠爱的六姨太谈天（这位六姨太，姓洪，是洪述祖的胞妹。世凯小站练兵的时候，因为购买大宗的军装皮带等物，同天津外国洋行常通往来。述祖是洋商的买办，所以同世凯会过多次，由此用尽夤缘的手段，得到世凯的信任，委他在军中做了军需官。他又辗转托人，把自己的同胞妹妹说给世凯，做了第六房姨太）。正在闲谈时，忽然内阁传来一件紧要的电话，世凯听完了拍案大笑道："好了，这一颗炸弹打破了沉闷的时局，我有办法了。"六姨太道："甚么炸弹？"世凯道："刚才内阁打电话来，说良弼被人刺死；刺客彭家珍，当场捕获，也受伤致死。你看从今以后，再有谁同我为难。不过这件事也亏了杨皙子，因为他和革命党人，极其熟悉。他由北京到上海，到处制造空气，说刺杀吴禄贞的也是良弼，阻挠和议主张讨伐的，也是良弼。所以党人们都痛恨良弼，才把刺杀的目标改动了。"彭家珍几次试探进行刺杀，都因良弼门警森严，未能如愿。后来化装为高级军官，觅得贵族崇恭的一张名刺，来找良弼，终于在门口用炸弹杀死了良弼，而他自己也因炸弹炸伤头部，脑浆迸出，当时身死。这件事使清廷受到震动，奕劻更怂恿赶快找袁世凯出面进行议和。

袁世凯命北洋军官通电赞成共和　二十六日，袁世凯在内阁官邸召集所部一班将领谈话，晓得清室的王公们已经鉴于良弼的被刺，有些胆寒了；就索性再来一声威吓。这次应召而至的，有冯国璋、周符麟、陈光远、曹锟、卢永祥、袁乃宽、王怀庆等，其时在武汉督师的段祺瑞也赶到了。袁问道："武汉退兵情况如何？"段说："黎元洪很倾向宫保。我方同那边代表磋商，意见很接近。自停战以来，还不曾发生冲突。"世凯说："你来得恰好。我有要紧的话，正要同你们商量。仗是打不得的，只有议和，于清室有利，于我们也有利。现在别的问题，都不重要，只要皇帝退位，时局就急转直下了。你们大家，还是赞成共和呀，还是维持君宪呢？"大家都说："我们没有主张。还是以宫保的主张为主张。"段祺瑞说："军人以服从为天职，应该如此。南京选举总统时，没有选出宫保来，我们的兵都抱愤不过，在汉口放了几枪，几乎闹成误会。足见宫保的威德，在每一个士兵脑里，印象是很深的。”袁世凯捻髯而笑道：“这也是你们平时训练得好。”祺瑞道：“宫保会将将，部下才会将兵。所以我们军队，容易打胜仗。”世凯道：“可用不着再打仗了。今天请你们来，就是要众志成城，打破这沉闷的时局。你们既赞成共和，就应该联名通电，主张清室退位。这叫做不战而胜，你们看多么占便宜。”说毕，大家一致赞成。二十七日，由段祺瑞领衔，列名的有古北口提督姜桂题，长江提督张勋，察哈尔都统何宗莲，副都统段芝贵，河南帮办军务倪嗣冲，陆军统制王占元、陈光远、李纯、曹锟、吴鼎元、潘榘楹、孟恩远，总兵马金叙、谢宝胜、王怀庆，参议官靳云鹏、吴光新、曾毓隽、陶云鹤，参谋徐树铮，炮队协领官蒋廷梓，陆军统领官朱泮藻、王金镜、鲍贵卿、卢永祥、陈文运、李厚基、何丰林、张树元、马继增、周符麟、萧广传、聂求萃、张锡元、施从滨、萧安国，营务处张士钰、袁乃宽，巡防统领王汝贤、洪自成、高文贵，督办天津防务张怀芝，正定镇徐邦杰等四十余人，发出通电，并要求内阁代奏。这一纸通电，比炸弹厉害得多了，清廷接阅后，当然更加恐慌，二十九日，开御前会议，奕劻和袁世凯都称病不到。三十日，隆裕特召奕劻、载沣两人入见，言道：“会议开过多次，都没有一定主张。今天特召你们二人，作最后的决议。为和为战，毕竟走哪一途？”奕劻说：“打仗全靠军人。现在段祺瑞等通电已经发出来了，可见全体军官，都无斗志，还有甚么希望。事已至此，不如皇帝退位，由袁世凯负责议和的好。”载沣也表示同样意见。隆裕二月二日传旨，命袁世凯与民军磋商退位条件。世凯接旨，当然喜欢若狂，到这时候，立即电复伍廷芳云：“今日奉太后懿旨，世凯已有全权讨论退位一事。知注特闻。”停顿许久的和议问题，这时候，又重新提起了。

清帝退位　皇室优待条件，原来拟有底稿。这回讨论，也没有甚么要紧的增减地方。不过文字之间，稍有变动而已。所以双方谈判并不费丝毫唇舌，就顺利通过。于二月六日，由南京参议院逐条宣读，稍加修正，咨交临时政府，电达袁世凯。再由世凯向清廷奏明。清廷于二月十二日，颁出三道诏书。

其一，是授权于袁世凯的。其二，是宣示优待条件，以安慰满、蒙、回、藏各族的。其三，是勉励京内外文武官吏的。

三道诏书发下后，袁世凯于十三日电告南京政府，其文如下：

南京孙大总统、各部总长、参议院、武昌黎副总统公鉴：共和为最良国体，世界所公认。今由帝政一跃而跻及之，实诸公累年之心血所造成，亦民国无穷之光荣与幸福。大清皇帝既明诏辞位，业经世凯署名。则宣布之日，为帝政之终局，即民国之始基。从此努力进行，务令达到圆满地位，永不使君主政体再见于中国。现在统一组织，至重至繁。本愿南行，畅聆大教，共谋进行之法；只因北方秩序不易维持，军队如林，须加布署。而东北人心，未尽一致，稍有动摇，牵涉全国。诸君皆洞鉴时局，必能谅此苦衷。

这一道电报，上半截是表示翊戴共和，履行南方提出条件之第二项，后半截是表示坐镇北京不动，以静待南方选举总统条件之履行。电报发出后，关于和议的一切应办手续，大体上总算办完了。临时大总统一席，自然是稳如泰山。满朝的文武官吏，以及社会上的“名流政客”，都认定当今之世，他是天与人归的第一人。因相率投谒于总理官邸门前，争先恐后。他为广植党羽起见，也就抖擞精神，一一应接。正是“许多狗盗鸡鸣客，尽是攀龙附凤人”。

孙总统向参议院辞职　南京孙大总统接着袁世凯报告清帝退位的电文，立即以咨文送达参议院，表明辞职，其文如下：

前后和议情形，已咨交贵院在案。昨日据伍代表得北京电，又接唐绍仪电，清帝鉴于大势，知保全君位，必然无效，遂有退位之议。今既宣布退位，赞成共和，承认中华民国，从此帝制永不存留于中国之内。民国目的，业已达到。当缔造民国之始，本总统被选为公仆，宣言誓书，实以颠覆专制，巩固民国，图谋民生幸福为己任。誓至专制政府既倒，国内无变乱，民国卓立于世界，为列强所公认时，本总统即自行辞职。现在清帝退位，专制已除；南北一心，更无变乱；民国为各国所承认，旦夕可期。本总统应实践前言，辞职引退。为此咨告贵院，应代表国民之公意，速举贤能，来南京接事，以便解职。

咨文的末尾，并附有三个条件：

> 一、临时政府地点设于南京，为各省代表所议定，决不更改。
>
> 二、辞职后，俟参议院举定新总统到南京就任时，本总统及国务员始行解职。
>
> 三、临时政府约法为参议院所制定，新总统必须遵守。颁布之一切章程，必须经参议院改订，始能继续有效。

同时孙大总统，又向参议院咨荐袁世凯继任临时大总统，其文如下：

> 今日本总统提出辞表，要求改选贤能。选举之事，原系国民公权，本总统实无置喙之余地。惟前使伍代表电北京，有约以清帝退位，袁世凯君宣布政见，赞成共和，即当提议推让，想贵院亦表同情。此次清帝退位，南北统一，袁君之力居多。其发表政见，更为赞成共和。举为总统，必能尽忠民国。且袁君富于经验，民国统一，赖有建设之才。故敢以私见贡荐于贵院，请为民国前途熟计，无失当选之人，大局幸甚！

袁黎当选正副总统　二月十四日，开临时大总统选举会。先由孙大总统出席，依据咨文大意，作诚恳的声明。湖南议员起立，慷慨发言道："我们革命，自乙未至于辛亥，不知牺牲了多少志士的头颅。假使功败垂成，抚心自问，岂不是对不起我们的先烈。我们革命，不仅是重在破坏，同时也要把建设的责任，忠诚而勇敢地担负起来。现在满清的君主专制，虽然已经推翻，但是我们把建设的事业，委托他们官僚，他们能够履行我们党的主义，替人民谋福利吗？这种期望，我不免有些怀疑。尤其是就袁世凯的历史上说，他的政治人格，有好多令人难以信任的地方。他从小站练兵，戊戌政变，以至于今日南下作战与进行和议的过程，所有的行动，都是骑着两头马的行动。一旦大权在手，其野心可想而知。本席的意见，原是反对议和，主张革命彻底。只因民军的组织，太不健强，同志们的意见，又不一致。为保全国家的元气，减少民众的牺牲起见，不能不迁就议和。今天改选总统，把革命大业，让渡于一个老奸巨猾的官僚，这是我很痛心的事，也是我很不放心的事。不过孙大总统曾经昭示我们，是真革命者，要有天下为公的精神，要有与人为善的精神。袁世凯尽管不好，我们要希望他好，要用诚恳的劝告，严密的监视，感动他，鼓励他，使得他不能不好。那末，孙大总统所提的三个条件，我们要一致坚持，求其贯彻。北京是官僚丛集的地方，又是袁世凯势力之所在，他离开北京，便另换一个环境。环境改良，其行为也好改良。他要做总统，非到南京就职不可；这一点，我们决不让步。临时约法，这时还在讨论中，我们要防总统的独裁，必须赶紧将约法完成，并且照法国宪章，规定责任内阁制。要他于就职之时，立誓遵守约法。以上为本席的坚决主张，必须将这问题，付诸公决。然后进行选举。”李肇甫起立说道：“选举总统为一事，国都和约法问题，又各为一事，而且都是国家的根本问题，是要从长讨论的事。我们在总统选举尚未举行以前，不能因对人问题，牵涉别的问题。要晓得谁个当选，这时候还料不定咧。”李肇甫的意见，为多数人赞成，于是进行选举。是日到会的，计有十七省代表，投票权每省为一票，袁世凯得十七票，当选为大总统。接着，黎元洪通电辞职，又经过改选的手续，选举黎元洪为副总统。黎即致袁电道贺，文如下：

昨日参议院开临时大总统选举会，我公当选，不胜欣贺。我公望重中外，才贯天人。去专制而进共和，化干戈而为揖让。此不独五族颂胞与之功，即万国亦莫不乐和平之福。专此电贺，伏维亮詧。

第二十一章　国都问题之争执

参议院会场之争论　选举总统后，参议院随即开会，讨论国都问题。有的主张南京，有的主张武昌。但是参议员很有几位，拘泥于地域观念与历史观念，舍不得六百余年建筑雄伟的帝王古都。尤其是谷钟秀、李肇甫两人主张最力。其理由略谓："南北既经统一，即应筹全国所以统一之道。临时政府地点为全国人心所系，应选择足以控驭全国之地，使各族趋于一致，使足以维系全国的人心。前经各省代表指定临时政府地点于南京，系因当时大江以北，尚在清军范围。现在情势不同，自非因时制宜不可。"讨论结果，以二十票对八票的结果，多数表决临时政府设立于北京。孙中山先生接得参议院的议决案，异常气愤，立即依法交参议院复议。参议院开会复议时，议场中相互争论，异常激烈。最后用投票方法，解决这个问题，乃以十九票对七票的多数，议决临时政府仍设立于南京。国都问题，既经参议院决定。南方各界当即电达北京，催请袁世凯南下就职。

袁世凯不肯南下　袁世凯的势力是建筑在北京地面上的，他无意南下，在他十三日宣布政见的电文中，已经表示得极其明显。加以北京方面不愿意将国都迁往南京的，还有两种势力：其一，是在北京根深蒂固的旧官僚；其二，则为享有东交民巷特权的帝国主义者外交团。这两大势力，是当时袁世凯所倚以自重的。其实北京建都，就地理形势与规模而言，比南京为较好。孙中山之主张南移，也是对人的关系，不得不然。但是袁世凯有两大势力之挟持，岂能让步，因此南方尽管电催，他丝毫不作理会。特为此召集全体阁员到总理官邸，郑重嘱咐道："这两天关于国都问题，闹得满城风雨。你们要约束部属，切莫轻听谣言。我无论如何，是不肯南下就职的。"说着，提起笔来，自草一道电报，答复南京政府，并通电全国，其文如下：

南京孙大总统、黎副总统、各部总长、参议院、各省都督鉴：清帝辞位，自应速谋统一，以定危局。此时间不容发，实为唯一要图。民国存亡，胥关于是。顷接孙大总统电开，提出辞表，推荐鄙人，嘱速来宁，并举人自代，电知临时政府，畀以镇安北方全局，各等因。世凯德薄能鲜，何敢肩此重任。南行之愿，真电业已声明。然暂时羁绊在此，实以北方危机隐伏，全国半数之生命财产，万难恝置，并非因清帝委任也。孙大总统来电所论共和政府不能由清帝委任组织，极为正确。现在北方各省军队暨全蒙代表，皆以函电推举为临时大总统，清帝委任一层，无足再论，惟总未遽组织者，特虑南北意见，因此而生，统一愈难，实非国家之福。若专为个人职位计，舍北而南，则实有无穷窒碍。北方军民，意见尚多纷歧，隐患实繁；皇族受外人愚弄，根株潜长；北京外交团，向以凯离此为虑，屡经言及；奉江两省，时有动摇；外蒙各盟，时来警告。内讧外患，递引互牵，若因凯一去，一切变端立见，殊非爱国救世之素志。若举人自代，实无措置各方而适宜之人。然长此不能统一，外人无可承认，险象环集，大局益危。反复思维，与其孙大总统辞职，不如世凯退居；盖就民设之政府、民举之总统而谋统一，其事较便。今日之事，惟由南京政府，将北方各省及各军队妥筹接收以后，世凯立即退归田里，为共和之国民。当未接收以前，仍当竭智尽愚，暂维秩序。总之，共和既定之后，当以爱国为前提，决不欲以大总统问题酿成南北分歧之局，致资渔人分裂之祸。已请唐绍仪代达此意，赴宁协商。特以区区之怀，电达聪听。惟亮詧之为幸。袁世凯。咸。（二月十五日）

这一个通电，充满着宣战的气氛。一面以外人的势力来恐吓南京，一面又以退居田里来要挟。借北方军队及全蒙代表之函电选举，出脱其清帝委任之嫌，而对于南方参议院之选举，则绝不提及。以北方军队静待接收之语来试探，又表明未接收前，维持秩序，表示其在北方组织政府，决不放松。袁世凯之心目中，已经没有南方了。孙总统接阅此电，愤怒异常，坚决地要贯彻参议院的议决案，非袁世凯南下就职不可。

主张武昌建都者之用意 国都问题，为全国人所注目。当时之武汉各报，一致响应参议院的议决案，主张定都南京。惟有黎元洪于二月二十七日发出通电，主张定都武昌，其文如下：

清帝逊位，已经浃旬。组织政府，瞬不容缓。徒以首都地点，南北争持，迁延未决，人心惶惶，危险万状。夫欲为民国谋统一、规久远，则临时政府自应以地形险要、交通便利、能筦全国枢纽者，为适当之地点。居中驭远，莫若武昌，有识者类能言之。第值此新陈代谢，情谊未孚；陕疆有战云未靖之忧，胜国有死灰复燃之虑，蒙藏诸边，尤为岌岌。倘非假因利乘便之势，从容坐镇，必不能维持秩序，控制中边。稍一疏虞，将至人心动摇，邻邦干涉。内忧外患，迭起丛生。言念及此，深为焦灼。南中参议院诸公，力持建邦金陵之议，原欲改弦更张，从新缔造，宅心未尝不善。然统筹大势，默察舆情，两害相权，必取其轻；两利相权，必取其重。此中关系，屡详各省函电中，毋庸赘述。且即舍北京而论，建业偏安，犹不若武昌形胜。征诸往史，利害昭然。然且以时势所趋，不得不力图治安，勉求让步。若参议院诸公，必欲胶执成见，事久生变，诚恐以一时未审之谋，贻全国无穷之祸。倘使后人追原祸首，悔将何及。谅热心爱国者，决不出此。窃谓为暂时权宜之计，必仍规定燕京，借消隐患。将来宅中建国，仍在武昌。既足涤三百年旧染之污，亦可辟亿万世奠安之局。折衷定策，莫此为宜。如蒙允诺，即请从速组织临时政府，规画一切，一面开辟武汉，另建新都。洪虽不敏，愿董厥成。俟新都告成之日，即为总统移驻之时。胜朝反侧，已就范围；民国感情，亦孚一致。郅治之隆，胥操左券。岂惟我北方父老群相仰望，当亦我南中诸公所乐为赞成也。洪虽隶籍楚北，忝执鞭弭，为天下先。特以事机急迫，稍纵即逝。失此不言，祸患立见。审时立说，概秉大公。既不敢挟权利之心，以便私图；亦不忍存畛域之见，以误大局。皇天后士，实鉴此心。临颍盼复，神与电驰。

这篇电文，明明是驳斥参议院，主张袁世凯仍坐镇北京。所谓武昌建都，不过是一句冠冕话而已。

袁世凯策动兵变 袁世凯坐在总理官邸中，接得南方各界催请南下的电报，一封接一封的，如雪片飞来。看一封，丢在一边。有的连看也不看，只有武昌黎元洪来的电报，他倒有点注目。这时候，正是黄申芗带兵驱逐军务部长孙武的时候，孙武的通电发出来了。袁阅讫，笑道："用兵变来解决政治问题，是很聪明的办法。他们革命党，也会来这一手，倒还不错。"第三镇统制曹锟坐在旁边，接着说道："这并不希奇。革命省分的兵变，并不始于武昌。湖南兵变，杀了焦都督。安徽兵变，赶了朱都督。其余重庆、广州，哪一处不闹过兵变？这种年头，甚么都是假的。有了枪杆，才抖得狠气出来。他们各处的兵变，其实兵何尝变，还不是带兵的军官，号令他变的。"世凯听说，禁不住捻髯而笑，频频点头说："是的。我传你们来，正要商量一件大事。你的两个协统，来了没有？"曹锟说："来了，在外面客厅候传。"袁顾左右道："传卢、吴两协统进来讲话。"少顷，卢永祥、吴佩孚两人进来了，行了军礼，笔挺挺地站在一旁。世凯说："南京来了电报，说已派有汪精卫、蔡元培、宋教仁、魏宸组、钮永建五个专员来京，欢迎我南下就职，二十八日准到。明天不就是二十八日吗？"曹锟说："是。他们派专使来，欢迎宫保南下。这是贵客，我们当然要放客气些。车站上和各街道的秩序，当然要好生维持"。世凯说："那是表面的事。我现在同你们商量，还有一桩秘密的事。他们欢迎我南下就职，我能答应吗？"曹锟道："宫保坐镇北京，就在这里组织政府。南下就职，怎么答应得。"世凯道："不答应，也要说出不能去的理由。我已经有电声明，说北京秩序不易维持。正好趁欢迎专使的一天，拿事实给他们看。明天晚上，你们去策动部属，来一个可纵可操的兵变。要布置得法，不可过于扩大，牵动外交。你们以为何如？"曹锟喏喏连声说好。世凯说："好吧，你们去预备吧。"二十八日，南京特派的专员五人到了北京。世凯特命将车站附近的正阳门打开，铺张结彩，表示欢迎。礼节的隆重，情况的热烈，戒备的森严，为历来招待贵宾所未有。花车到达车站时，欢迎的人们，真是人山人海，挤得水泄不通。到了晚上，军队布满步哨，传令兵和巡逻兵，像穿梭一般的来去着。十二点钟的光景，忽然四处起火，军队都放起枪来。东安门及前门一带，肆行劫掠烧杀，通宵达旦。商民及殷富被劫的计有数千家。西河沿的各家旅馆，被抢劫一空，并将房屋焚毁，伤了几个住客。汪精卫住在袁克定的公馆里，门前有军队守卫，自然很安全。宋教仁和蔡元培寄住在朋友家中，被变兵捉住，问明是南方派来的专员，算没有送掉性命。到了天明，军队也用不着约束，满载而归，各自回营了。接着天津和保定，也有同样兵变的警报到来。袁世凯认为事情太闹大了，恐怕不易收拾，于是下了严厉的命令，约束军队。并令警察厅及步军统领衙门，密布侦探，随便捉拿几个人，枭首示众了事。他所谓坐镇北京，维持大局，就是这样坐镇，这样维持的。

孙大总统之一封书 兵变之次日，海军顾问刘冠雄也乘快车到京，持有孙大总统的亲笔函，去见世凯，其文如下：

> 文服务竭蹶，艰大之任，旦夕望公。以文个人之初愿，本欲借交代国务，薄游河朔。嗣以国民公意，挽公南来，文遂以为公之此行，易新国人之视听，副舆人之想望，所关甚巨。于是已申明所司，缮治馆舍，谨陈章绶，静待轩车。现在海内统一，南北皆有重要将帅，为国民之心膂，维持治安之责任，均有所委付，不必我辈簿书公仆，躬亲督率。今所急需者，但以新国民暂时中央机关之所在，系于中外之具瞻，勿任天下怀宗庙未改之嫌，而使官僚有城社尚存之感，则燕京暂置为闲邑，宁府首建为新都，非特公之与文必表同情于国民，即凡南北主张共和，疾首于旧日腐败官僚政治之诸公，宁有间焉。至于异日久定之都会，地点之所宜，俟大局奠定，决之正式国论，今日且勿预计也。总之文之志，但求作新邦国；公之心迹，更愿戮力人民。故知南北奔驰，公必忘其自暇。嗟乎！我国之国民，为世界所贱视久矣。能使新

民国之发达，登我民族于世界人道之林，此外岂尚有所恤乎！公之旋转维劳，消磨其盛年；文亦忽忽其将衰耿耿我辈之心，所足以质诸无穷之将来者，惟尽瘁于大多数幸福之公道而已。公其毋以道途为苦，以为勉强服务者倡。公旆南莅，文当依末光，左右起居，俾公安愉，俟公受事而文退。翘企不尽。

世凯阅讫，当即请专使及刘冠雄到总理官邸，婉言商议道："各位先生代表南京政府前来，欢迎世凯南下就职。并由孙大总统亲笔写信，奖饰逾恒，世凯是很荣宰的。不料变起仓卒，扰害闾阎，连各位先生也不免受了惊骇，这是世凯统驭无方的罪过，惭愧莫名。所幸将士尚能用命，尽力镇压，得以转危为安，于大局尚无影响。不过宗社党暗中造谣，外交团居中作祟。都是利用我行将南下的机会，便利其危害民国的企图，这是不容忽视的。我若离开北京，眼看着外患内讧相因而起，光复事业功败垂成，良心上太过不去了。因此我很费考虑，不去呢，辜负了孙大总统属望之殷；去呢，对不起国家和人民。这是事实，请各位先生鉴原。"专使等鉴于北方情势异常严重，集会讨论，认为不必强求。因于三月二日电请南京政府及参议院速筹善策，并详述兵变经过及袁世凯坚不南下之情形，谓应曲为迁就，以定大局。孙先生叹道："受全民之推戴，为一国之元首，居然制造兵变，危害人民。以此人执掌政权，后患还堪设想吗！"

黎元洪危言耸听　自从袁世凯当选后，黎元洪之通电文章就越来越多。他的秘书长饶汉祥，顶会做痛哭流涕的文字，是一贯的卫护袁世凯以压抑南京的。为了国都问题，他又有一篇危言耸听的电报，其文如下：

清帝逊位，已经二旬；政府尚未组成，邻邦尚未承认。群龙无首，岌岌可危；徒以变象未生，苟安旦夕。顷闻京畿煽乱，宗党操戈，首乱虽平，余孽未靖。祸变之来，尚未有艾。外人对此，极为激昂；某国并潜谋运兵，入规京辅。设再稽时日，险状环生，列强眈眈，难保不自由行动。瓜分之祸，即在目前。敢申前请，为诸公告。国家构立，首由政府。现虽南北和解，战祸初宁；但新旧机关双方对峙，国钧不颛，邮命无价，尔虞我诈，莫知适从。桀黠之徒，乘机思逞；鸣俦啸党，角立为雄。一隅糜烂，全国随之。是惟兵亡。天灾侵寻，连年饥馑；江淮以南，饿莩载道。满汉搆兵，群省响应；鄂宁鼙鼓，陕晋烽烟。哀我蒸民，流离垫隘，村落为墟，田园不浍。夫僵海角，妇亡天涯。劫火余灰，罔知所措；不图安抚，何以善后。是谓民亡。满清虽暴，犹可为国。自举义旗，倏逾半载，乃大局已定，犹事争持。高功怀谗，雄才畏祸，迁延不决，人人自危。满蒙回藏，甫就羁縻；死灰尚燃，卧榻久睡。稍一反侧，岂复我有。分裂不当，必求平均；莽莽神州，掷此孤注。是谓国亡。四海困穷，民生凋敝，帑枯于上，产匮于下。急图统一，尚惧失时；设外患一生，兵祸连结，斩木无援，析骸不饱。黑隶红讯，狄求弗获，轩黄遗裔，长绝人群。是谓种亡。凡此数端，皆由于国基未定有以召之。而究厥原因，仍本于争都之一念。论者执南北二京，比挈利害，连篇累帙，犹未探原。总之丁此时机万分危追，舍南京不至乱，舍北京必至亡。金陵形势，果胜燕京，犹当度势审时，量为迁就，况利便之势，相判天渊乎。元洪非丧心病狂，何敢危言耸听，特以祸机已见，更无争意气之时。其兄弯弓，其弟垂涕，亡无日矣，不忍不言。伏乞力祛成见，共济时艰，早定国都，组织政府。庶可收中央统一之效，杜外人干涉之端。其他尽可从容解决。如蒙允许，即请速电北京，决定大计，无任翘盼。临颍请命，魂电交驰。黎元洪。印。

此电发出后，湖南都督谭延闿，亦应声赞同。孙大总统叹道："起义的省分，尚且为袁世凯张目，人情如此，夫复何言。"因召集参议院的同盟会会员进府商议道："北京兵变的事，明明是袁世凯的政治策略，谁都认识清楚。再闹下去，一定会引起外人的干涉，以陷国家于危亡。他们官僚哪里会有甚么民族思想呢。算了吧。我们下野，还是去经营实业。党的组织，也要加紧的健强。这回革命，总是靠不住的。"

袁世凯在北京就职　三月六日，参议院开会议决，允许袁世凯在北京就职组织政府，并议决办法六条：

一、参议院通知袁大总统，允其在北京就职。

二、袁大总统接电后，即电参议院宣誓。

三、参议院接到宣誓之电后，即电复认为就职，并通电全国。

四、袁大总统受职后，即将拟派之国务总理及国务员姓名，电知参议院，征求同意。

五、国务总理及国务员任定后，即在南京接受南京政府交代事宜。

六、孙大总统于交代之日，始行解职。

这六项办法，袁世凯当然乐从，当即召集全体阁员及各镇将领，说明大局已定，各应忠于职守，以巩固本京秩序，并令财政部拨给经费，赶办就职的隆重典礼及中外来宾的招待事宜。三日之间，加紧的布置。新华门一带，扎起金碧辉煌、光华灿烂的牌楼和彩棚。三月十日正式宣誓就职，南京所派的专使，都被邀参列盛会。世凯宣读誓辞如下：

民国建设造端，百凡待治。世凯深愿竭其能力，发扬共和之精神，涤荡专制之瑕秽。谨守宪法，依国民之愿望，蕲达国家于安全强固之域。俾五大民族，同臻乐利。凡兹志愿，率履勿渝。俟召集国会选定第一期大总统，世凯即行解职。谨掬诚悃，誓告同胞。

就职礼成后，即将此誓词电达南京参议院。十一日，由孙大总统将参议院议决的约法公布。袁世凯提出唐绍仪为国务总理，并提出阁员名单，均由参议院议决同意。计为：外交陆征祥，内务赵秉钧，财政熊希龄，陆军段祺瑞，海军刘冠雄，司法王宠惠，教育蔡元培，农林宋教仁，工商陈其美，交通梁如浩。这阁员十人中，只有梁如浩没有通过参议院，后来改任施肇基。陈其美不肯就职，后来改任王正廷。陆军总长一席，原来是经过南京政府提议任命黄兴，后来因为袁世凯不肯放松，改提段祺瑞，军政大权，都被袁一手抓住了。三月二十九日，唐绍仪到参议院宣布政见，即表示接收南京政府。孙于四月一日解职，黄兴任留守使。四月五日，政府迁于北京。

第二十二章　倏起倏灭之湖北军队

黎元洪扩军计划　在汉阳失守武昌设备防御期间，吴兆麟为总司令官，将武昌所有军队划分为三个区域。第一区司令官窦秉钧所指挥的军队，计为步队第三协、步队第五协、步队第六协，又马队、炮队各一队。第二区司令官何锡蕃所指挥的，计为步队第二协、近卫军第一协、马队、炮队各一队。第三区司令官张廷辅所指挥的，计为步队第四协、步队第一协、工程第一营及马队、炮队各一队。此外，还有第一支队司令官罗洪升所指挥的，计为步队第八协、工程第二营、马队一队。第二支队司令官邓玉麟所指挥的，计为步队第七协及敢死队一营、马队一队。总预备队司令官王安澜所指挥的，计为先锋军第一混成协及步队第二协之一部。合而言之，不过只十个协乃至十一个协的兵力而已。及和议告成，突然扩充为鄂军八镇，还加近卫军一镇及南京援鄂之黎天才一镇，差不多增加一倍。试问和议告成，战争终止，还扩充这些军队，为的甚么？除了位置私人或是为私人加强势力而外，我想再说不出其它理由。起先向孙武划策的，是黎元洪的左右亲信杜锡钧。他教孙武到上海去，把唐克明、石星川、陈血岑等邀回武昌，谓可广结心腹，培植实力。这个计划，说是拥护孙武也像，说是拥护黎元洪更像。因与孙与黎是呼吸相关，上下其手的原故。所以孙武去职以后，黎元洪更照计而行。他从前利用孙武，以制服党人。党人已制服了，索性连孙武也可以不要了。杜锡钧的算盘，是早已打好了的，他一面把黎元洪的亲信，簇拥上台，一面把北方讲武堂的人，援引到军队里中下级干部中去。鄂军八镇，就是他一手导演成功的。湖北的军队，表面上尽管加多，而湖北军队中的革命势力，实际上逐日减少。因为军队的实权，都集中于黎元洪手内，而黎元洪又是袁世凯的忠实拥护者；所以袁世凯一声命令，说裁兵，就彻底裁兵。先从起义的部队裁起，不怕它不俯首听命。杜锡钧替袁世凯帮忙，可真不小了。湖北革命势力的没落，其原因就在这里。杜锡钧之见信于北洋军阀，能够在湖北汉口镇盘踞十有五年，其原因也在这里。

第一镇统制唐克明 唐克明与石星川原隶北洋第二十镇张绍曾部下，均为标统。武昌首义时，张绍曾与第六镇统制吴禄贞及驻扎奉天之混成协协统蓝天蔚，相约举兵独立，以围袭北京。事泄，吴禄贞被刺于石家庄。张绍曾与蓝天蔚因而解职。克明与星川相率逃至上海。孙武听从杜锡钧的建议，将唐、石两人邀至武昌。克明因改名黎本唐，表示其崇拜黎元洪之意。黎极欢悦，因任为第一镇统制，而以石星川为第一协协统，刘炳福为第二协协统。这一镇，可认为黎之基本部队。其后改镇为师，唐克明又因失信于黎而去职，以石星川为第一师师长兼荆宜镇守使，驻荆州。一九一八年，荆州独立失败。石星川将所遗军队交唐克明带至鄂西，加入当时靖国军的组织。另一残部，由夏斗寅带至湖南。鄂军第一镇之起灭情形，大致如此。

第二镇统制张廷辅 张廷辅为文学社中坚分子。群英会驱逐孙武时，张于纷乱之中，被奸人刺死，遂以王宪章为统制。宪章为贵州新义县人，曾纳粟为知县，因知时事日非，志谋光复，遂弃官来鄂，投入陆军三十标当兵。汉阳反正时，任总指挥兼标统。后因汉口失守，与宋锡全同赴长沙，中途被执，几与宋同死，由蒋翊武、覃振力保得免。旋继张廷辅任统制。就职未久，《中华民国公报》忽然登出一条奇怪新闻，题目为“斗级营破获机关”，文为：“稽查处于昨晚六点钟许，在斗级营庆升客栈，破获乱党机关。搜出名册一本，空白伪札多件，上盖有“国栋宪章，改良班防，”八字之长方伪印。当场捕获乱党七名，业交军法处讯究。首犯颜秉山在逃未获，正在严缉中。”等语。这个时候，军务部副部长蒋翊武也住在斗级营民心报馆里头，他看了《中华民国公报》，把经理李擎甫找去问道：“这条消息，我们的报何以没有登载?”擎甫道：“《公报》所载，是都督府的专稿，不是访员送去的通稿。”翊武说：“你到庆升栈去打听一下，究竟是怎么一回事情？”擎甫道：“我已经打听过的，在逃未获的颜秉山，是德安乡间的一个教书匠。甚么乱党，甚么机关，我看都是假的。一定又是老黎手下的人做成的圈套。有了这件事，他们才好杀人。”翊武说：“你快过江去，教王宪章和王国栋两人躲避一时再说。”擎甫说：“我已经打电话过去了，他们晓得回避。不过这件事不弄个清楚明白，我们文学社，又不知要送掉多少人头。”说毕，自去。翊武正在发急时，忽见有一位须发斑白的老头，牵着一个五六岁的小儿，走进来，跪在翊武面前哭道：“蒋部长救命，救我那儿子的命。”翊武惊道：“你是谁？为的甚么？”老头道：“我姓祝，祝制六就是我的儿子。”翊武连忙把他扶起。问道：“制六出了甚么乱子吗？”老头道：“我刚才引着孙子，同着他们三人过江来。上了岸，刚到汉阳门，就遇见几个兵，把我的儿子拿住。还有他的两个朋友，一个叫江光国，一个叫滕亚刚，也同时被拿住了。我牵着孙子，一口气跑到里来，请部长大发慈悲，快救出我的儿子。”说完，放声大哭，小孩子也哭着要他的爸爸。翊武听得这个消息，又愤又急，连忙跑到都督府去见黎元洪。元洪冷笑道：“你来得正好。哼，你的部下又在造反咧。你晓得不？”翊武道：“哪有此事！副总统不要误听人言。”元洪道：“《中华民国公报》你没看吗？他们私刻关防，图谋不轨，证据确凿，还说我误听人言吗？翊武，这件事，容或你不知道。我也决不疑你。不过人心不同，各如其面，你也犯不着替他们辩护啊。王宪章太糊涂了，从前打仗的时候，他和宋锡全临阵脱逃，照孙尧卿的意思，是要一同正法的。因为你有电去保，覃理鸣又来电讲情，我才成全了他，并且任命他做第二镇的统制。谁料他野心未死，又来拆我的台呢。他自误不大紧，还误了你部下的一批军官。军法如山，我实在爱莫能助了。”翊武说：“刚才祝制六、滕亚刚、江光国三人同时被捕，就是为的这一案吗？”元洪说：“想必是的。”翊武说：“副总统要想人情。这件案子，恐怕是一个假局。报上登着的伪关防，有‘国栋宪章改良班防’八字，这太不近人情了。大凡秘密机关，一定用甚么会，甚么团，甚么司令的名义，哪有用个人名字，刻成关防的道理？我看事关重大，必须慎重侦查。刚才被捕的祝制六、滕亚刚、江光国三人，我以身家性命具结担保，请副总统将他们开释。”元洪笑道：“你来迟了。人已解到军法处了。”

翊武连忙打电话去问，回说三个人头早已落地，只得痛哭而归。过了两天，颜秉山被拿获到案。经军法处审问，原来是这样的事情：这位颜秉山原名叫做倪晴峰，在乡村教书，不够生活，特意到省城投效。满拟得到一官半职，比教书总强得多。他有一个老表，在都督府当稽查，在黎元洪面前是很被宠任的。一见之下，就大言不惭地许他一个县长，但是有个条件，要他改名换姓，住在旅馆候差。其理由是防备因任用私人，受上司的盘驳。倪问："改用甚么名姓呢?"稽查说："你就叫颜秉山好了。"倪唯唯听命，住在庆升栈，循环簿上也是写的"颜秉山"，伙食账上也是写的"颜秉山"，与旅馆的主客谈话，口口声声也是称呼"颜秉山"。住了十多天，稽查忽派人前来对倪密嘱道："你赶快走，此地有滔天大祸，不可一刻停留。这是你的老表给你官票十张，你回乡住些时，再听信吧。"倪听说，即刻渡江，沿铁路步行，走到孝感花园。这时候，督署的通缉公事已到达各地。倪在孝感花园车站跟前歇着，与人谈话，还是自称"颜秉山"，登时被密探拿获解省。由军法处讯问情形，才知道颜秉山一案，是稽查一手造成的假案。此事如传播下去，文学社追究起来，那还象话；为灭口起见，索性将颜秉山判处死刑。这件案子，计杀害旅客七人，店老板一人，还有个刚出医院住在旅栈的战时受伤军人及祝制六、滕亚刚、江光国三人。其他列名假册被捕处死，以及闻风逃走的文学社同志，更是不可计数。王宪章的统制地位，也就由此放弃了。宪章既去，黎命第四协统王华国代理统制职务。没有多天，杜锡钧取而代之。其后王宪章住在上海租界，被上海护军使郑汝成诱出租界，处以死刑。杜锡钧将二镇残部军队，改为汉口巡防营，做了十有五年的汉口镇守使。第二镇之起灭情形，大致如此。

第三镇统制窦秉钧　窦秉钧在起义之前，原任鄂军队官，起义后，升任协统，阳夏战役出力最多。议和期间，黎元洪任为武昌防御第一区司令官，旋扩充为第三镇，而以窦为统制。所部两个协统，一为第五协熊秉坤，一为第六协杨载雄，均为革命秘密运动中的中坚分子。对于窦统制，均极相得。杨为文学社社员，与蒋翊武关系甚深。其舅父岳新民为翊武幕中的运筹决胜者。所部军队，当然是文学社的基本部队。因其所属的第一营，在黄冈仓司埠哗变，杀了一个营长，黎就借此为题，将杨撤职，而代之以杜武库了。熊秉坤在起义之前，为工程营总代表。起义时，由工程营首先发动，故称熊为辛亥革命第一枪。他本是共进会的人，但孙武组织民社后，熊即由共进会分化出来，而加入同盟会改组之国民党。一九一三年春间，与詹大悲、季雨霖、蔡幼襄、唐牺支等密议，反对袁世凯派兵南下。谋举兵发难，挟黎元洪发出通电，为天下倡。事为袁、黎所闻，褫夺其勋五位及第五协协统之职，并通电缉拿。其协部来汉领饷的军需，已被捕入狱。熊得讯，逃至伊达医院，由温楚珩设法送至日本兵船，逃往南昌，参加第二次革命的赣宁战役。所遗军队，也就同时被遣散了。窦秉钧从此解甲归田，不复再任军职。第三镇之起灭情形，大致如此。

第四镇统制蔡汉卿　第四镇原为邓玉麟所带之第七协扩充起来的。群英会驱逐孙武时，对玉麟亦有恶感，邓亦同时辞职。其协统蔡汉卿向黎元洪自告奋勇，愿负责保护都督，并肃清反侧，以保卫地方治安。黎喜，即任为第四镇统制，而以杜邦俊为第七协统领，马骥云为第八协统领。蔡初为炮队八标士兵，起义时，听着城内枪声，奋勇的拖炮进城，立功不小。起义后，事孙武维谨，时常在孙之公馆中任挑水、买菜诸杂役，故孙特别提拔，得为上级军官。孙去之后，他又尽力拥黎，所以他的部队，可以说是黎元洪的基本部队。自成立第四镇起，始终是拥护黎元洪。黎元洪的权威，便由此提高了。黎离鄂以后，段祺瑞继任湖北都督，命蔡带领所部驻防罗田，并派北兵两标，听其指挥。实际上，是从旁监视其部队，虞有异动。不久蔡亦解职，所部亦同时退伍了。第四镇之起灭情形，大致如此。

第五镇统制吴兆麟　起义之时，吴兆麟以工程营队官驻守楚望台。虽不曾参加革命的秘密运动，但对于革命，表示极其赞助，所以起义同志，人人都拥戴他。仓卒之间，推举他为总指挥。一夜里两次总攻，顺利地赶走瑞澂，攻克督衙，将武昌全城占领。次日清晨，推举黎为都督，就是他的主张。他自始至终，是黎元洪的忠实拥护者。鄂军八镇的编制，他和杜锡钧的策划居多，所以任他为第五镇统制，而以刘佐龙为第九协统领，以胡廷佐为第十协统领 这两位统领，都是旧鄂军中的队官。鄂军整编之时，胡廷佐改隶于石星川部，在荆沙独立之役阵亡。刘佐龙则继任吴兆麟为师长。鄂军八镇，在黎元洪离鄂前后，都次第消灭了，只有刘佐龙一师，直维持到北洋军阀告终之日。后来因为杀害了志士耿丹一案，系狱；其所遗部队，才另行改编。第五镇之起灭情形，大致如此。

第六镇统制王安澜 王安澜在起义以前原是黎元洪协部的一个掌旗官，起义之时，为黎元洪跟前的执事官。起义以后，任兵站司令官。在停战议和期间，他就开始带兵，组织了两个先锋协。扩军之时，被任为第六镇统制，而以李锦镛为第十一协统领，以张厚德为第十二协统领。王安澜自始至终是没有离开黎元洪左右的，这一镇，可以说是黎元洪最亲信、最可靠的部队。在裁兵期间，黎与袁世凯来往电商，本来说鄂省军队只裁三分之二，这一镇是可以不裁的。但是黎元洪离鄂以后，树倒猢狲散，终于保持不住了。王安澜在黎左右，不知道杀了多少同志，其军队驻在襄一带，更不知残害了多少的人民。后来军队遣散，回到日租界槐荫里的本宅中。因为忏悔万端，得下疑心生暗鬼的精神病。乃至探头外望，撞破窗户上的玻璃，因而用碎玻片割断咽喉，死得极其惨酷。这是当时的事实，载在《大汉报》上，湖北人莫不称快。第六镇之起灭情形，大致如此。

第七镇统制唐牺支 唐牺支，湖南慈利县人。在革命秘密运动期间，为文学社的中坚分子。武昌首义后，唐牺支依照文学社议决的计划，在荆宜策动独立，极著功勋。荆州光复之日，唐据实呈报都督府，旋奉令办理荆襄善后事宜，并设立荆宜施鹤总司令部。但同一时期，都督府又接长沙谭都督来电，请以王正雅驻荆，筹办善后。其文如下：

> 荆州踞长江上游，为蜀湘鄂交通要镇。既经王统领正雅光复，依军事计划，须设重兵，以资镇慑。况满汉杂处，将来政治组织，尤非易事。可否请王正雅暂驻荆州，筹办一切善后事宜。敝处未便擅行，特此奉商。如承许可，即请会衔电王，俾得事权统一。尊意如何？乞复。

黎元洪复电如下：

> 江电敬悉。荆州克复，王统领正雅既为满汉欢迎，且该处为三省重镇，抚治得人，无忧反侧。拟将该统领驻荆，筹办善后事

宜，敝处甚表同情。请即由尊处会衔，饬该统领驻守荆州，以资镇慑，而得治理。谨复。黎元洪。印。

以同一职权，同一势力，并处于同一地方，求其事权上得到统一，岂非难事。因而唐牺支于一九一二年元月二十一日，电陈黎元洪谓："近日荆沙监利各处，到湘军万余，并持湘银纸币在沙市通用。该处市面，几致倒场。而目下湘米又禁止出境，纸币又无处兑换，请据情电达湘督，将驻荆沙等处湘军，一律撤回。"这么一来，便造成唐牺支与王正雅部的矛盾。又季雨霖任安襄荆郧招讨使时，军抵沙洋，闻唐牺支围攻荆州未下，电请派炮队援助。因派第十五标李荣升及第一营胡玉珍各率所部，由十回桥取道西上，以参谋施化龙为临时指挥官，李英为粮台总理，阙龙则前往省垣请领大炮子弹，相约会于荆州。一九一一年十月二十三日（旧历），季雨霖率同僚属由水陆出发，二十四日抵沙市。其时驻在荆州之清军，已经投降。季乃出示安民，任李亚东为荆州府知事，遣陈雨仓、邢子文赴省告捷。一面提取沙市商会及各项存款十二万，以廖宗北、黄益安任清理官款事。复重用施化龙，与唐牺支发生龃龉。盖以施化龙原任第四十一标一营左队队官，曾有反对革命，摧残文学社同志事实。当唐牺支在宜昌秘谋反正时，施化龙与管带戴春山等私自逃走之后，又投于季雨霖部。季与黎元洪关系较密，因重用施以见好于黎。并闻施以唐部多为旧属，谋从中勾结，以便与唐对抗。有此种种嫌怨，唐更加重愤怒，当即下戒严令，迫请季雨霖将施交出，治以军法。彼此相持不下，几乎发生战争。双方各派员到省，向黎都督申诉，黎派参议江炳灵前往调解。劝季雨霖将所部军队回驻沙洋。这么一来，又造成季雨霖与唐牺支两部的矛盾。在这些矛盾情形之下，唐牺支很不自安，因电陈黎都督，请准假来省，面陈一切困难。黎复电如下：

足下以全副精神，经营荆宜善后事宜，勇敢沉毅，鄙人素所钦佩。顷者丁景梁（人杰字）等返鄂，得悉种种情节，不胜骇异。鄙人自起义以来，对诸同事，无不相见以诚，岂对于足下反有歧视。荆宜路途辽远，音问鲜通，一二小人离间，遂令志士灰心，良深浩叹。足下素具热忱，仰仍勉为其难，力图进行。并传谕各将士，代达微忱，以全大局。特电饬沙市商会拨款一万串，借充犒劳之费。嗣后如有重要事件，均可随时电闻，从长计议，勿庸来省。此复。

这个当儿，正是黎元洪扩军的时候。唐牺支所部的队伍，计有宜昌巡防两营及前四十一标一营、三十二标二三两营、前沙市防营一营与收集不能遣散的铁路工人，合计起来，恰够一镇的兵力，遂编为鄂军第七镇。以唐牺支为统制，而以萧国宝任第十三协统领，喻洪启任第十四协统领。这一镇，可以说是文学社的基本部队。其后第六协杨载雄免职，第二镇张廷辅被刺，王宪章与王华国又相继垮台。蒋翊武的实力，完全剥夺一尽。剩下一个唐牺支，还能长久存在吗？裁兵期间，自然是非裁不可的。第七镇之起灭情形，大致如此。

第八镇统制季雨霖 季雨霖，为日知会老同志，并加入同盟会。起义后，任安襄郧荆招讨使。参加工作的，有张难先、李亚东、李廉方、高仲和、邢子文、江笛生、李长龄、谢超武等，也都是日知会和同盟会的老同志。他所凭借的兵力，多半是京山的刘英、刘铁兄弟与汉川的梁钟汉、梁恢汉兄弟在地方上啸集而成的。就当时的官僚派与反对革命的资产阶级的眼光看来，不说是“会匪”，就说是“土匪”，就革命者的眼光看来，的确是受人压迫流离失所的贫苦农民。季雨霖就利用这种兵力，转战于安襄荆郧各地。斩决了桀骜不驯的李秀昂，捕杀了残害同志的全明汉，解决了态度不明的张楚材；声势浩荡，所至无不慑服。黎元洪恐怕他势力太大，形成尾大不掉，和议告成之日，就连电催令班师。回省后，编其部属为鄂军第八镇。以季雨霖为统制，而以阙龙为第十五协统领，以樊之淦为第十六协统颁，分驻于仙桃镇及沙洋一带。季雨霖的政治态度，对于共进会及文学社，不作左右袒，对于黎元洪，也表示极其恭顺。不过他的恭顺，是有原则性的。黎元洪答应裁兵，允许北军南下，他是非常反对的。一九一三年春间，袁世凯有密电到鄂，谓将派兵南下，假道武汉，在长江一带布防。季雨霖得此消息，因与蔡济民、唐牺支、熊秉坤等集议，谋以兵力要挟黎元洪，去电反对。其时季部有一团驻在都督府附近。熊部的一协，也驻在孝感。本来是有力量以要挟黎元洪的。但事为黎元洪所侦悉，以至失败。同时曾尚武、王光汉、王子英、黄元吉、管汉翘等，在汉口碧秀里设立改进团秘密机关，图谋举义，亦被军警机关侦悉。黎元洪得报，即将此两事并为一案，布设天罗地网，在武汉到处搜查。终于在法租界巴黎饭店、如寿里及后城马路碧秀里等处，把机关破获了。当即密电袁世凯，通缉改进团乱党四十余人。内中首要，计为季雨霖、熊人一、詹大悲、管汉翘、唐牺支、熊秉坤、钟琦、温楚珩、蔡济民、吴醒汉、彭养光、蒋翊武、杨王鹏、曾尚武等。黎元洪并发出布告如下：

> 中华民国副总统兼湖北都督黎，为出示晓谕事。民国成立，建设万端。正宜上下一心，共谋治理，决不容再有变乱，扰害人民。兹查有乱党熊人一，受鄂军第八镇统制季雨霖之任命，潜伏租界，组织改进团秘密机关。勾结退伍军人，希图破坏大局。已于昨日下午十时，在巴黎饭店、如寿里、碧秀里等处，将该机关破获。搜出谋逆之名册证件，并捕得侯景安等罪犯数名。咄嗟之间，得以遏制乱萌。凡属鄂人，胥拜天赐。除据实呈报中央，请将季雨霖、熊人一等通缉归案，依法惩办外，凡尔军民人等，务须各守本分，共保治安。切勿受人诱惑，自罹法网。其各懔遵毋违。特示。

此布告发出后，并将季雨霖所部调驻都督府之李团立即解散。其驻在沙洋、荆门、仙桃镇各地之第八镇队伍，也同时遣散了。季雨霖本人，则匿居日租界之松乃家，仍谋致力于革命的秘密工作。其后季部之刘英、刘铁两兄弟，均为北洋军阀王占元所杀害。季雨霖则与其协统阙龙，于荆沙独立时，为石星川、黎天才同谋杀害。第八镇之起灭情形，大致如此。

北伐左翼军总司令刘公　刘公，湖北襄阳人，为同盟会老同志。共进会在东京成立时，推为湖北分会总理，并预定为起义时的大都督。刘性情恬淡，谦让不遑。起义后，为总监察部长。停战期间，黎元洪计划出兵，举行北伐，拟遣一偏师，道出襄樊，进窥秦豫，以牵制清军，遂推定刘为北伐左翼军总司令。名义和地位，虽然极高，实际上兵不满千，军械也非常的少。刘公到达襄阳后，就所部扩编先锋二大队，进据河南新野。同时马云卿、胡效骞、刘风同、夏绍传、鲁鸿宾、熊梦飞、李殿玺等组织旅鄂奋勇军三大队，以马云卿为司令，听刘指挥，亦进据南阳唐县。襄阳有会党首领谢宏升，曾附季招讨使，刘以其行为不轨，捕而杀之。张国荃原系季雨霖部，和议告成，季返省复命，张移名册，请归刘节制。由是季刘之间，发生矛盾。黎元洪亦虞刘之势力逐渐强大，恐北伐军旋以后，于己之地位，有所冲突，因而对刘亦啧有烦言。谓其不谙军事，措置乖方。时而令其裁兵，时而令其节饷，时而指斥其干涉民政。而河南巡抚齐耀琳[1]，亦迭电鄂都督府，请饬刘撤退其先锋、奋勇两军。黎元洪乃令饬马云卿部归齐抚节制。令刘将先锋队撤回襄阳。刘颇有不平之感，并拒绝命令。其时黎之左右均主张以武力解决，胡祖舜向黎力阻，谓刘乃革命元勋，不应操之过激，应另谋妥善方法，以解除其兵权。黎遂电袁世凯，调其入京，畀以高等顾问之职。刘接袁世凯电，即去电力辞。其文略谓：

窃公德薄能鲜，文质无所砥砺，弱冠游学海外，澄观各国治乱兴衰安危存亡之故，与清政府泄泄沓沓积重难返之弊，慨然有意于彻底澄清，欲一改弦而更张之。比年以来，顾影岌岌，常惧耆愿之不得达。仗旋乾转坤之雄心，副以移山填海之毅力，死生以之，不知其他。幸海内豪杰之士，闻风响应，又得我副总统及袁大总统大力包举，宏济艰难，有以范围而不过，曲成而不遗，

---

[1] 关于齐耀琳当时政治身分问题，据现有的一些资料考察，齐任清河南巡抚是袁世凯组织内阁后，在1911年12月2日（阴历十月十二日）委派的，其在职期间一贯镇压革命活动；嗣后虽经南京革命政府成立，清帝“退位”，齐耀琳始终在袁世凯庇护下盘踞不去，一直到1912年3月27日由张镇芳代替止。其名号在1912年3月15日袁世凯下令一律改称都督前，仍称“巡抚”。黎元洪投向袁世凯后，很快地也和齐耀琳勾结起来，为了减弱刘公的兵力，竟将刘所统辖的奋勇军统带马云卿部送给齐耀琳。据二月二十七日到武昌的齐耀琳致黎元洪的电报中说：“顷接贵军刘风同自南阳来电称：河南军奉黎副总统命令北伐，于阳历二十日抵南阳，接到黎副总统来电云，现在清帝退位，民国统一，军队勿图再进，致伤和气，并请诸事与齐公妥商而保治安，等情……”（见《黄陂政书》，卷七，叶十八）。又据二月二十五日到武昌的马云卿致黎元洪电文说：“接我公来电，令军队勿图再进，致伤和气，即径与齐耀琳妥商，安抚地方，镇压土匪……”（《黄陂政书》，卷八，叶六）。由此可知，二月下旬，黎元洪已令马云卿转归齐耀琳统辖，此时齐耀琳固仍是河南巡抚身分，并且是随着袁世凯的窃夺政权而由清朝的河南巡抚摇身变为民国的河南“巡抚”。

干戈之风化为玉帛。夏商之后，再见唐虞。公始愿不及此。此所当满志踌躇，为四万万苍生额手交庆，更无纤微遗憾者也。至于民国成立，一切礼仪制度考文之事，辱承大总统系念楚材，征求樗栎，惭愧，惭愧。窃维我大总统，洞中灼外，久任钧衡，自饶执两用中之妙。京师为人材渊薮，不乏经济匡时之士，虎啸风随，龙兴云致。如公庸陋，何足与谋。是以葳藿之性，输于亭午。驽骀之质，蹶于半途。西哭徒殷，南飞仍顾。不揣愚劣，期以异日万里寻师，翱翔追逐于欧西诸大政治家，乞一得以酬乡国。否则苟且以玷禄位，仓卒以就功名，贻诮于官箴者犹小，贻误于民国者甚大。公所不肯跃马疾驰以应征求者，诚耻之也，诚惧之也。抑公更有进焉，公现驻兵襄樊，襄樊为古用武地，犬牙秦豫，风俗鸷猛，时有会匪扰乱治安。如党魁谢宏升之类，徒众万余，将作不靖。及其势未燎原，而扑灭之，曲突徙薪，舆论可核。若以他军队防之，必酿滋蔓难图之患。刻下襄中父老，殷殷挽留，殊有不能按辔而行之苦况，兼以浪迹江湖，久疏定省，既作还乡之水，难为出岫之云，瞻依白发，借弥十年来游子天涯之恨。当亦我副总统暨大总统锡类之怀，曲曲相谅者矣。方命之处，诸希婉达，无任惶悚。刘公叩。俭。

黎元洪得电，以刘辞入京，事已弄成僵局，因命胡祖舜亲往疏解，并令军事参议官蒋兰圃与之俱行。因以电致刘，文如下：

俭电悉。具见孝思纯至，谦德渊涵，无任钦佩。但襄樊军队须就编练，保安御盗所需无多。中央颁行军制，全国用人均归一律。上级军官，必用军事专门人员，以谋军学进步。且驻扎地点，亦未必果在襄樊。足下革命巨子，又系政法专家，值此民国初基，万端待理，正宜将军队交胡、蒋二君接收，引身北上，造福同胞，为我民国完全人物。若必善刀而藏，优游梓里，如所学何？如民国何？尚望三思。黎元洪。印。

胡祖舜、蒋兰圃抵襄阳后，谒刘，推诚相接，商以所部交出，由王安澜改编，归并于第六镇。刘即解除兵柄，前往北京，任大总统府高等顾问。北伐左翼军之起灭情形，大致如此。

宪兵司令陈血岑 阳夏战争期间，陈血岑在上海组织决死团，迭经战役，颇著勋绩。孙武到上海，将他邀至武昌，荐为都督府宪兵司令。血岑就职以后，鉴于首义同志迭遭杀戮，代人受过，心实难安，因呈请辞职，其文如下：

副总统钧鉴：血岑不才，往昔在沪组织游击志愿决死团，冀达奔走频年输诚革命之目的。猥以前任鄂军务部长孙公之召，俾率团友，以为鄂援。于是简选精良，率投麾下。荷蒙齿录，不弃菲材，命改宪兵，且供近卫。夫以有志而才力不及之人，得为志同而才力十倍于我者之所用，乐也何如。乃不暇深思，欣然就职。任事以来，亦既数月矣，虽未尝陨越贻讥，重负委任；顾每自省察，心实难安。血岑从事陆军，历有年所，宪兵实非素习，迹近滥竽，此宜退职者一。营下官佐目兵，即系当日团友，半为热心之商贾，军事难怪非娴。至于宪兵，尤为隔膜。顷者设立宪兵养成所。幸蒙批准，从此教练之责由该所任之，血岑可以弛负，此宜退职者二。国穷民困，祸迫危亡，减军裕财，为有识者所公认。顷见第三镇窦统制上书辞职，奉批准行。血岑窃仰风芝，为窦公后尘之步，此宜退职者三。光复以来，三过家门未尝一入。每念倚闾之望，难逃绝裾之讥。将母不遑，沾襟有泪。顷者国事已定，急欲归慰慈颜，公义私情，断难兼顾，此宜退职者四。少历艰辛，壮而多病，未登强壮，有似中年。身世艰难，门庭衰薄，须谋事畜，保此孱躯，此宜退职者五。披沥上陈，统希钧鉴。唯我副总统谅其心迹而许之，则血岑解职之日，胜于受赐之时矣。不胜迫切待命之至。

曾广大的教导团 曾广大原为三十一标标统，随端方入川，行至资州，闻武昌起义消息，其部下杀端方、端锦于天后宫，同时宣布反正。曾广大因事先未与闻其事，恐为士兵所不满，乃与其所属官长偕避风潮。同志们因推举执事官陈镇藩为统领。师回鄂，于一九一二年元月十九日到达武昌，并将川省之犒军现洋五万元全数缴公。其时战事已停，无地可以安插，黎元洪令改编为教导团，而以陈镇藩为团长。惟曾广大为标统时，甚得军心，孙武去职后，即公推曾为军务部长，冀得以部长地位调剂该团同志。但其时改部为司，而军政大权，全集中于黎元洪。曾平时对黎恒抱不屑态度，因此一筹莫展，不久也辞去司长职务。教导团之名义，亦随裁兵而消灭了。

黎元洪计杀张振武 孙武去职后，共进会内部起了分化。张廷辅被刺后，文学社势力又日见衰微。黎元洪目中所忌的，只有一个张振武。他就不得不尽其全力，以对付“桀骜难驯”的张振武。张振武出身是小学堂的一个教员。起义以后，他虽然是军务部的副部长，并没有可靠的嫡系军队。光凭着几个光杆的起义同志，和新招的一个将校补充团，怎能同声望已高羽翼已成的黎元洪作公然的对抗，这不等于是螳臂当车吗？然而张振武并不曾有此警惕。眼看见共进会的行政人员一个一个的辞职，眼看着文学社的武装同志一批一批地砍头，他还是睥睨自喜，公然地办学堂，公然地开报馆，公然地迎宾接客，招兵买马，公然地带剑上殿，拔剑争功。黎元洪容忍得了吗？第一步，电请袁世凯，任命张振武为蒙古调查员，这就是调虎离山之计。振武接到任命状，去见黎元洪。元洪说：“大总统的任命，你去不去？”振武说：“我决不去。”元洪说：“不去，怕不行吧。袁大总统的威望，谁敢不服。他向来是令出维行咧。”振武说：“要我去，须依我的三个条件。一、要改换名义，为东北屯垦使。二、要设立正式机关。三、要中央政府规定一笔经费。”元洪说：“你进京去，见见袁大总统。我再打电报，替你疏通。这三个条件，一定容易办到。”振武说：“我去了，将校团怎办？”元洪说：“你放心。将校团这个机关，依然保存着。决不会因为你走了，就取消你的将校团。春山，你要知道你的勋四位，是不容易取得的。袁大总统那样的伟人，更是不容易攀得上的。如此机会，千载一时。你切莫错过了。”这一席话。果然把振武说服了。于是邀着他的同乡冯嗣鸿一同进京。到达北京以后，袁世凯具名发出请柬，在六国饭店大请其客。所有各省奉召到京的简任以上的文官，少将以上的武官，个个都请到了。代表袁世凯招待的，计有陆军总长段祺瑞、内务总长赵秉钧、步军统领江朝宗、军政执法处长陆建章等，因而门外门内的警卫，布置得极其紧严。到了下午六点钟的时候，客才到齐开席。席前由段祺瑞代表大总统向来宾恳切致词，无非是奖励革命的功勋，庆祝南北的统一等语。致词毕，奏了一番军乐，然后举杯敬酒，交互畅谈。由六点半钟起，吃到九点钟，散席。来宾陆续退出。湖北的张振武、方维、冯嗣鸿，备有两乘马车候在门外。他们出来，冯嗣鸿独坐一乘，张、方同坐一乘，回到各人的寓所。冯嗣鸿的马车在前，人也少些，马又走得快些，到了天安门附近，忽然有军队将马车截住，把嗣鸿拉下车来，不由分说，将他用麻绳绑着。他带着的两个卫队，都挨了耳光。卫队呼道："这是我们的冯统领，袁大总统请的客，你们莫认错了。"有一个军官听着，问道："你不是张振武吗？"嗣鸿道："我是冯嗣鸿，并非张振武。"军官道："我们误会了，对不起。赶快松绑，把他送到铁狮子胡同的陆军寄宿舍，让他好生地休息。"说着，有两个兵士，押着马车到铁狮子胡同去了。这时候天安门一带，沿路布满步哨，冯嗣鸿的马车去后，又来了一乘马车。哨兵高声呼道："口号？"马车夫听说要口号，当然停着。两旁的军警，都拢到马车跟前。站在马车两旁的卫兵，都被拉下来了。问道："里面是谁？我们要检查！"张振武叱道："我是湖北的军务司长张振武，是由六国饭店赴宴出来的，你们检查甚么？"兵士道："我不信，你是张司长吗？"振武把车门打开，拿名片给他。他看了，顺手将振武拉下，接着，有两个兵将振武捆着。振武骂道："你们这些混蛋，瞎了眼睛，我是张司长，胆敢如此无礼。"兵士道："我们不找别人，奉上头命令，拿捉张振武。"这时候，明月当空，照见天安门一座牌楼，写着金光灿烂的"振武"二字。张振武叹道："原来是振武门。我张振武就死在此地吗？"骂道："天呀，我张振武历尽艰难，完成革命，不料事到今日，死于军阀官僚之手。"话犹未了，枪声一响，躺在地下。同时并拿住方维，问明姓名，也就地枪决了[1]。当天晚上，湖北同乡官及参议院议员得到消息，约着一同到总统府向袁世凯诘问情由。世凯笑道："你们来迟了，人已经办了。这是关系湖北的治安问题，有黎副总统的电报在此。你们不服，可以质问黎副总统，我是不能负责的。"说着，把黎元洪的电报拿出来，给大家观看。大家没有话说，只得叹息而返。次日早晨，满街都贴着布告，是

[1] 张振武、方维被杀地点，据王建中《洪宪惨史》、黄远庸《张振武案始末记》《远生遗著》卷二）及《真相画报》第八期记载，均谓系在"京畿军政执法处"内被害。

步军统领衙门和军政执法处联衔发出的。其文如下：

奉临时大总统军令：八月十三日准黎副总统电开："张振武以小学教员，赞成革命。起义以后，充当军务司副司长。虽为有功，乃怙权结党，桀骜自恣。赴沪购枪，吞蚀巨款。当武昌二次蠢动之时，人心惶惶，振武暗中煽惑将校团，乘机思逞。幸该团团员深明大义，不为所惑。元洪念其前劳，屡与优容，终不悛改。因劝以调查边务，规画远谟。于是大总统有蒙古调查员之命。振武抵京后，复要求发巨款、设专局，一言未遂，潜行返鄂。飞扬跋扈，可见一斑。近更蛊惑军士，勾结土匪，破坏共和，昌谋不轨。狼子野心，愈接愈厉。假政党之名义，以遂其影射之谋，借报馆之揄扬，以掩其凶顽之迹。排解之使，困于道途，防御之士，疲于昼夜。风声鹤唳，一夕数惊。赖将士忠诚，侦探敏捷，机关悉破，弭祸无形。吾鄂人民，胥拜天赐。然余孽虽歼，元憝未殄。当国基未定之秋，固不堪种瓜再摘。以枭獍习成之性，又岂能迁地为良。元洪爱既不能，忍又不可，回肠荡气，仁智俱穷。伏乞将张振武立予正法，其随行方维，系属同恶相济，并乞一律处决，以昭炯戒。此外随行诸人，有勇知方，素为元洪所深信。如愿回籍者，请就近酌拨川资，俾归乡里，用示劝善惩恶之至意。惟振武虽伏国典，而前功固不可没，所部概属无辜。元洪当经纪其丧，抚恤其家，安置其徒众，决不敢株累一人。皇天后土，实闻此言。元洪藐然一身，托于诸将士之手，塌茸尸位，抚驭无才。致令起义健儿，夷为罪首。言之赧颜，思之雪涕。独行踽踽，此恨绵绵。更乞予以处分，以谢张振武九泉之灵，尤为感祷。临颖悲痛，不尽欲言。"等因。查张振武既经立功于前，自应始终策励，以成全人。乃披阅黎副总统电陈各节，竟渝初心，反对建设，破坏共和，以及方维同恶相济。本总统一再思维，诚如黎副总统所谓爱既不能，忍又不可。若事姑容，何以对烈士之英魂，不得已，即著步军统领军政执法处总长遵照办理。此令。等因。奉此，当即将张振武、方维二名依照军令枪毙。其随行诸人，概不株连。至张振武、方维二人身后一切从优，按照大将礼治丧。

张振武被杀后，其夫人鲁汶，抚尸痛哭竟夜，惨不成声，至次日下午六时，始行成殓。道路观者，莫不挥泪太息。冯嗣鸿由陆军寄宿舍回来，伤势很重。陆军部派人慰问，并著余大鸿护送回鄂。参议员张伯烈在议会提出质问案，谓捕杀张振武系根据黎元洪的电报，内称张勾结土匪，昌谋不轨，应该提出证据来。袁世凯复文说："贵院要求证据，请责成黎都督查明答复可也。"同时武汉各界及省议员，也向黎提出质问。黎一面请裁副总统一职，并辞湖北都督，而推荐黄兴继任，一面又密嘱其所部将领联名挽留。这是袁世凯惯用的要挟手段，他此时也学会了。一面又假惺惺地处理张振武的身后事宜，给张遗孤二千元作晋京路费，并特派专员，迎榇回鄂。武昌各界于张之灵榇到鄂时，在抱冰堂前举行追悼大会。黎元洪亲笔书一挽联，其文如下：

为国家缔造艰难，功首罪魁，后世自有定论；
幸天地鉴临上下，私情公义，此心不负故人。

这副挽联，不能不令人叫好。其实并不是元洪的手笔，也不是饶汉祥的手笔，是一位老名士周从煊代作的，措词宛转，为元洪饰过不少。黎元洪的本心，只晓得有权可以杀人，还讲甚么功罪呢。张振武既死，他所遗下的将校团，正是黎元洪的眼中钉，自然是不容存在的。

第二十三章　五花八门的政党

五政团合并之国民党　和议告成，南北统一，军事上的斗争告一结束。同盟会会员宋教仁的主张最坚决的，就是责任内阁制。他认为要建设进步的国家，必须有健全的政府，有权而后尽其能，有能而后尽其责。是之谓“权责能”三位一体的责任内阁。这样的内阁，必须有强大的政党，又有人才，又在国会中取得大多数的议席，才可以建立起来，巩固起来。在南京临时政府成立时，他曾经提出这个主张，议会之中，有好多不是同盟会的会员，都表示反对。孙中山也认为形格势禁，恐怕弄成僵局，所以宋的主张未能实现。然而他立意坚决，终于要贯彻他的主张。他于一九一二年秋间，把农商部长辞掉，专心办党。他要以同盟会为中心，联合其他同主义、同系统之政团，合并而组成一个大政党。当时的国民党，就是这样组成的。计合并之政团单位如下：

（甲）同盟会：在辛亥以前，为革命之秘密团体，武昌首义后，才为公开之政党机关，其政纲都为九条。

> 一、完成行政统一，促进地方自治。二、实行种族同化。三、采用国家社会政策，土地国有。四、普及义务教育。五、主张男女平权。六、厉行征兵制度。七、整理财政，厘定税制。八、力谋国际平等。九、注重移民开垦事业[1]。

---

[1] 邹鲁《中国国民党史稿》、谢彬《民国政党史》所载，辛亥革命后之中国同盟会政纲，第三条均作“采用国家社会政策”，并无“土地国有”四字。又邹鲁《中国国民党史稿》，第九条之“开垦”二字作“垦殖”。

干部人物，为总理孙文，协理黄兴，干事宋教仁、胡汉民、马君武、平刚、李肇甫、汪兆铭、居正、田桐等。

（乙）统一共和党：此为同盟会支派，其政纲共十二条。

> 一、厘定行政区域，以期中央统一。二、厘定税制，以求负担公平。三、注重民生，采用社会政策。四、发达国民工商业，采用保护贸易政策。五、划一币制，采用金本位。六、整顿金融机关，采用国家银行制度。七、速设铁路干线及其他交通机关。八、实行军国民教育，促进专门学术。九、刷新海陆军备，采用征兵制度。十、保护海外移民，厉行开垦实边。十一、普及文化，融和国内民族。十二、注重邦交，保持国家对等权利。

干部人物，总干事为蔡锷、王芝祥，常务干事为彭允彝、殷汝骊、谷钟秀、欧阳振声诸人。

（丙）国民共进会：此会以伍廷芳为会长，王宠惠为副会长。其政纲以完成健全的共和政体为主要，内容未详。干部有陈锦涛、徐谦、许世英、林志钧、牟琳、陈箓、江辛诸人。

（丁）共和实进会：这个政团，是在上海发起的。以董之云、许廉、夏仁澎、晏起等为其中主干人物。政纲未详。

（戊）国民公党：此政团之组织　总理为岑春煊，干部人物为温宗尧、王人文等。以组成健全政党巩固民国基础，增进国利民福为目的。

以上五个政团，合并而为一个国民党。于一九一二年八月二十五日，举行成立大会于北京。其时孙中山先生正在北京，出席成立会，发表演说及政纲、宣言书，都二千余言。大要主张完成政党内阁制，其政纲五项，如下：

> 一、促成政治统一。二、发展地方自治。三、实行种族同化。四、注重民生政策。五、维持国际和平。

如上所述，其于秘密结社时代之所谓“土地国有”与中国同盟会时代之所谓“男女平权”两大主张，全然删去。论者认为是由急进而渐趋于缓进的。其中干部人物，计为理事九人，孙文、黄兴、王人文、王芝祥、宋教仁、张凤翙、吴景濂、王宠惠、贡桑诺尔布；参议三十人，阎锡山、张继、李烈钧、胡瑛、沈秉堃、温宗尧、陈锦涛、陈道一、莫永贞、褚辅成、杨增新、于右任、马君武、田桐、谭延闿、张培爵、徐谦、王喜奎、姚锡光、赵炳麟、柏文蔚、孙毓筠、景耀月、虞汝钧、张琴、王传炯、曾昭文、蒋翊武、陈明远；备补参议员十人，尹昌衡、袁家普、唐绍仪、唐文治、胡汉民、王绍祖、高金钊、许廉、夏仁澍、贺国昌。五政团既合并为国民党，其党员在临时参议院一百三十四人中占六十余人，实具有左右议场的势力。

六政团合并之共和党　共和党，是以黎元洪为中心而组成的政党。在上海议和并准备组织临时政府期间，黎元洪曾经一度加入同盟会，并被推为协理。后来因为孙武组织民社，章太炎又脱离同盟会而组织统一党，遂约定以统一党与民社为中心，联合其他政团组织一个共和党。其所合并的政团如下：

（甲）统一党：这个政团，是由中华民国联合会、预备立宪公会合并组织而成。先是光复会的领袖章炳麟（号太炎），本是同盟秘密时代的成员之一。同盟所办的《民报》载有他不少的文章，署名太炎，他也就住在民报社里头。及至武昌首义，共同的敌人，随清室退位而消逝。乃与同盟会分离，改组为中华民国联合会，成立于一九一二年一月三日。其时孙大总统组织政府，提出之阁员名单，原以章太炎长教育，同盟会分子即以此故起而反对之，遂改提蔡元培，章太炎更怒不可遏了。在此时期，张謇等所领导的预备立宪公会，因为对革命事业少所赞助，颇自引为遗憾。及见中华民国联合会对于同盟会带些嫉视态度，又以两会均以江浙为中心，地域关系极其密切，乃由双方自动合并，而为统一党。其宗旨则为巩固全国统一、建立有力的中央政府、促进共和政治。因为反对同盟会，故对于袁世凯与黎元洪都表示好感。章太炎到湖北来，住在都督府内，主张拥戴袁世凯为大总统，并定都于北京，就是他在统一党成立后发出的言论。统一党之归并为共和党，也就是这时决定的。其中干部人物，计理事为章炳麟、张謇、熊希龄；参事为汤寿潜、蒋尊簋、唐绍仪、汤化龙、庄蕴宽、赵凤昌、应德闳、叶景葵、邓实、陈荣昌；干事为黄云鹏、易宗周、王印川、林长民、龚焕辰、张弧、章驾时等。

（乙）国民协进会：此政团系清末资政院时期之宪友会支派。其首领为范源濂，干部为蹇念益、籍忠寅、黄群、陈懋鼎、黄为基、周大烈诸人。政纲未详。

（丙）民国公会：此政团为张国维所组织；干部及政纲未详。

（丁）民社：这个政团是由秘密结社时代之共进会分化出来的。专为拥戴黎元洪而组织。其干部为孙武、张振武、张伯烈、时功玖、刘成禺、饶汉祥等。本部在武昌，上海设有支部。

（戊）国民党（前）：此所谓国民党，并非同盟会改组后之国民党。其党义虽于全国统一政治之下，以人民为主体，完全保护其固有权利，以发扬共和之精神；而实则一亲美派之结合也。由潘鸿鼎发起组织而成，拥伍廷芳为领袖，而事权不属焉。伍亦声明与该团体绝无关系。

（己）共和促进会：此政团是湖北人在武昌组成的。其中干事为谢芝王、杨刚安、马效田、汪哕鸾、何辑五、谢璟、吴伯龙诸人。起义后的群报馆，即为该会的机关报❶。

以上六个政团，合并而为共和党。名为拥戴黎元洪为领袖，实际上则为顺应袁世凯组织极大与党的要求，其政纲如下：

> 一、保持全国统一❷。二、以国家权力扶持国民进步。三、应世界大势，以平和实利立国。

干部人物，计理事长为黎元洪，理事张謇、那彦图、章炳麟、伍廷芳。干事林长民、汤化龙、王印川、范源濂、王家襄、张伯烈、王揖唐、潘鸿鼎、刘成禺、龚焕辰、唐文治、杨廷栋、孟森、刘莹泽、黄云鹏、蹇念益、黄群、陈懋鼎、籍忠寅、孙发绪、林志钧诸人。共和党成立后，与国民党势成对立，替袁世凯出力不小。章炳麟后与袁世凯关系破裂，辞出共和党的理事名义，复发出宣言，仍旧维持其原

---

❶ 据谢彬《民国政党史》及李剑农《中国近百年政治史》，皆谓共和促进会以后合并于共和建设讨论会，而为民主党之组成员，并未合并于共和党。本书后文（第212页）亦言共和促进会与共和统一党等四政团合并而组成民主党。此处记载疑有误。

❷ 据谢彬《民国政党史》及李剑农《中国近百年政治史》，共和党之政纲，第一条“保持全国统一，采取国家主义”。

来的统一党。

操纵两大政党的民主党 民主党是以共和建设讨论会为中心，联合其他政团组织而成的。共和建设讨论会与孙洪伊等所组织的共和统一党，都是由清末资政院时期的宪友会分化出来的。前者代表人物为汤化龙、林长民，后者代表人物为孙洪伊。此两派的主张，原与康有为、梁启超所领导之保皇会颇表同情。及共和告成，自不能再言保皇，再言君主立宪，所以有这两个政团的组织，以表明其翊戴共和。当各省代表齐集上海，准备组织临时政府的期间，林长民忽然遇刺未中。林疑系同盟会分子所为，怀恨在心。同时汤化龙不得志于武汉，也到了上海，因而共同发起，组织共和建设讨论会，并与章太炎、张謇等合组统一党，以示与同盟会反对。及统一党合并于共和党，汤、林二人亦连带加入。一九一二年十月，梁启超自海外回国，与袁世凯有所协商，将以政党领袖姿态活动于政界。汤化龙与林长民，即乘此时机与梁启超接洽。以共和建设讨论会名义与孙洪伊之共和统一党及其他以北方为中心之共和俱进会、共和促进会、国民新政社四个政团合并而组成民主党。这就是与共和国民两党势成鼎峙的第三党。在议会里面，可以操纵两个大政党，而坐享渔人的利益。在袁世凯统治期间，政党的斗争，日在惊涛骇浪中，汤化龙以一个极少数的党团，操纵其间，左宜右有，无往不利。在众议院中，被选为议长，以后并参加组阁，为政界的风云人物。

中国社会党 中国社会党，为江西人江亢虎所发起。原本仿效德国社会民主党的组织，曾名为中国社会民主党。一九一一年六月十五日，初组社会主义同志会于上海的张园。民国成立，始改组为中国社会党。成立未久，同盟会会员张继自巴黎回国。该党党员，遂改推张继为领袖。党的势力，立即扩张起来。拥戴孙中山先生为名誉领袖，党内干部，为张继、江亢虎、李怀霜、段仁、陈翼龙、沙淦、叶夏声。当时的武汉，亦设有该党支部，其政纲凡八条：

一、赞同共和。二、融和种族，化除其界限。三、改良法律，尊重个人的自由。四、破除世袭的财产制度。五、组织公共机关，普及平民教育。六、振兴直接生利事业，奖励劳工。七、专课地赋，他税概行豁免。八、限制军备，注重军备以外的斗争。

一九一三年，该党开第三次联合大会，多数党员不满江亢虎的浪漫行为，纷纷与中国社会党脱离，别组社会党，奉沙淦为首领。其后与中国社会党同时被袁世凯解散。

国民党之支派自由党 自由党为同盟会之急进派，其中心人物，为上海《天铎报》社长李怀霜、《民权报》主笔戴天仇、周浩诸人。同盟会之秘密组织与公开组织，均有自由党党员参加；其后归并于国民党。

列名党籍之各省都督 上述五个政党中，如中国社会党与自由党，是国民党的支派，不能独立地成为一个政党；在议会里面，亦很少占有议席，姑置不论。其势成鼎峙，足以影响于政治者，则为国民、共和、民主三党。但当时的中国形势，光靠党的势力还是不够，必须有武力为其后援。兹将各省都督之列名党籍者，根据当时之上海日报所载，列举于下：

国民党员九人：山西阎锡山　陕西张凤翙　江西李烈钧　四川尹昌衡　广东胡汉民　广西陆荣廷　湖南谭延闿　安徽柏文蔚　江苏程德全

共和党员十人：山东周自齐　直隶冯国璋　河南张镇芳　甘肃赵维熙　新疆杨增新　浙江朱　瑞　湖北黎元洪　贵州唐继尧　奉天张锡銮　吉林陈昭常

民主党员一人：云南蔡　锷（系由统一共和党分化出来的）

此较起来，共和党的实力派比国民党多一人，而且他们多属于袁派，要听袁的命令，比国民党的自由结合，要坚强得多了。

第二十四章　首义地方之文化机关

黎元洪封闭《大江报》　《大江报》为辛亥春初詹大悲与何海鸣主办之革命机关报，也就是当时文学社的机关报。因论文头一句，有“大乱者救中国之良药也”[1]一句，被清总督瑞澂封闭。詹、何同时被捕，监禁于汉口礼智司牢狱中。武昌起义后，詹、何二人出狱，组织军政分府于汉口，与黎元洪的军政府，权力上时相冲突。因而黎元洪心中怀恨，欲得詹、何而甘心。一九一二年春间，詹、何来汉，将《大江报》重新出版，社址在汉口后花楼笃安里。其时中国社会党江亢虎来汉，投稿于该馆，鼓吹“社会主义”。其实他根本不懂社会主义是甚么，所做的文章，离社会主义太远，说是无政府主义，到还相像。何海鸣阅读之下，觉得立论新奇，替他发表了，并且做了一篇社论，尽量发挥。黎元洪正想找个题目捉拿何海鸣，忽然看见报上的文章，拍案大呼道：“《大江报》，鼓吹无政府主义，显然是破坏共和，危害民国。如此妖言惑众，岂可宽容。”其时参议黄祯祥站在跟前，问道：“副总统打算怎样办，我就去办。”黎道：“查封《大江报》捉拿何海鸣，就地正法。”说着，提起笔来，立下手谕，交给黄祯祥。这位姓黄的，是打仗受伤断了左臂的军官，自称为断臂将军。因为《大江报》登过他一条新闻，说他假借名义在外招摇，被同盟会开除党籍。他怀恨在心，正好趁此机会报仇雪愤。接了黎的手谕，就带着

[1] 据《詹大悲先生事略》、李翊东《詹大悲传》及李廉方《辛亥武昌首义纪》等记载，均谓“大乱者救中国之药石也”是该文的标题。

队伍，过江办案。都督府顾问刘赓藻闻此消息，急往《民心报》送信。其时天色已黑，城门关闭，由蒋翊武以军务司司长名义，派遣专员往汉，才得出城。送信到《大江报》时，何海鸣在汉口大舞台串戏才赶回来。得信，即避至对门第二镇司令部。黄祯祥带着队伍，也赶来了。黄祯祥封了报馆，捕获两个不重要的职员，晓得何海鸣在逃，一定躲在第二镇司令部，当即带队伍前往，进行搜查。第二镇参谋长钟琦拦住问道："你带着全副武装的队伍，来此有何公干？"黄答道："奉都督命令，捉拿《大江报》主笔何海鸣。"钟琦道："你奉有都督命令，我不曾奉有命令。在此胡闹，是何道理！"顾左右道："站队！"黄见势不对，败兴而去。这天夜深，钟琦带着一连兵队出去查街，将何海鸣扮着兵士模样混在军队里头，送到日清公司码头坐船逃到上海民权报馆，得免于祸。

凌大同被捕遇害　《大江报》被封闭，其编辑凌大同闻讯，将避往乡间；行至祁家湾，被侦探拿获解省。黎元洪说："他所发表的文章过于激烈，这些乱党，留着是害人的。"因为他是新闻记者，不明杀，不标真姓名，也不宣布罪状。都督府向来杀人一贯是这样的。

勒令《民心报》停刊　《大江报》被封之次日，蔡寄鸥在《民心报》上发表一篇哀《大江报》的文章。文中有一段云："夫黎元洪不过一庸常人耳。英雄不出，遂令竖子成名。吾虽爱黎元洪，亦不能曲为之讳。"黎见报大怒，立下手令，将蔡拿到都督府。蒋翊武听此消息，立即赶往都督府，嘱卫队暂勿交军法处，并亲往谒黎，具保请求开释。黎道："我把他拿来，非为别事。他说我是竖子，我叫他把竖子两字，解释给我听。"其时姚彦章、阮毓崧两位老先生在侧，替蔡缓颊道："他是一个小孩子，晓得甚么，请副总统格外宽容。"黎说："在我都督府跟前办报，敢于这样骂我。我的威信何在呢？好吧，既是你们都讲情，我可以不咎既往。可是这个报，我是不准出版的。"蒋说："是。我吩咐他们遵令停刊就是。"说毕，将蔡保出，《民心报》即日停报刊。此报为同盟会的机关报，社中经理，是同盟会派来的石瑛（蘅青）。（其时同盟会尚未改组）石本想换一个名义，继续办下去，翊武说："在此虎口之下办报，一言不慎，编辑人就会杀头，何苦呢。我们要办报，尽可以接办江那边的《震旦民权（报）》。"蘅青说："好，你赶快派人去，同该报接头吧。"

《震旦民报》与《群报》之笔战 《震旦民报》，原本是张振武出资创办的。经理是由《中华民国公报》辞职出来的张芸天，协理是由《民心报》辞职出来的方觉慧。初出版的时候，当然带有民社的色彩，也有些拥黎的言论。自从张振武与孙武发生争潮后，言论为之一变。张振武被杀后，就成为反黎最激烈的言论机关了。其时经费无着，又没有党团的支援，报馆情形已陷于摇摇欲坠中。同盟会派赵光弼与蔡寄鸥两人一同渡江，向张芸天商议道："报馆不能支持，由同盟会负责接办何如?"芸天曰："诺。"嗣后由同盟会接办，加派邓狂言、刘天逸、蔡寄鸥、赵光弼、吴月波等数人参加，分任编辑、撰述等职。经费不足，又有党的支援。报纸的发行，就蒸蒸日上了。逐日报上的言论，都是声讨黎元洪和袁世凯的文章。其时共和党有一家报馆，在武昌昙华林工业传习所发行，名叫《群报》。主办的人，为汪书城、何辑五、马效田、贡少芹、谢璟诸人，也大张旗鼓，与《震旦民报》作交锋对垒的笔战。震旦报有一篇社论，是邓狂言做的，指斥黎元洪于起义之时，匿迹床下，汉阳失守以后，又弃城潜逃。《群报》贡少芹代为辩护云："匿迹床下，觉竖子之不足与谋。弃城逃走，乃是空城之计。"根据这两句供状，马野马就做了一篇小说，名叫《床下英雄传》。蔡寄鸥也在报上发表一篇小说，名曰《新空城计传奇》。当时的笔墨官司，打得真够热闹。黎元洪愤懑至极，授意于宪兵司令陈血岑、民生银行经理徐中立，用威胁与利诱的手段，向《震旦民报》斡旋，都没有收到效果。后来借着兵工厂罢工事件与"改进团"事件，编成罪状，通缉蔡寄鸥、马野马诸人。并由北京英使馆致电汉口英领事，嘱即引渡归案。经英律师福禄士至报馆送信，蔡等才亡命走江西，《震旦民报》也随之封闭了。邓狂言于报馆被封之后，一身潦倒，住在粮道街一家旅馆里头，终日咄咄书空，大骂袁黎不已。经侦探查获，捕至军法处，受尽酷刑。因其为清朝举人，有人代为缓颊，得免于死。然而出狱之后，已成残废矣。

《民国日报》被查封 汉口《民国日报》，是一九一二年冬间由湖南都督谭延闿拨款开办的。社址在旧法租界伟英里街面，主办人为黄九言、曾毅、杨端六，任笔政的为赵光弼、蔡寄鸥、张谐英诸人。

此报乃国民党最有力的机关报。一九一三年元旦出版，黄克强祝以七律一章，诗曰：

万家箫鼓又宜春，妇孺欢腾楚水滨；伏腊敢忘周正朔，舆尸犹念汉军人。飘零江海千波谲，检点湖山一磊新；试取群言阅兴废，相期牖觉副天民。

出版不及半年，赣宁战役已起。黎元洪照会汉口法领署，谓该报社内储有枪炮子弹。经法捕房派探搜查，果搜出械弹多件，遂被封闭。黄九言、杨端六、曾毅等，同时被捕。惟法领事拒不引渡，得免于难。

不自由之《自由日报》 国民党竞选期间，汉口有《自由日报》出版，言论极其激烈。社长陈醒黄，为自由党在汉支部之负责人。国民党每开干事会议，他必列席。《民国日报》被查封时，《自由日报》也同时封闭了。陈与国民党交通部庶务干事刘化欧逃至江西，住在九江交通部中，致力于运动北洋军队的秘密工作，于六月二十七日被捕，刘判十年监禁，陈遇害。

《大汉报》余慈舫遇害 《大汉报》的胡石庵，为兴中会老同志，后又加入同盟会。黎元洪以其父曾以翰林为江汉书院主讲，认为系世家子弟，所以很重视他。不过他对于黎元洪，虽不表示反对。但也不表示拥护。报上的言论，始终站在革命的立场。共和党成立时，黎劝他加入，他坚决拒绝加入。他的报馆里头，有一位编辑余慈舫，是国民党的中坚分子，忽被稽查处捕去，谓余为江西人，与李烈钧有密切关系。在汉口警察厅讯问时，受刑极惨。由汉口解到武昌军法处时，在肩骨缝中，用刺刀戳穿一洞，再用铁链系之以行。经过一度审讯，即行枪毙，并无罪状公布。石庵每一念及，辄为泪下。

谢石钦之革命实录馆 一九一二年秋间，汉口歆生路前花楼口，有一机关，颜曰“革命实录馆”，是孙武发起的。因为武昌起义后，关于革命的秘密工作，以及阳夏战役，事迹繁多，均无翔实的记载。有之，则为龚侠初之《武昌两日记》、胡石庵之《革命实见记》、查光佛之《江汉阳秋》；均系私人的写作，毕竟见闻有限，难免有不实不尽之处。故孙武有此发起，作广博的史料征求。原本用革命史馆名义，经饶汉祥核阅呈文时，认为湖北不是中央，用史馆名义不甚妥恰，遂将史字改为实录二字。其呈文如下：

副总统钧鉴：敬禀者，窃维汤武革命，开环球肇治之先；周召共和，作区夏大同之始。史书所载，亘古为昭。乃勋名既启乎椎轮，而事业遽终于发轫。称天而治，臣妾亿兆者三千年；帝制自为，贻毒八方者二十纪。武昌首义，诸州景从。廓尽胡氛，解除苛政。易专制为民主，进独断为共和。以三月未竟之时间，建亘古无前之盛业。较其勋绩，发皇与法美齐驱；溯厥由来，彪炳与商周竞美。一时豪杰投袂奋兴，或奔走外洋，或号召同志，或毁家纾难，或捐躯效忠；共集大勋，以有今日。披世界旁行之史，列强无此丰功；览神州疏佗之编，前古无兹伟绩。听其湮没，不予表扬，非但无以彰副总统之盛德，亦无以餍全世界之人心。伏维国家之盛强，端赖忠义之奋发；忠义之奋发，资乎文字之鼓吹。纵横今古，莫不皆然。一代龙兴，人文虎变。而况乎创亚洲第一共和之国，建中国万年有道之基，甲胄躬亲，河山手定者乎！近者止戈偃武，治定功成。开馆储贤，从事撰述，编成国史，昭示将来。事关至要，时不可缓。惟设局伊始，需款筹办，公乞副总统饬财政局拨款一万元，以为开办开国革命实录馆经费。并请详中央政府立案。俟举定职员，延聘通儒，再行预算每月经常费用，汇清呈报，以备查核。庶几名山事业，与旗常日月以常新；缔造艰难，为奕世后昆所共凛。伏乞核准施行。发起人孙武、邓玉麟、陈宏诰、谢石钦、高振霄、陈人杰、牟鸿勋、蔡济民、甘绩熙、刘长庚、苏成章、邢伯谦，高周群、胡祖舜。

公举谢石钦为馆长，苏成章为副馆长，所搜集的革命史料，也不在少数。只因时期未久，即被关闭，虽有史料，并未成书。袁世凯于消灭革命党以后，连北京成立的稽勋局也被撤销，局长冯自由也被捕下狱。对于湖北的革命实录馆，还能够任其存在吗？

国民党之两杂志社　一九一二年春间，武昌大板桥有两家杂志出版。一为《经济杂志》，系财政司创办，主办人为理化专科毕业生在财政司充当参议之王世杰。一为《教育杂志》，系教育司创办，主办人为两湖总师范毕业生在省议会充当议员之张国恩。此二人皆为同盟会会员，改组后，为国民党干事。故其所办杂志，均为国民党之言论机关。《经济杂志》，因王世杰出洋留学后无人主持，早已停刊。教育杂志社，因《民心报》遗下之机器及铅字铜模等件交由该社保存，经都督府查究，认为是国民党的财产，亦予查封。明明为学术团体，乃必横加干涉，任意摧残若此。湖北之文化事业，至此一扫而空。痛哉。

第二十五章　袁世凯对待党人的手段

外国顾问之条陈　袁世凯上台，是有帝国主义者替他撑腰的。武汉停战，有英国人盘恩替他疏通；南北议和，是英使朱尔典替他牵线；代表南来，是英人李德立替他做东道主。和议成功以后，又有英人莫礼逊替他做顾问，上条陈。这一篇条陈，字字句句，都打入他的心坎了。莫礼逊说："中国人程度不齐，恐怕实行共和难以统治。不如运用足下的才力，君临天下，方才能够统治。南方真正的革命党，在革命运动迭次失败当中，在阳夏战役当中，在内部自相残杀当中，我看差不多牺牲完了。剩下来的，多半以伟人自炫，骄奢淫佚，没有远大的志向。足下当国，各国都愿投资。若以金钱来收买他们，他们一定就范。"袁曰："诺。"其实这一篇条陈，只说出袁世凯四分之一的心事。他还有四分之三的妙计，成竹在胸。一则是礼貌上的假殷勤，一则是无形的软禁，一则是明杀与暗杀。因人而使，见势而行。谓余不信，有事实可以证明。

欢迎孙中山入京　南北和议告成，袁世凯以极恳切的函电，邀请孙中山先生及黄兴、黎元洪入京，举行四巨头会议，协商建国大计。黎元洪因张振武被杀事为党人所反对，不敢前往。孙中山先生于八月二十四日到了，袁派了自己所乘的双马车，金漆朱轮，饰以黄缎，到前门车站欢迎。与孙相见之下，握手寒暄，极其亲热。从此三日一小宴，两日一密谈，孙先生留京不过一月，与袁密谈竟达十三次之多，并且极其融洽。九月九日，袁授孙以筹划全国铁路的全权。十一日，黄兴到，欢迎亦极其热烈。九月二十五日，袁宣布内政大纲，谓与孙、黄二公讨论后，并电征黎副总统同意，其内容如下：

一、立国取统一制度。二、主持是非善恶之真公道，以正民俗。三、暂时收束武备，先储备海陆军人才。四、开放门户，输入外资，兴办铁路矿山，建置钢铁工厂，以厚民生。五、提倡资助国民实业，先着手于农林工商。六、军事、外交、财政、司法、交通，皆取中央集权主义；其余斟酌各省情形，兼采地方分权主义。七、迅速整理财政。八、竭力调和党见，维持秩序，为承认之根本。

孙先生处世接物，常抱着与人为善的精神，曾对黄兴讲道："我看项城为人，是可与为善的，以后不要疑他吧。"黄曰："诺。"

黎元洪有求必应 黎元洪因为武昌藩库及官钱局造币厂的积蓄，起义以来已经支用一空了，特派财政厅长李作栋晋京谒袁，请求协助。袁一见之下，就把财政部长赵秉钧唤来，向他嘱咐道："这是湖北黎副总统派来的人，湖北有困难，我们非接济不可。你把这位李厅长引到国库，去看看库内有些甚么，尽量由他搬运好了。"赵与李查看国库后，点明库银三十万两及天津造币厂所存紫铜若干吨，以专车运到湖北。临行之时，袁并向李嘱咐道："你回去要向湖北人传言，必须同心协力拥护黎副总统。如有人同黎副总统为难，我就同他拼命。"这几句亲密的话，传到黎元洪的耳里，黎当然是感激涕零的。袁又知道黎的情性，最喜人家恭维，乃亲写"民国柱石"四个大字，制成匾额，并亲写"中华民国副总统府"八字，制成长匾，派专使送到武昌。这就是用尽笼络的手段，要他死心塌地服从中央。黎元洪在心悦诚服之下，还能不唯唯听命吗？

勋位勋章的颁发 袁世凯就大总统职以后，即设立稽勋局，把各省起义有功的，分别等级，颁给勋位和嘉禾、文虎等勋章。勋位一类，有甚么大勋位，勋一位，以至勋五位，凡六等。勋章一类的，文官就是嘉禾章，还有甚么大绶宝光嘉禾章；武官就是文虎章，由一等以至五等。每天的授勋电报，要占报纸的篇幅一大栏。还有些电召进京的闲官，给与以屯垦使、筹边使、高等顾问等名义。每月一点事也不做，坐领干薪四百元以至八百元。这就是采用莫礼逊的条陈，以金钱来收买了许多人。不过住的地方，他派有军警“保卫”着，说是保卫，无宁说是监视吧。自从杀了张振武以后，革命党都看出他的心思。谨慎一点的，像刘公、孙武和牟鸿勋等，都作心迹坦然的表示，在北京购房屋，买家具，准备久住，表明其此间乐不复思乡。激烈分子，像蒋翊武、蔡济民诸人，便不辞而去，仍然要干他的革命工作。可是翊武后来在全州被捕，袁去了“就地正法”的电报给陆荣廷，蒋就在全州遇害了。大汉报馆的胡石庵得到一等嘉禾章，登时将证书和勋章从邮寄还总统府，并附诗一首，登在《大汉报》楚社日刊上面。诗曰：

> 三户亡秦愿已空，战场荒草渍残红。郑蛇内外成虚斗，冀马奔腾起大风。一雁横飞秋色里，万花齐落鼓声中。乾坤正气消磨尽，狗尾羊头亦巨公。

有人劝阻道：“你不受也罢，何必这样地给他难堪呢?”石庵说：“火烧汉口的冯国璋也得勋一位，勋位和勋章还有价值吗？非退不可。”可是段芝贵督鄂的时候，就对《大汉报》极其注目，终于报馆封闭，石庵坐牢。可见袁世凯是得罪不得的。

命令赵秉钧入党 黄克强太天真了，他任见何人，不管其品质如何，立场如何，总是劝其入党，见了袁世凯，也是劝他入党。袁拊掌大笑，不作答复，退而问杨度道：“皙子，你看我像个革命党模样吗?刚才黄廑午劝我入党，我不好意思答复他。你和赵智庵倒不妨到党内混混。”杨度道：“廑午已经劝过我，我说，要入党，先有条件。必须取消责任内阁制的主张，我才加入。”袁点头。赵秉钧是奉命维谨的，次日见了黄克强，克强请他入党，他一口答应了。九月二十四日赵秉钧任内阁总理，通不过参议院，克强为之尽力疏通，才得成功。天真的黄克强把赵秉钧当做自己人，谁知他是奉令入党，是袁世凯派来的奸细。

章太炎软禁龙泉寺 章太炎的文章是名满天下的，但是他的政治头脑，未免太混乱了。以光复会的领袖、同盟会的理事，忽而跳入共和党，忽而受袁世凯的征聘，博得勋二位与筹边使的头衔。可是进了袁世凯的圈套，是不容易跳出来的。跳出来，就有危险。他没有这种考虑，又离开北京南下，与汤国黎女士结婚。介绍人是蔡元培，证婚人是孙中山。参与盛会的，是黄克强和陈其美。环境变换了，他的言论也随之变换了。他从前在北京，一开口就骂民党，现在又掉转舌尖，大骂袁世凯了。袁世凯的耳目很多，当然知道。章太炎再到北京时，待遇就大不如前了，把他送到龙泉寺读书，命军政执法处长陆建章派兵监守。行动既不自由，供应又极其菲薄。他有一电，给其夫人汤女士云："汇款适足偿债。我仍忍饥，六日二粥而已。君来，好收吾骨。"汤女士得电后，因写了一篇陈情表给袁，其文如下：

> 外子好谈得失，罔知忌讳。语或轻发，心实无他。自古文人积习，好与势逆；处境愈困，发言愈狂。屈子忧愤，乃作离骚；贾生痛哭，卒以夭折。是可哀也。外子若不幸而遽殒生命，诚若鸿毛，特恐道路传闻，人人短气，转为大总统盛德之累耳。氏欲晋京侍疾，顾氏母年七十，夙婴瘫痪之疾，动止需人。若弃母北上，何以为子；不行，则外子屡病濒殆，殊难为怀。弃母则不孝，背夫则不义。氏之进退，实同狼狈。用敢迫切陈词，乞赐外子早日回籍，俾得伏处田间，读书养气，以终余年。则不独氏感激大德，即大总统优容狂瞽，亦千秋盛事也。氏当劝令外子杜门绝交游。如彼不知戒悔，复及于戾，刀锯斧钺，氏甘共之。

这一篇陈情表，还是不生效力。章太炎自分无生还之望，特给汤女士电云：

> 义不受辱，决志趋死，不必衔悲，亦无须设法。为我于青田刘文成墓旁择一葬地足矣。

层出不穷的暗杀手段　袁世凯于会见孙黄后，曾对杨度讲道："孙中山襟怀豁达，是容易相处的，天真的黄克强也好对付，顶难驾驭的，只有一个宋教仁。你说要他取消责任内阁，才肯入党。他肯答应吗？以暴动手段，来抢夺政权，我倒不怕；以合法的手段，来争取政权，却厉害得多了。"这几句话，中间就伏着杀机。明杀不得，就采取暗杀手段，这是他对付异己的必要手段。辛亥年旧历九月十七日暗杀吴禄贞，这是第一次。一九一二年，志士罗明典、吴定安等发表告国人书，指摘袁世凯的政治阴谋。一天，有一人乘马车去访罗、吴，殷殷地握手，说两兄胆识可佩，相见恨晚。从此请吃酒、看戏，往来无虚夕。一星期后，约罗、吴同往齐化门外二闸观水，分乘马车二辆，走到城外荒僻地点，抽出电刀，将吴、罗同时杀死，这是第二次。河南人曾广福以反对袁世凯被递解回籍，途中被人截杀，尸首没有下落，这是第三次。做了大总统，大权独揽，为所欲为，这样的事，更是层出不穷了。

第二十六章　震动全国之刺宋案

宋教仁谢绝馈金　宋教仁辞去农林部总长职务，正在办理交代事宜。袁世凯把国务总理赵秉钧传进府来，问道："宋钝初总长任内，有一笔银行垫款的账，弄清楚了没有？"秉钧道："有的，那是财政部应该发给的部费。论理是转一笔账就可以核销的，因为总统吩咐不理，所以将公事搁着。刚才钝初还亲自来催，说银行此时索款甚急。他因为手续没了，所以不能离京，职因此正要请示。"世凯说："你把公事送来，我自有道理。"当天，世凯将宋教仁传到。相见之下，招待极其殷勤。其时天气严寒，教仁穿着单薄的帆布西装，当然有些瑟缩。世凯问道："这样冷的天气，你穿这点薄衣裳，受得了吗？来，快把我新做的全套西装拿来。"少顷，侍从送来貂皮外套、獭皮背心及哈喇呢裤褂整套，估值不下三千元。世凯说："钝初，你试试看，合身不？"教仁再三谦逊，说不敢当。世凯诚恳地固请，教仁才不好意思推却。穿起来不长不短，不大不小，好像是自己定做的一样，因为世凯早已派人把教仁的西装尺码调查得极其准确。这套衣服，是早就预备现成的。把衣服掉换好了，世凯才拉着教仁的手，在沙发上躺着，作不拘仪节的谈话。这两把沙发，除了孙中山先生进京的时候，同他并坐谈话而外，恐怕再没有第二个人吧。正在谈话时，侍从上来报告道："赵总理和段总长来了。"教仁听说是他两人，一定有机密大事，起身告辞。世凯将他拦住道："不，我此时任何人不接见，好让你多谈一会。"向侍从道："你去同他们说，我有客，请他们晚半天来。"侍从退出，世凯与教仁又继续共谈。所谈的，都是些古往今来，人情世故的闲话，绝不谈及政治。谈到三十分钟的光景，世凯说："赵智庵太马虎了，你在农林部任内有一笔银行垫款，应该移交下来，由财政部拨还，他至今还没有批。累得你手续未了，受银行的麻烦，太不象话。这件事，我刚才知道，实在对不起你。公事在这里，我已经直接批交银行。省得公文往还，又要延宕时日。你不管好了。"说着，又从怀中掏出交通银行的支票一纸❶，计洋五十万元，交给教仁道："听说你要出京，少不得到处游历，手边哪里少得钱。这几个钱，不是公家的，是我友谊上的一点敬意，你用着吧。"教仁连声道谢，并不推辞。世凯看见他慨然受了，高兴地了不得。问道："钝初，你几时南下呢？我好替你饯行。"教仁道："说不定哪一天，也许在京渡岁吧。要走的时候，有些事要来请示的。"世凯说："你有意见，尽可以同我直讲，甚么事都好商量。"说到这里，宋教仁起身告辞。他送到办公厅门外，方才进去。这一阵洋米汤，亲亲热热地灌着，一般人受了这一顿灌，是会神魂颠倒受宠若惊的。然而胸有成竹的宋教仁没有一点感觉，次日，写信一封，派一个可靠的人，送至公府，其文如下：

> 慰公总统钧鉴：绨袍之赠，感铭肺腑。长者之赐，仁何敢辞。但惠赐五十万元，实不敢受。仁退居林下，耕读自娱，有钱亦无用处。原票奉璧，伏祈鉴原。知己之报，期以异日。教仁百拜。

信去后，田桐来了，问道："宋大哥（田与宋在湖北文普通同学，向来呼为宋大哥），听说你任内的银行垫款已核销了，明天该可以动身南下吧？黄州区的复选日期快到了，我等你一路去。"教仁说："莫慌，你的众议员目标已经决定了，还怕不十拿九稳吗？再等我两天吧。昨天老袁送我一套西服，外加五十万元。衣服，是不好退的，钱已经退还了。要走，也应该进去道谢，再顺便辞行，才是道理。"田桐道："这叫做受餐返璧，处置倒很得体。不过袁世凯的钱，是含有毒素的。用呢，固然不容易用；但是退，也不容易退。你不知道吗？凡是被他瞧得起的人，他老是用两种方法对待，第一步，用钱收买，不买账呢？就要用计杀害。你既是将钱退还，非赶紧出京不可。不

❶ 据李剑农《中国近百年政治史》（第389页）记载为支票簿。

然，会惹麻烦的。”教仁笑道：“你把他说得那样厉害可怕。其实，就我看来，也不过是一个老官僚而已。你一定要我出京，却也容易。我现在无挂一身轻，说走，此时就可以走。”田桐说：“好吧。”两人一路到国光新闻社（这个新闻社是田桐主办的），把行李摒挡就绪，当晚就搭车出京，直达汉口。袁世凯在公府里头，正是公余休息的时候，和洪姨躺在烟榻上谈天，侍从送上信来，折阅看时，是宋教仁退支票的信。他阅毕冷笑道：“他藐视我了。他显然地表示着要和我做对头。”洪姨把信接过来看，说：“你的主意打错了，也不想想宋教仁是何等的人，他有党、有政策、有夺取政权的野心和计划。区区五十万元，他还放在眼里吗？我认为拿钱收买他是笨拙不过的事。他要是肯收呢，就会用你的钱做害你的工作；不收呢，那就表示鄙视你，拒绝你。”正在谈时，侍从报告道：“车站来了电话，宋教仁、田桐、张继三人，由西站出京。”世凯怒道：“谢也不来谢，辞也不来辞，太藐视我了，我容不下。”洪姨道：“堂堂的大总统要解决一个宋教仁，还不容易吗。”

宋教仁到汉后之演说词 宋教仁和田桐、张继一路离开北京，于壬子腊月二十四日，到达汉口扬子街的国民党交通部。部长蒋翊武于二十六日召集鄂支部及交通部的干部工作人员及党所提出的国会议员候选人，开欢迎大会。在支部部长石瑛宣布开会后，宋教仁致词云：“中华民国，是本党同志在孙中山先生领导之下，不避艰险，不恤任何牺牲，惨淡经营，再接再厉，才能够缔造起来的。不过民国虽然成立，而阻碍我们进步的一切恶势力还是整个存在。我们要建设新的国家，就非继续奋斗不可。以前，我们是革命党；现在我们是革命的政党。以前，是秘密的组织；现在，是公开的组织。以前，是旧的破坏的时期；现在，是新的建设时期。以前，对于敌人，是拿出铁血的精神，同他们奋斗；现在，对于敌党，是拿出政治的见解，同他们奋斗。我们此时，虽然没有掌握着军权和治权，但是我们的党是站在民众方面的。中华民国政权属于人民，我们可以自信，如若遵照总理孙先生所指示的主义和方向切实进行，一定能够取得人民的信赖。民众信赖我们，政治的胜利一定属于我们。世界上的民主国家，政治的权威是集中于国会的。在国会里头，占得大多数议席的党，才是有政治权威的党，所以我们此时要致力于选举运动。我们要停止一切运动，来专注于选举运动。选举的竞争，是公开的、光明正大的，用不着避甚么嫌疑，讲甚么客气的。我们要在国会里头，获得过半数以上的议席。进而在朝，就可以组成一党的责任内阁；退而在野，也可以严密地监督政府，使它有所惮而不敢妄为。应该为的，也使它有所惮而不敢不为。那么，我们的主义和政纲，就可以求其贯彻了。现在接得各地的报告，我们的选举运动，是极其顺利的。袁世凯看此情形，一定忌克得很；一定要钩心斗角，设法来破坏我们，陷害我们。我们要警惕，但是我们也不必惧怯。他不久的将来，容或有撕毁约法背叛民国的时候，我认为那个时候，正是他自掘坟墓，自取灭亡的时候。到了那个地步，我们再起来革命不迟。”说毕，全体鼓掌。这个时期，湖北各区的初选，已经完毕，正在办理复选。田桐、石瑛、吴寿田、范鸿钧等，都是第二区的候选人，邀请宋教仁前往黄州视察选举情形，教仁说：“好吧，我去捧捧场，看看热闹也好。”

风雨无边舟中联句 旧历癸丑（一九一三年）元旦的那一天。船政局备有差轮，在一码头江边等候。随从宋教仁出发的，有田桐、蔡炜、蔡寄鸥、查光佛、钟琦、韩言陔等十余人。开船时，晓雾连天，一望无际。教仁眺望江景，笑谓田桐道：“梓琴，好久不作诗了。我们来联诗玩玩，好不?”口吟道：“晓气连江北。”田桐不假思索，应声和道：“扁舟发汉阳。”蔡寄鸥道：“宋先生的原句，一定是‘晓气连江白’，一定不是‘江北’，你看满天是雾，何分乎江北江南。”教仁说：“是的，但是梓琴的对句，既用‘汉阳’，那就莫要阻拦了他的诗兴，改作‘江北’也好。”田桐又接吟道：“烟波渔父隐。”查光佛笑接道：“流水议员忙。”教仁拍掌笑他：“好！好一个流水议员忙。”田桐道：“竞生又聪明，又尖刻，开口就令人发笑。”正往下联时，忽然刮起大风来。这时，船到青山峡，白浪奔腾，船身颠簸得极其厉害。全船的人，个个都发晕呕吐，遂各伏舱而卧，屏息无声，诗兴也就停止了。船到阳逻，风声惭息。教仁道：“刚才的诗，没有完卷；我已经改成一首了。”念道：

晓色侵江北，轻舟发汉阳。潮声随岸远，山势送人忙。大地风云郁，长途风雪降。悠悠此行役，何处是潇湘。

他念完了，蔡寄鸥也拿着铅笔，在日记簿上记下来了。田桐道："宋大哥，你主张的责任内阁制，老袁是坚决反对的。昨天从北京来的人，说老袁此时将采取暗杀你的手段。怎办呢？"教仁道："暗杀的事，防之不胜防，怕也怕不了，只有处之泰然。我在这个时期，生有生的关系，死也有死的关系。我若真被暗杀或足以激动同志们的奋斗，而缩短袁氏的政治生命，也未可知。"说着，推窗外望，轮船已到团风。只听得岸上锣鼓喧阗，欢声动地。有不少的红男绿女，在岸上唱"采莲船"。因为这一天是正月初一，乡村正在贺年。教仁说："今天是农历元旦，应该是农村快乐的一天。"钟琦说："我们选举胜利，责任内阁成功，把一切建设搞好，百姓更快乐得多。那就一年更比一年新了。"查光佛笑道："你所说的，正是正月初一的开门调——恭喜发财。"大家正在闲谈，只听得远远的炮声，一连响了九响。原来是兵船上欢迎的炮。船已经到了黄州，驻扎黄州的第五师师长（这时已改镇为师）吴兆麟，督率所部，在江岸上整队迎接。各界人士，及初选当选的选民，参加的不下万人。教仁登岸，在五师司令部稍为休息一会，即出席各界的欢迎大会。对选举意义及议员对人民所负的责任，作极诚恳的演说，并抨击袁世凯的一切阴谋。词意激昂，听众无不鼓掌。会散了，寄寓于汉阳门外的赤壁。因为教仁此来，是说要游览赤壁胜迹的，所以吴兆麟把赤壁上的僧房收拾干净，并派有卫队守护着。赤壁在城之北角，峭壁屹立，亭阁巍峨，是苏东坡谪贬黄州吟风弄月的所在。历代名人题写的楹联甚多，不可胜纪。教仁游到二赋堂，很赏识丁尚存的一联："胜迹访黄州，曾携鱼酒再勾留；奈烟水苍茫，何处觅泛舟苏子？雄文争赤壁，谁把江山重点缀；想风流豪宕，前身本顾曲周郎。"叹道："苏东坡经纶满腹，不得志于当时，还能够欣赏湖山，纵情诗酒；我们就不能享此清福了。"田桐说："在昔专制时代，做官的贬谪下来，忧谗畏讥，只有韬光养晦，以求自保。哪里像宋大哥在稠人广众的演说场中，公然的侈谈革命，痛骂政府。你看那墙壁之上，不是嵌着苏东坡水调歌头的碑文吗？"念道："明月几时有，把酒问青天。不知天上宫阙，今夕是何年。我欲乘风归去，又恐琼楼玉宇，高处不胜寒。起舞弄清影，何似在人间。”又道：“这一首词，当时传至内廷，神宗道：‘苏轼在外，还记得君父吗?’果然因此而感动君心，把他的官职开复了。可见谪官的一言一语，一举一动，时常有人刺探着。宋大哥来到黄州，安知袁世凯没有派出侦探，随你来到黄州。你公开演说，大骂袁世凯，一定会有人打电报到北京，报告袁世凯的。”教仁说：“你说了大半天，我说你拟不于伦。他也不是皇帝，我也不做他的官，怕他做甚。”田桐道：“你说他不是皇帝，我看准了，他一定要做皇帝。”教仁道：“他要做皇帝，就是自速其亡了。历史是前进的，决不会开倒车。你放心，再不会有皇帝。”住了两三天，选举揭晓，国民党当选的，有石瑛、田桐、吴寿田、范鸿钧等数人。宋教仁欣然搭着下游轮船，到南京去了。

国民党竞选大胜利　宋教仁真算得是出类拔萃的政治家。他的言论风采，到处都能抓住广大的群众。他由黄州南下，很参加了几区的选举运动，无不奏凯而归。计此次选举结果，众议员总额五百九十六名，国民党所占议席有二百六十九名，共和党一百二十名，统一党十八名，民主党十六名，跨党者一百四十七名，无所属者二十六名。参议院总额二百七十四名，国民党占议席一百二十三名，共和党五十五名，统一党六名，民主党八名，跨党者三十八名，无所属者四十四名。由此计算下来，国民党所占议席之多，即合统一、共和、民主三党，尚不及其三分之二。故当时的国民党员，无不欢欣鼓舞，宣传组织国民党的一党内阁，而以宋教仁为内阁总理。这个计划，预料是一定会实现的。国民党的胜利，当然引起袁世凯的恐慌。他肯甘心吗?他能够坐视政治斗争的失败，而不谋挽救吗?

袁世凯谋杀宋教仁　宋教仁此次南下，到了南京和浙江、安徽等省区。除领导选举运动而外，并召集各地当选的代议士开了很亲密的座谈会。无非是说明政党内阁的必要，以加强同志的团结和信心。他每到一处，就有人刺探消息，以密电报告袁世凯。因而袁世凯终日焦思，有寝不安席食不甘味的状态。洪姨劝他道：“着急有甚么用，还是照我从前所想的计划，加紧进行吧。”世凯道：“这件事非同小可。除了你的哥哥和赵智庵两人而外，不能使其他一个人知道，要秘密，要做得干净。不然，画虎不成，反而类狗。我的面子，可是蚀不得的。”洪姨说：“那是当然。不过款项一层，要有充分的准备。自古道，重赏之下，必有勇夫。要人拼命，就不能够惜钱。”世凯说：“款项不成问题。你说赵智庵重用的那个应夔丞靠得住吗？”洪姨说：“我家哥哥说过，应夔丞住在上海多年，认识不少的江湖朋友。刺杀的事，正要那些人担当。”世凯说：“你打电话去，把你哥哥唤来。教他邀着智庵同来见我。”当天晚上，国务院的秘书洪述祖，同赵秉钧一路去见世凯，密谈了两点多钟。次日，即由秉钧与应夔丞商妥，带着大批款项出京往沪。秘密中的暗杀计划，由此开始了。

应夔丞赏识吴福铭 应夔丞到达上海，寄寓在法租界的共和旅馆。这爿旅馆，是反正后新开的。主人尤老么，是应夔丞手下的一个把兄弟。从前在黄浦滩头，不过是“小瘪三”一类的“白相”人物。反正以后，陡然发了横财。夔丞住在这里，他特为收拾几个大房间，一切供应，非常地周到。夔丞在上海原是玩过大场面的，孙中山先生由海外回国的时光，黄克强和上海都督陈其美邀集各省代表举行盛大欢迎会，夔丞就是招待处主办庶务的人。所有上海的工商界，以及租界上住的地痞流氓，上上下下，形形色色，都有他的相识。这次再到上海，荷包里有的是钱，也就展开了“仁义大哥”的局面，对所有前来拜访的人，招待救济，都表示满不在乎。尤老么说：“大哥，你这样有求必应，恐怕惯了他们，将来应接不暇咧。”夔丞说：“我这回到上海，要多交几个朋友。用几个钱，算甚么，横竖我不久要回北京。”说着，有一个做古董生意的王阿四来了，夔丞认得他，问道：“阿四，你发了财吗？有本钱做古董生意？”阿四说：“我哪里有本钱，不过替古董店做掮客罢了，应大爷，好容易遇着你，请你照顾我，替我荐一个可靠的差事。”夔丞道：“有倒有个差事，不过……”阿四说：“只要不是办笔墨的事，其他，我甚么都做得来。”夔丞道：“我要用一个马弁。你会放手枪吗？”阿四说：“我……我就是不会这。……”夔丞说：“你不会，我另外再想法吧。看你机会何如。”正在谈时，忽然有一茶房前来报告道：“三层楼四门摊的台子上，有一位姓吴的，拿出手抢一支，押在三的独赢上，硬要作洋五百元。声明输打赢要，一点不含糊。掌管台子的正在调停，但是那位姓吴的，强硬得很。请老板示下，看如何对付才好。”老么道：“又是那个姓吴名叫福铭的小伙子吗？你赶快打电话报告捕房，将他拿获要紧。”说着自去。王阿四说：“你要找会放手枪的人，这个人，才会放枪咧。百发百中，连天上飞的雀子，随便就打得下来。不过他犯了杀人的大罪，怕不能用。”应夔丞听说，叫茶房引路，到三层楼上的赌场去看，果然有一支手枪在台子上面横着，问道：“哪一位是姓吴的朋友？”吴福铭昂然答道：“我是吴福铭。不找别人，专找尤老板。”夔丞从腰间掏出五张一百元的汇丰钞票，笑嘻嘻地说：“我是应桂馨。这五百块钱是我给尤老板垫的。我向来爱朋友，今日趁此机会，来认识一个朋友。”台子上的人说：“这是从北京做官回来的应大人。他出面调停，你的面子才玩得十足咧。”福铭道：“既是这样，姓吴的不要钱。”当即把手枪插在怀中，扬长自去。夔丞说 ：“他不要钱，事情还没了。不晓得他住在哪里？”阿四说，“我听人谈过，好像是住在大马路孟渊旅馆里头。”第二天清晨，夔丞特往孟渊旅馆访问，果然在十三号房间访着了。相见之下，谈得极其融洽。因为他会放手枪，所以应夔丞想利用他，不惜金钱，拿出种种手段，来交接他。当天邀在一起吃大餐，逛窑子，玩得不亦乐乎。提起尤老么，福铭说：“他突然发财，来路太不光明。我老吴是不能饶恕他的。”夔丞问：“你与他有何仇恨”？福铭说：“此时不谈，我干了，再告诉你。”过了两三天，尤老么从外面回来，刚到旅馆门前，被人一枪打死。旅馆的茶房和账房，都认为杀人的凶手一定是吴福铭。报告巡捕房，巡捕房将他拿获了。夔丞听说，连忙到捕房去，会见他所熟识的包探头，说：“吴福铭是我的旧部，和尤老么也是朋友。因为关系密切，借贷的事，容或有之。说他是刺杀尤老么的凶手，未免太冤枉了。尤老么做的案子很多，你们巡捕房，还不清楚吗？他还没有仇人吗？”说着，拿出一千元的支票，送给包探头。案子还没有上交，就私将福铭开释了。从此应夔丞与吴福铭感情上又进了一步。应夔丞此时，在文元坊租了一栋房屋居住。吴福铭也住在那里。问起吴福铭的身世和杀死尤老么的原因。吴福铭才照直讲道：“我根本不是吴福铭。我是山西人，原名叫做武士英，一身落魄，逃到云南。起义的时候，我得了一笔功劳，一跃而为营长。我年纪还轻，今年刚满二十二岁。在云南娶了一房妻子，被我的顶头上司一位姓汤的统领占夺去了。我气愤不过，每天清早，在郊外练习手枪。练了大半年，到了百发百中的程度，我才下了决心，把我的仇人打死。一口气跑到上海。身边一无所有，只有一管手枪；没有办法，我只有打劫度日了。在这时期，我认识尤老么，同他打伙，做了一笔大生意。成功以后，他把钱一人吞没，将我送在巡捕房，坐牢顶罪。因此我出狱之后，立志非杀他不可。我不杀他，他也是要杀我的。”应夔丞道：“好的，有仇不报非君子，恩怨分明是丈夫。你做事痛快，实在可敬，我想同你拈香换帖，结成同生共死的弟兄。你愿意吗?”武士英说：“你是何等之人，我怎么高攀得上。我的性命，是你救出来的，你是我的大恩人，几时叫我死，我就去死，讲什么同生共死。”夔丞道：“快人快语，应桂馨相见恨晚了。”当天换了兰谱，并且在妓女胡翡云家中大请其客。热热闹闹的，玩了几天。夔丞手下的一般流氓，都背后猜议道：“应大爷对待吴福铭，为什么这样的要好?”有的说他用钱如粪土一般，大概是抢劫得来的，这样宠用吴福铭，一定因为他会放手枪，好利用他去抢。有的说他是受了革命党的委任，在这里结纳亡命，准备着第二次革命。这些谣言，应夔丞都听着了。正好一时利用，以淆乱社会的视听，掩护其密探与暗杀的阴谋。他不独把一般流氓都抓在手里，并且对于革命军的退伍军人，也广为结识，俨然以党人自居了。可是他没曾提防着，做古董生意的王阿四，是南京稽察处派来的“水客”。时常借贩卖古董的名义，来侦探他的行动。

密商刺宋之来去函电　宋教仁由湖北黄州南下，到达南京的时候，应夔丞密派多人，前往侦查其行动和言论。二月一日，应夔丞接得洪述祖由北京来函，云：“桂馨弟鉴：大题目总以做一篇激烈文章，乃有价值。弟须于题前径电老赵，索一数目。”电文用意，是教他做一件惊人的事，并须于事前直接打电给赵秉钧，要他汇一笔巨款。因为这笔款，洪述祖是有分账的。应夔丞用“川密”电码，由程经世转赵秉钧云：“宪法起草，以文字鼓吹，金钱联合。主张两纲：一、除总理外不投票，二、解散国会。此外何海鸣、戴天仇等，已另筹对付。”二月二日，又寄一电，云：“孙、黄、黎、宋运动极烈。民党忽主宋任总理。已由海外购得宋犯骗案刑事提票，用照辑印十万册，发行。”二月四日，洪述祖致函应夔丞云：“冬电到，赵阅外，即交兄手，面呈总统。阅后，色颇喜。说弟颇有本事。既有把握，即望进行。兄又略提款事，渠说将宋骗案及照出之提票式寄来，以作征信。弟以后以川密电寄兄可也。”这个电报，可把夔丞难住了。“宋骗案提票”，根本就没有这回事。要他拿凭据出来，他哪里去找。好在这不过是毁坏宋的名誉，与刺宋的主题无关。因为，宋此时在各处指导选举事宜，尚未到达上海。所以暗杀的事，尚未进行。夔丞与洪述祖来去的函电，只是报告政治运动的一切秘密而已。夔丞在上海住着，与一般市井流氓征逐于花天酒地中，挥霍的金钱，当然不在少数。屡次打电报、发快信，向洪述祖要求汇款。洪述祖回信说：“总要在物件到后，但为数不过三十万。”夔丞怒道：“要人办事，不先寄钱来。谁有钱垫出应用。况且区区三十万，做得什么，我已经用冒了头咧。好在国务院交下的八厘公债，尽可以卖出钱来，不怕他不承认。”当即发“川密”蒸电致洪述祖道：“八厘公债，在上海指定银行交足，六六二折，卖三百五十万。请转呈。当日复。”三月十二日，宋教仁由南京到达上海。夔丞因提票证据无法办到，只得写信一封，说几句激烈的话。表示其秘密工作，正在进行。十三日致洪述祖函云：“《民立》记者宋钝初在宁之演说词，读之，即知其近来之势力及趋向所在矣。事关大计，欲为釜底抽薪计，若不去宋，非特生出无穷是非，恐大局必为扰乱。”这一封信，还没有寄到时，述祖有“川密”电复夔丞云：“蒸电已交财政总长核办。债只六厘，恐折扣太大，通不过。毁宋，酬勋位。相度机宜，妥筹办理。”十四日，夔丞又去一电云：“梁山匪魁，四处扰乱，危险实甚。已发紧急命令，设法剿除之。转呈候示。”所谓梁山盗魁，即明指宋教仁。述祖接得此电，即往总统府，面呈袁世凯亲阅。并代为进言道：“应桂馨办事，很有胆量，很有决断。因为办事要钱，所以卖了公债，好像应该照准的。”世凯说：“好，你就回电照准吧。”述祖即以“应密”铣电致夔丞道：“寒电到。债票特别准。何日缴现？另电汇润我若干？今日复。”这封电报，就是说公债票卖了三百五十万，已经由大总统批准了。哪一天可以兑现？并且分润我有多大的数目？赶快回电。十八日，又电催云：“寒电应即照准。”十九日，再电催云：“事速照行。”在此函电交驰之下，又得了折算二百多万的一笔巨款。不杀宋教仁，应夔丞是难以销差的。他于是把武士英请到跟前，秘密商议。问道：“武贤弟，你我萍水相逢，一见如故。我待你总还不错吧。”士英道：“大哥天高地厚，小弟永世不忘。”夔丞说：“我拜托你做一件事，但是很危险，你愿意吗?”士英道：“我已经向大哥讲过，大哥教我死，我就去死，还怕什么危险。请问是一件什么事?”夔丞说：“昨天宋教仁演说，我不是邀你去看过的吗?我不是教你将他的面貌认识清楚吗?昨天袁总统有电报给我，要我刺杀此人。我是不会放手枪的。你能替我代劳吗?刺杀宋教仁。你愿意吗?”士英慨然答道：“大哥要我做，我当然做。当做不当做，我是不管那些的。”夔丞说：“你既愿意答应我，说干就干，明天上午九点钟宋教仁和黄兴一路由沪宁车站到南京。你可以怀着手枪，到车站去行刺。缓一会，我们到车站跟前，把地势查勘一下，计划着如何派人接应，如何动手行刺，如何夺路脱逃。一切要布置周全，免得临时仓皇，误了大事。”士英说：“大哥放心。我的枪是百发百中的。只要有两管手枪，把子弹上满，行刺以后，是容易脱逃的。大哥切不可派人接应，人多手乱，反而容易误事。我有十万分的把握，包管单人独马，奏凯而归。”夔丞道：“老弟快人，我深信可操胜算。今天晚上，我们在胡翡云那里，多吃几台酒，恭祝老弟成功。”

宋教仁惨遭刺杀　三月二十一晚十时，宋教仁在上海沪宁车站乘车前往南京。送行者有黄兴、廖仲恺、于右任、陈英士等。刚跨上车门，忽有一个着黑呢军服的矮汉，对准宋放了一枪，击中了他的右腰。教仁大呼道“有人刺我!”那个矮汉急忙向人丛中逃走。因为雨后路湿，滑倒了一跤，马上爬起来，向追的人放了几枪，便在漫漫夜色中，逃走得无影无踪了。于右任把宋教仁扶上汽车，伴送他到靶子路沪宁铁路医院就医。当晚用手术取出子弹，验明弹上有毒，急为剖腹涤肠，伤势立呈恶化。他从昏迷中醒过来，喝了一口水，勉强地吐出微弱的声息，说：“我的朋友呢?”于是黄兴、陈英士、于右任、廖仲恺等都赶到跟前。各人脸上，都挂着一串串的珠泪。教仁在榻上挣扎着说道：“我这番打算北上，意在调和南北，一致对外。不料……”说到这里，又大声呼痛。停了一刻，把脸转过来，向黄兴道：“我死后，公等仍须努力国事。替我写遗电。”黄赶快拿了一枝笔，在宋的枯颤嘴唇边，一面听，一面写。写着下面几行字：

伏冀大总统开诚心、布公道，竭力保障民权，俾国会得确定不拔之宪法，则虽死之日，犹生之年。

二十二晨四时，这位至死不忘民权的革命先烈，竟与世长辞了。死时，年仅三十有二。家有老母，因奔走国事，不获侍养。他在汉黄江上所吟的诗有“悠悠此行役，何处是潇湘”，已经有“不遑将母”之感了。陈英士亲为市棺办理丧事。国民党上海交通部，发出通告：“本党代理理事长宋先生之丧，各党员臂缠黑纱志哀。”党人之悲痛与愤怒情形，不可言喻。返而观之袁世凯的特务，都欢乐鼓舞，奏他们凯旋之歌。当宋被刺时，武士英回去报告说：“人已打中要害，必死无疑。”应夔丞即以“川密”号电，致洪述祖云：“二十四分钟所发急令已达到。请先呈报。”二十一日又致述祖“川密”个电云：“号电谅悉。匪魁已灭。我军一无伤亡。堪慰。转呈。”这一封电报和宋教仁的遗电及讣电，同时达到袁世凯处。世凯心中暗喜，表面上却对文武官员叹道：“宋教仁在上海遇刺身死。昊天不吊，坏我栋梁，真乃国家之大不幸也。”立命下一道通缉电令。有“暗杀之风，尤不可长。亟须严缉正凶，归案重办”等语。应夔丞更异想天开假造其他证据，以迷乱天下人的耳目。于二十三日，寄函国务院云：“沪上发现一种监督政府政党之裁判机关。并附有简明宣告文，杂列宋教仁、梁启超、袁世凯、赵秉钧、汪荣宝等之罪状。谓俱宜加以惩罚。特先判决宋教仁之死刑，即日执行”等语。国务院据此通告全国，反而引起全国的怀疑。正是说“此地失银三百两，隔壁小二不曾偷”。作伪心劳，实足以表现其手段之拙劣而已。

凶手被捕铁案如山　南京稽察处原派有暗探多人，在上海租界常驻扎着。凡是巡捕房的包探和黄浦滩上的流氓，都是同他们息息相通的。宋案开始侦查的时候，贩卖古董的王阿四，就把吴福铭和应夔丞的一段关系，当众宣布出来，以供研究。大众都认为可疑，即日在湖北路迎春坊二百二十八号妓女胡翡云家中将应夔丞、武士英一齐拿获。同时，在文元坊应宅搜索，搜出大批证件及现洋手枪等事，一并解交捕房。经过中西的官吏和警捕会同检查，认为人证两获，铁案如山。在捕房审讯时，武士英自承真姓名，以前的杀人案，一切都承认了，惟对于宋案则坚不承认。应夔丞则自承为革命党人，随便乱扯，不归正题。当天夜晚，武士英中毒死了。明明为应的党羽所为，杀之以灭口。捕房因对于夔丞防范极为严密，他有烟瘾，就由他在牢内吃烟了。在夔丞尚未被捕，应宅尚未被抄以前，袁世凯为掩护耳目起见，特电令江苏都督程德全、民政长应德闳穷究主名，务须求得真相，以大白于天下。四月二十六日，案情既得。程德全、应德闳遂联衔电呈大总统，并通电全国。将此案证据，尽量宣布。将应、洪来去函电，在全国各报发表。因之全国震动，一般舆论，均认为证据确凿，铁案如山。不独可以判定国务总理赵秉钧是谋杀的主犯，就是大总统袁世凯也不能不认为是罪犯之一。程德全、应德闳请组织特别法庭审讯。但是司法总长许世英力持不可，于是决定由上海地方审判厅审理此案。开审数次，原告律师金泯澜提出坚决的主张，谓本案主犯，明明为赵秉钧、洪述祖两人，非传洪述祖和赵秉钧到案，就无从审讯了。当时全国各报一致赞同，于是上海检察厅发出厅票，径传赵秉钧。秉钧特向世凯提出辞呈，世凯冷笑道："辞甚么？这也理他吗？他传他的，你干你的。看他其奈你何。暗杀一个人，他们就这祥地闹。马上我大举南征，少不得整千整万地杀，看他们其奈我何。"

第二十七章　宋案发生后的政潮

武汉各界之追悼大会　宋教仁被刺后，武汉各界在汉口满春戏园，开追悼大会，到者三千余人。所有国民党党员，均臂缠黑纱志哀。场上所悬的挽联，不下千幅。记得杨玉如和刘赓藻共撰一联云："桃源何处寻渔父；博浪翻来击子房。"《震旦民报》有一联云："地下若逢吴大将军，愁说沿边住民无恙；天公不负武平章事，讵令河北逆贼长存。"均针对袁世凯而言。其他皆充满悲痛与愤怒情绪，不及备录。省议会议员詹大悲及烟台卸任都督刘艺舟，均有慷慨激昂的演说。主张通电全国，一致声讨袁世凯，并须发起罢工、罢市、罢课及抗税、抗粮运动，以示与北京政府断绝关系。

王治馨口中出供状　北京各界举行宋教仁追悼大会时，袁世凯命京兆尹王治馨出席，向大众解释。王治馨是参加过刺宋秘密的。哪晓得愈是解释，愈是露出马脚。其言道："去年应桂馨到京，向赵总理自告奋勇，要暗杀不利于政府的宋教仁。总理说：'此事太大，须向总统请示。'后来总理偶向总统谈及此事，总统说：'政见虽然不同，暗杀究不是办法。'可见宋案发生，与总理和总统都是没有干系的。"这一段话，分明说刺宋之事袁、赵事前得知。一时报上喧传，又添了一桩证据。袁世凯闻之，赫然大怒。后来他为了五百元的赃案，被袁判处死刑，这是因为他泄漏了宋案秘密的原故。

袁世凯制造血光团　宋案发生，袁世凯成为众矢之的。议员的质问，报馆的攻击，他实在太难堪了。用尽脑筋，想不出一个抵抗的办法。忽然接得电报，内称徐宝山在徐州被刺，全身炸伤；凶手冒充古董商，进署时，将炸药装置于古董箱中。爆发时，凶手退出，以电话报告警厅，自承姓字。接着，又有信报告，自称为血光团团员，警厅立派队往捕未获等语。世凯看了电报，捻髯而笑道："有了这一笔案子，我可以抵制他们了。"当即打电话到步军统领衙门说："顷据密报，血光团首领黄兴派遣团员，在各地组织机关，图谋暴动，并刺杀军政界重要人物。除饬令侦缉队加紧防出捕外，应即发出通告，俾众周知。"步军统领衙门，不敢怠慢，当即遵令办理。人民读了布告，接着又看见报上载着徐宝山被刺的事情，于是乎"血光团"这个名词，遂成为街巷中谈虎色变的事了。第二天，步军统领衙门的侦缉和警察厅的探员，果然在羊肉胡同破坏一个血光团的机关。更有所谓血光团团长周予儆女士向京师地检厅自首，说她是奉着血光团总团长黄兴的命令，在京进行暗杀和暴动工作，并在京、津、沪、汉、宁、皖各地，均设有秘密机关。步军统领衙门和地检厅、警察厅据情向国务院及总统府报告，更由地检厅票传黄兴来京对质。与上海审判厅票传赵秉钧到案，形成了针锋相对的文字，摆下了旗鼓相当的阵容。黄兴住在南京，接得传票，勃然大怒，立即致电袁世凯，其文如下：

> 顷据报载，都中军警机关，破获血光团之秘密组织。其中分子，供称受有兴之命令，目的在推翻政府，暗杀要人。旋又接得传票，传兴到京对质，不胜骇怪。兴既蒙有重大嫌疑，在侦察与传讯期间，不能辩，亦不屑辩。惟必须将搜获证件，认为确实与兴有关者，尽情宣布，公诸国人；且移交司法衙门，公开审理。兴当然亲自到案，以求得平允之裁判，决不至稍示畏避也。国法森严，总期无枉无纵。皇天后土，实鉴临之。

袁世凯接得此电，想道："克强倘若认真地到案，怎办呢？他要我拿出真凭实据来，那末，假造的委状、假造的关防和印章，有是有的，是不是算得真实呢？周予儆到了性命交关的时候，是否靠得住她不反供呢？这是做不得的。可是押在步军统领衙门的周予儆，放也放不得；押久了，又恐怕弄假成真；杀了吧？她又有介绍人和担保人。怎办呢？好吧，送她一万元，遣送她出洋留学吧。"这一件惊天动地的恐怖事件，无形之中，竟自烟消云散。可是住在南京的黄兴，又打了两个电报，要追究到水落石出。袁世凯迫不得已、才复了他一个电报如下：

血光团破获之罪犯，供词虽牵涉我兄，但明为不逞之徒假借名义，以资掩护。军警机关不察，遂至堕其术中，妄肆票传，殊属不成事体。除严加申饬特此表示歉意，即希鉴原。

黄兴接得此电，笑谓程德全道："袁慰庭此电，已经是负荆请罪了。可是他正在准备，一面在进行大借款，一面调兵遣将，步步南移，显然是准备打仗的。我们要想个对付办法才好。"德全叹道："南方的军队，差不多遣散完了。北方的兵力，反而一天强大一天。这回要发动战争，我们很少把握。"黄兴默然。

三党合组进步党 一九一三年四月八日，第一届正式国会开会于北京。其时宋案的秘密，完全在报上披露了。国民党一派的议员，当然表示愤懑。在参众两院八百六十议席中，国民党就占了五百多席，马上要选大总统，于袁世凯自然是不利的。世凯为了冲破这个难关，一定要联合共和、统一、民主三党的议员，并拉拢跨党的及无所属的议员，组织为一个大党，才可以压倒国民党，以求得总统选举的胜利。这个计划，他早已布置好了。五月二十九日，三党合并之进步党，开成立大事。举黎元洪为理事长，梁启超、张謇、伍廷芳、孙武、那彦图、汤化龙、王揖唐、蒲殿俊、王印川九人为理事，林长民、时功玖、王荫棠为政务部正副部长，丁世峄、孙洪伊、胡汝麟为党务部正副部长。政务方面，以汪荣宝、汪有龄、饶孟任任法制；吴鼎昌、解树强、褚翔任财政；林志钧、赵管侯、克希克图任外交；罗纶、王传炯、管云臣任军事；耿臻显、陈廷策、萧湘任教育；张善与、李素、王湘任实业；汪彭年、于元芳、董昆瀛任地方自治；张嘉璈、胡源汇、戴声教任庶政。党务方面，以王家襄、凌文渊、祁桂芬任文牍；金还、胡瑞霖、张开屏任会计；黄为基、李文熙、李俊任交际；梁善济、郑万瞻、孙熙泽任地方；张协灿、虞廷恺、于邦华任庶务。其党纲分为三项：

一、取国家主义，建设强善政府。

二、尊人民公意，拥护法赋自由。

三、应世界大势，增进平和实利。

国民党内部的分裂 在袁世凯号召之下组织的进步党，既已大告成功，即开始向国民党为猛烈的破坏运动。首先受其软化的，就是刘揆一。刘本为日知会会员，由日知会以至同盟会、国民党，每个阶段他都参加，资格是很老的。一九一二年六月二十九日，陆征祥继唐绍仪组阁，他被任为工商部长，曾发出脱离同盟会的宣言。迨宋案发生，刘由京南下，以调停南北争潮为己任，被宁沪党人所拒绝，败兴而返。在京之国民党议员，见之莫不齿冷。刘极其难堪，乃假借调和党争名义，招集同志，组织相友会。自是而后，国民党起了分化，有下述的五个小政团：

（甲）相友会：会长为刘揆一，副会长陈辅辰，干部人物为孙钟、黄赞元、张国裕等，会员共三十名；与国民党不合作。

（乙）政友会：首创者，一为国民党籍众议员景耀月，曾任南京政府教育部次长；一为组织国事维持会，曾任安徽都督的孙毓筠。成立于一九一三年六月十九日，开办经费，系由袁世凯给以五十万元。其政纲标明为发展国力，实行世界的国家主义。其会员国民党籍占五分之三，进步党籍占五分之二，共计六七十人。孙复为“筹安会六君子”之一，是洪宪帝制的倡导者。

（丙）癸丑同志会：此会由湖南众议员陈家鼎等组织而成（陈曾与吴景濂争议长而失败）。干部人物为刘公、张我华、马小进、韩玉辰诸人，会员计十余人。为国民党之别动队，与政友会、相友会之为反国民党者，大不相同。

（丁）集益社：此社为广东人的集团，由朱兆莘执其牛耳，有社员二十余人。其后除朱氏个人而外，皆并入梁士诒所组织的公民党。

（戊）超然社：为国民党议员郭人漳、夏同龢所组织，有社员三十余人。

照这看来，国民党在参众两院所占的议席，虽然多于共和、民主、统一三党的总和，但是在袁世凯威胁与利诱之下，有好多是经不起考验的。党之衰落情形，由此可以想见。

准备作战的大借款 袁世凯任临时大总统后，明知下野后的国民党仍须致力于政治的斗争，为排除异己起见，就不得不需要大批金钱，以扩充自己的军事势力。因命亲美英之唐绍仪出面，以善后名义，举行巨额的借款。此项借款，系继承美国从前发起之四国银行团的线索，由美国代为号召的。日俄两国，提出满洲除外条件后，亦相继参加，便成为六国银行团了。所议条件内容如下：

一、由六国银行团派代表监督借款用途。这种代表，称为协理洋员。

二、以盐税为担保。由六国银行团设立特别税务机关执行。

三、中国在此借款期间，不能向六国以外的任何银行团借款。

这些条件之外，还有六国公使对于本借款的决议。谓大借款所言监督权，如中国不能实行，则六国须以国力干涉之。可是在进行成熟时，事情又发生波折。三月四日，六国最后所表决的财政监督官中，没有美日两国的名额。日本迅速地请各国帮助在袁世凯其他机关中，获得一席顾问，作为补偿。只有美国落空了，美国没有监督官，就失掉对中国的控制权。他于是一怒退出六国银行团来，进行破坏活动。他劝袁世凯放弃大借款，多举行小借款。袁世凯款借到手，当然是置之不理的。合同上的数额，虽是二千五百万镑，首先经过银行家和债权人扣除百分之十六的利益，只剩下二千一百万镑，再由付款团扣除各种名义的到期赔款和垫款等计一千二百七十余万镑，剩下来的，只有八百万镑。借这样的阎王债，袁世凯要急于用兵，终于不顾一切，而独断独行了。四月二十六日，内阁总理赵秉钧、外交总长陆征祥、财政总长周学熙等鬼鬼祟祟轻轻悄悄地溜到汇丰银行，签订借款合同。孙中山先生派参议院副议长王正廷阻止，无效；民党议员多人守候在交民巷，被袁的军警驱散。黄兴写信向财政部长周学熙诘问，周学熙回敬了几句言婉而意严的信道：“黄先生为手创民国之元勋，一言为天下重。学熙奉职无状，敢不引咎自责；惟有肉袒面缚，敬候斧钺而已。”就是说：“事已做了，任你怎办！”此借款签订以后，各报都披露出来。起先攻击政府的，只有刺宋一案，现在又加上大借款，益发增加国人的愤怒。于是各地反对的通电，占满了报纸的篇幅，尤其是江西都督李烈钧、安徽都督柏文蔚、广东都督胡汉民、江苏都督程德全、湖南都督谭延闿措词更加激昂。袁世凯举行大借款，正是要扩充军备，向国民党的实力派进攻。愈是向他说激昂的话，他愈是有所借口。战事就在目前，这不是很明显吗？

岑春煊调停被拒绝　借款成立了，袁世凯决计用兵了。岑春煊见时局严重，特派蓝建枢为代表向袁进言调和，请袁勿走极端，恐战衅一开，则南北分裂，势将不可收拾。袁恼着面孔答道："你是奉岑先生之命，替南方作说客的吗？要晓得今日的时局，并非南北问题。乃是地方不服从中央，应如何谋统一的问题。宋案自有法庭，借款自有议会。我与岑先生，都不能讲话。你是现役军人，尤其不能讲话。不过李烈钧和柏文蔚等，都是中央任命的地方官，他们公然地反抗中央，便是破坏国家的统一。中央是绝对不能容忍的。你可以对国民党的人直讲吧，我已经下了决心，他们一味地毁谤中央，无非是想捣乱；我受四万万人民付托之重，决不容他们捣乱。"蓝建枢碰了钉子，败兴而返。这个钉子，也是给岑春煊碰的。岑春煊与袁世凯，本来很有交情。但是岑与南方的革命党人关系也极其密切，南北议和时，南方有推举岑为大总统与袁对抗之说。倡此议者，为日本犬养毅。事为熊希龄所侦悉，即告密于袁，因而袁怀恨在心。此次宋案发生，又有拥戴岑为总统在宁设立政府以对抗袁世凯之计议，又为袁之特务所侦悉，以报告于袁。故袁于接见蓝建枢时，即面有怒容，这一段话，正是从心内的愤怒发出的。不久，熊希龄发出通电，揭破日本人对华之分裂阴谋，即以拥戴岑春煊一事为其根据。熊希龄后来组阁，正是这一篇通电打响的。

弭祸公会之发起及其主张　弭祸公会，为蒋智由所发起。其中分子，多系国会中无所属之超然派议员，主张袁世凯自动辞职，以息兵事。其所发出之通启如下：

窃自宋案证据宣布，中外骇怪，人心愤哗。以民国开始之政府，而有此血腥之奇案，外贻四海之羞，内激萧墙之变。以法律平等而论，无贵无贱，均须到案；免冠对簿，既失政府之尊，若违法自上，不可以为万世之则，亦不足以平天下之心。国民党之与政府，屡相龃龉，本未调和，所以未由决裂者，则以无词可借，俱为戎首耳。今结此大难，授以问罪之据，不为无名之举。一旦发难，见诸兵戎，政府若辞屈而服罪，有伤统驭之权；若顽强而相抗，必成骚扰之局。南北或至分裂，四民陷于涂炭。即不然，而或合数省之都督、师、旅军官，联合以请政府之到案。则神圣不可侵犯，惟君主始有此权，今政府之所承认者，乃民主而非君主，自不得援神圣不可侵犯之律。本会为保全大局，力求和平，惟有求大总统退位，并矢言不再任总统，以示无利其禄位之心，庶可以自白于天下。本会均属超然，不入党派，向与国民党殊其宗旨，亦与宋教仁异其政见。惟国家兴亡，匹夫有责。当此大局动摇，不一设法挽救，民命危、国脉绝矣。为此呼吁大众，共莅此会。救亡图存，实利赖之。

民党要人之重要会议 宋教仁被刺时，孙中山先生尚在长崎，接得讣电，于二十五日赶到上海，抚棺痛哭，其悲愤匪言可喻。次日，在同孚路二十一号黄兴住宅开秘密会议，讨论大局问题。到会者，有孙中山及陈其美、戴天仇、钮永建、居正、黄兴、于右任诸人。柏文蔚以省亲为名，亦由安徽赶到。孙先生说："袁世凯背叛民国，逆迹昭彰，非举行讨伐不可。"黄兴说："此时正在全国愤怒中，诉诸舆论、诉诸法律，不能说没有力量；我们暂以冷静态度持之，以待正当解决，何如？"戴天仇说："袁世凯心目之中，哪里还有法律？还有舆论？"黄兴说："南方武力不足恃。苟或发难，必致糜烂大局。依我之见，不如诉诸法律为好。"这一次会议，是没有甚么具体办法的。及至大借款告成，袁世凯正在调兵遣将的时候，孙先生又召集会议，讨论对付方法。黄兴在会场的言论，还是抱定了"法律解决"的成见，不肯诉诸战争。其时，汪精卫由欧洲回国，也列席，主张国民党应作在野党。勿为泥中奋斗。黄兴说："你既赞成我的意见，主张和平。那末，就请你为调和专使，到北京去一趟，何如？"天仇道："岑西林派代表去，碰了一个硬钉子回来。再派人去，有甚么用？"汪说："我决计去，我不怕碰钉子。"因为这个时候，汪已经得到袁克定的电报，文云："别来经年，想见若渴。弟扶病北来省亲。晢子云兄将来，惟迟行未至，伏枕怅望。尚冀早来，借慰病友。克定。谏。”所以他有把握，决不会碰钉子。正在会议时，忽然接得北京的电报：“内阁传出消息，江西都督李烈钧免职命令，已经发表。”孙先生叹道：“调和甚么，人家已经打得来了。再让步，只有投降。”孙先生立身庄严，向来不说锋芒话，这时候，也是因为愤怒极了。座中激动了陈英士，奋起讲道：“既是如此，我就打急电到江西，教协和赶紧准备，我这里也准备起来。”孙中山先生道：“我即刻到南京去，布置一下。”黄兴说：“打仗的事，你老不要去吧。到万不得已的时候，还是我去。”天仇说：“已经是万不得已的时候了，说去就去。”

第二十八章　南北分裂中之武昌局势

黎元洪向袁递降表　当袁世凯准备南征之日，正黎元洪答应裁兵而尚未实行之时。这时候，湖北的兵力有九镇之多。黎元洪所处的地位，有举足重轻，操纵南北之势。袁世凯出兵江西，非假道武汉不可。假使黎元洪不答应假道，这次战事，就根本打不起来。然而黎元洪并不作此想，他不仅答应假道，他并且披肝沥血，赌咒发愿，向袁世凯表示输诚。其电文有云："元洪惟知服从中央。长江下游，誓死撑柱，决无瞻顾。倘渝此盟，罪在不赦。"他这样赌咒发愿，倒弄得袁世凯于欢喜之余，有些不好意思，也报之以赌誓发愿，表示同盟。其回电有云："世凯若有欺天下之心，利一姓之见，亦罪在不赦。"这两封电报，稳定了武昌和北京的关系，给袁世凯以放胆做去的决心。于是乎立派李纯率师南下，驻满汉口大智门至黄陂、滠口一带。也就是辛亥年他们驻扎的地点。当地的民众，都纷纷逃难，互相警告道："这些队伍，都是前年火烧汉口、占领汉阳、炮打武昌把都督赶跑了的队伍，他们来了，这里还住得人吗。"民众有这样的感想，不知黎洪元作何感想。

杜锡钧奉命办粮台　李烈钧免职，袁世凯命黎元洪兼领江西军务。黎接得电报，心中倒有些惶惶然，惊讶地说："要我兼领江西军务，莫非还要我去打江西吗？"当即电京辞谢，并保欧阳武为江西都督。过了两天，杜锡钧前来解释道："中央的意思，是想借重副总统的威望，好指挥江西的队伍和南下的北军，并不是要副总统到前方打仗的。不过副总统已经明白表示服从中央，此次作战，应该给南下各军以一切给养和军需供应上的便利才是。他们北方将领，想在汉口地方办一个粮台，并且有意思请我担任，我不敢擅自答应他们，特来请示。”黎说：“好哇。你是北方人，而又是汉口镇守使。人地相宜，正好担任此事，你尽可答应他们。他们委任你，我也照例加委就是。”这一委就非同小可。打江西的一笔战费，无形中由汉口民众完全负担起来。前方的一切供应都仰给于汉口粮台，汉口粮台还不是仰给民众？这个时期，经过辛亥兵燹疮痍未复的汉口市场，还是败瓦颓垣，荒凉满目。杜锡钧有所诛求，便打起官腔，找商会谈话。商会岂敢怠慢，因此沿门摊派，罗掘俱穷。他个人的私囊，算是填满了，黎元洪对于袁世凯，算是可以销差了，然而吾民苦矣。

党人在鄂运动失败 袁世凯的南征计划布置就绪后，任段祺瑞为第一军军长，以李纯为先锋，攻打江西；以冯国璋为第二军，张勋为先锋，攻打南京。并密令黎元洪从严约束所部，防有乱党煽惑，危害大局。其时湖北党人詹大悲、季雨霖、蔡济民、吴醒汉、丁人杰、王华国、潘康时、钟仲衡、查光佛，山西温楚珩，湖南蒋翊武、杨王鹏、唐牺支、钟琦，河南刘化欧等，分居于英租界国民党交通部、法租界伊达医院及日租界松乃家等处，奉孙中山先生之命，在鄂图谋大举。领来运动费六十余万元，联络汉阳兵工厂工人及各军队的关系人，约定时期发难。任其事者，多系退伍军人。因此时黎元洪正在举行裁兵，军人无不愤怒，故参加秘密工作，大都奋不顾身，不避艰险。惟因警探防范，极其严密，机关破获甚多，同志的牺牲亦甚大。钟仲衡同志到驻在铁路线之北军营房联络兵士，被侦探捕获，就义于祁家湾车站跟前。又有一姓张的同志，为第六镇统制王安澜之表弟，负责运动该镇，被王安澜察觉，立即杀死。同时汉阳兵工厂工人暴动，被刘庆恩调军警前往，肆行屠戮，遇害者不计其数。由此事机败露，黎元洪乃遍布罗网，捉拿革命党人，并电请北京外交部照会汉口领事团，请将匿居租界之革命党人，引渡归案。首先是英国领事签字，由中国派遣军警，会同英捕房查搜震旦民报馆，即将该报封闭。次由法领事签字，查封民国日报馆，捕去黄九言、曾毅、杨端六诸人。各同志见此情形，知道在英法两租界万难立足。于是住在国民党交通部之温楚珩、杨王鹏、夏述唐、潘康时等和住在伊达医院之詹大悲、蔡济民、吴醒汉等，都迁居于日租界之松迺家。黎元洪所派的侦探们闻讯，都在松迺家跟前，严密地逡巡着。侦探们站在街上，仰望松迺家的楼窗。党人们凭着楼窗，俯视街上的侦探。侦探说："谅你们不敢出来，出来我就捉你。"党人说"谅你不敢进来，进来我就杀你。"松迺家的后门，紧对着日本陆军司令部。部中的书记，名叫久原，与党人颇多认识。他对党人讲："这几天风声更紧，你们到必要时，可以到我们司令部去，那就安全得多了。"果然湖北都督府请求引渡党人的照会，一天严重一天。同志们得到司令部雨仓的许可，由松迺家又迁至司令部。时为七月八日，武汉各处，不少的机关又被军警密侦破获。军法处处决党人，照例是不要证据，不问口供，也不宣布罪状，杀的人难以数计。黄兴住在上海，派宁调元、熊越飞来汉，察看革命运动的情况如何，宁、熊二人到达日本海军司令部时，征尘未拂，喘息未定，即问道："你们运动军队，究竟有无把握?"詹大悲叹道："满盘都失败了。"宁调元怒道："用去这多钱，一点收获没有。其何以对答孙先生!"言毕，拂袖而去。温楚珩阻止道："你到哪里去?"宁道："我等仍回上海。"温说："外面沿路是侦探，太危险了。就算要去，也要向日本人办好交涉，请他想一个安全办法，送上日本兵船，你们才好去。何必如此之急呢?"宁、熊二人，坚决不可。出了司令部，坐着人力车，径往一码头，准备搭太古商船往沪。刚到江边，就被黎元洪的密探拿获，解到军法处，就遇害了。次日，司令部日人雨仓向同志们说："现在搜查更紧，领事团向我们诘责，不许藏匿党人。此地万难久留了，请你们到上海去吧。我负责，保护你们出险。"于是詹大悲、蔡济民、季雨霖等一行十余人，均由日本军队送上岳阳丸，往沪。

谭人凤致黎元洪书　武昌破获机关，湖南人被捕而遇害者，不在少数。谭人凤愤怒至极，有书致黎：

宋卿仁兄鉴：闻公近日专以仇杀湖南人为事，而其被杀之人，不审罪状，不问姓名，概以"乱党"二字加之，立予格毙。此等暗无天日惨无人道之事，即清吏如赵屠户（按：赵尔丰为川省争路案杀人甚多，川人谓之赵屠户）其人者，未闻狠毒至此。

不谓公负忠厚长者之名，又当民国保障人权时代，竟有过之无不及，洵百思而不得其解矣。试问武昌旅馆，禁湖南人居住，旅鄂在公人役，多数命令撤差；岂玉石不分，可一网打尽耶？居处自由权与行动自由权，皆被公剥夺以尽。此等野蛮政策，即施之于渺不相关之秦越人，尚属不可，况辅车相依之两湖乎？公愧偏昏庸，听人播弄。时而曰二次革命，曰三次革命，曰四、五、六，七次革命。自吓吓人，正所谓“天下本无事，庸人自扰之”也。公作威作福，肆虐于我湖南人。试问湖南人何负于湖北？更何负于我公？阳夏之役，救湖北者非湖南人乎？

黎元洪摧残省议会　在赣宁战役结束时，黎元洪之对于省议会，也和袁世凯之对于国会一样，公然致函省议会议长，提出议案，取消詹大悲、梁钟汉、赵鹏飞三人之议员资格，并下命令、发通电，严缉詹、梁、赵三人。越数日，又严令各议员限于三日内登报声明与国民党脱离关系，否则撤除其议员资格。因而汉上各报，增加一笔广告收入，每天报上，必有脱离国民党的启事。其文为：“政党祸国，言之痛心。本人自今日起，脱离国民党关系。特此声明。”千篇一律，都是这样登法。共和国家，乃有此压制议会取缔政党之官吏，真乃咄咄怪事！

第二十九章　南方各省独立之一瞥

易督令陆续发表　李烈钧的免职命令，是六月九日发表的。接着于六月九日，免广东都督胡汉民职，任为西藏宣抚使❶。七月一日又免安徽都督柏文蔚职，改任为陕甘筹边使❷。国民党此时，还是保持退让的态度，没有甚么动作。李烈钧发出蒸电，有“遵令免官”之语，胡汉民发出铣电，有“请授赴藏方略”之语。假使袁世凯放弃武力，采取政治的手腕，来解决南北问题，事变是不会扩大的。但是他军队既已南下，战争具有决心，他肯半途而止吗？当然不会的。他所派的第六师到达江西后，着着进逼，向李烈钧的部队采取攻势，逼得李烈钧退到湖口，遂与其旅长林虎等，于七月十二日通电讨袁，战事便由此开始。

李烈钧孤军苦战　李烈钧于七月十二日，宣告独立。江西省议会，即于十三日开紧急会议，公举李为江西讨袁军总司令，举欧阳武为都督。由李亲往前方督战，扼守湖口炮台。北军进攻不克，死伤无算。卒因放射过多，炮径炸裂，湖口炮台不守。林虎犹督率所部，与北兵作肉搏战，更杀毙敌人不少。由此孤军苦斗，节节退至南昌。至八月十五日，始行放弃。十九日❸，北兵入城，袁世凯电令李纯为江

---

❶　据北洋《政府公报》1913年6月15日第398号，袁世凯任命胡汉民为西藏宣抚使之日期，是6月14日。

❷　据同上公报7日1日第414号，任命柏文蔚为陕甘筹边使之日期，系6月30日。

❸　南昌失守日期，据郭斌佳《民国二次革命史》、许指严《民国十周纪事本末》及北洋《政府公报》1913年8月23日第467号所载袁世凯8日22日“论功行赏”的命令，均记载为8月18日。

西都督，升第六师旅长马继增为第六师师长。团长张敬尧为第六师第十一旅旅长兼南昌卫戍司令。南昌危急时，都督欧阳武逃至吉安青原山为僧，号止戈和尚。被捕解到北京，判处徒刑八年。

安徽独立四天 袁世凯将柏文蔚免职，以孙多森为安徽都督。这位孙多森，是孙毓筠向袁力保的。原来多森在清朝时代曾任直隶劝业道，家中富有资财。毓筠穷苦之时，受过他不少的帮助，所以在皖督任内，保他为中国银行总裁，现又保为都督了。不过他的手下没有一个兵。安徽的几个兵，都被柏文蔚带到南京，做临淮关总司令去了。临走的时候，早布置了安徽独立的事。七月十八日[1]，安徽独立，举胡万泰为都督。此人在辛亥起义的时候，做过皖军总指挥。当时临阵失踪，现在又卷土重来。独立不过四天，眼见得宁赣战争都不顺利，遂于七月二十二日，与孙多森相约逃走，由宪兵营长祁耿寰继任其职。七月二十七日，柏文蔚在南京失败，回到安徽。逃出的胡万泰又重新出现，将柏文蔚赶走，并通电取消独立，宣布柏文蔚五大罪状。安徽的局势，实在太混乱了，南昌不守，也受了连带的影响。

湖南独立十七天 江西独立，湖南就应该立时响应。假若响应得早，就可以与江西、安徽势成犄角，北军万难取胜。但是谭延闿的态度，太模棱了。孙中山先生致黄兴书，有“组安（延闿字）反复于三湘”一语可为明证。詹大悲等在汉口失败走沪时，党中未了事务，交温楚珩办理。其时谭延闿派人来汉，补助党的秘密费，交温楚珩（系银行兑票一纸，数目为五万元），温见事已结束，未及兑出，仍携往湖南，并代表党人公意，敦促湖南独立。温见谭，将兑票奉还，兼述来意。谭叹道：“九江来电，湖口万难守住。湖南独立，还不是同归于尽吗？我想保存实力，以待将来。你年纪很轻，尽可出洋留学。我送你五万元，作为出洋经费何如？”温说：“承都督盛意，此是后话。现在要紧的事，是江西紧急待援。请都督示知。我即刻到上海去，要见孙中山先生，也好回信。”谭说：“此事须从长计议，我一时难以答复。”温退出去，见师长陈复初。陈复初很愤慨地说：“都督太无决断

---

[1] 《东方杂志》第10卷3号（1913年9月1日）中国大事记载，安徽宣布独立之日期为7月17日。郭斌佳《民国二次革命史》谓为7月16日。

了。你放心，见了孙中山先生，就说我负责，马上就宣告独立，出兵援赣。”至七月二十五日，湖口炮台早已失守了，湖南才宣告独立。其时湖南有个小规模的兵工厂，正在赶造械弹。不料被袁世凯买出人来，纵火焚毁。本想出兵，因为有此变故，又停顿下来了。四川第三师长熊克武于八月九日在重庆独立，约湘军会师武汉。其时宁赣战争，已告结束，谭延闿于八月十二日取消独立，熊克武亦辞职下野。袁世凯见湘局已定，又送一个假人情，命黎元洪兼领湖南都督。黎去电辞谢。其时，汤芗铭奉袁命令，率楚有等舰入岳州，黎就此顺水推舟，推荐汤为湖南都督。谭延闿交卸之时，因为有黎元洪代为缓颊，仅褫夺陆军上将衔了事。师长赵恒惕，判三等有期徒刑四年。

陈其美失败离上海　七月上旬，袁世凯派应瑞、肇和诸舰载北兵三营至上海，其团长为臧致平。以海军中将郑汝成为统帅，布置防御事宜。七月十九日，陈英士为讨袁军总司令，黄郛为参谋，在上海举兵独立。二十二日夜半，陈英士、黄郛、居正、钮永建等，率党员多人围攻制造局。郑汝成、李鼎新等逃至海筹兵舰。即从舰上开炮，猛轰吴淞炮台。钮永建以孤军坚守炮台，忍苦支持，卒因弹尽援绝，势难久守，遂交由红十字会接收。陈其美及钮永建、居正等遂离开上海。袁世凯于七月二十五日，任郑汝成为上海镇守使[1]。

南京独立十三天　宋案发生后，袁世凯之攻击国民党，以黄兴为主要目标。其所制造之血光团案，票传的也是黄兴。汉口之改进团案，为首的也是黄兴。袁系将领发出之通电，痛骂的也是黄兴。满以为国民党之反抗中央，主战的非黄兴莫属。哪晓得事实上适得其反，黄自始至终，是迷信法律，反对武力解决之人。直至江西独立，湖口炮响之时，他才恍然于法律不灵，和平绝望了。他才奋袂而起，于七月十五日到达南京。其时程德全为南京都督，绝无独立的准备。诸将涕泣环请，只答应慢慢商量。可是黄兴一到，已经通电誓师。誓词中有“兴无能力，尚有心肝。如得死所，乃所尸祝”等语。立志已决，再无商量余地了。程不得已，即于是日宣布独立。派第八师骑兵团长

[1] 北洋《政府公报》1913年7月29日第442号载，袁世凯任命郑汝成为上海镇守使的日期，是7月28日。

刘镇藩[1]，出发临淮关，任命黄兴为江苏讨袁军总司令，柏文蔚为临淮关总司令。但其时，城内有一部分军队已被袁世凯派人收买了，因而变乱迭起，无法控制，急令扼守临淮关之第八师返宁防守。而在徐州与袁军对垒之冷遹所部，也因后路空虚之故，急于退守临淮关。同时柏文蔚因皖局动摇，势不能不回转安庆，以资镇慑。程德全见局势已坏，与应德闳离开南京。其所有印信，均付托于参谋长杨克明，嘱其代理职务。程去之后，杨即与北军勾结，内应外合，南京焉得不危。七月二十九日，黄兴离开南京，立即由程德全、应德闳二人名义，出示安民，南京就取消独立。袁世凯由京电示："取消独立，不咎既往。"只悬了一道赏格："捉到黄兴者，赏洋十万元；捉到陈其美者，赏洋五万元。"

取消独立再独立　汉口《大江报》被封后，何海鸣逃至上海，住在戴天仇的民权报馆，每天在报上发表社论，声讨袁世凯和黎元洪。宋案发生，他就抛弃笔墨，要从事于革命的实际运动了。南京第八师陈之骥的部下军官和兵士，都是湖南人。何海鸣前往南京，湖南人遇着湖南人，当然亲悦。不过陈之骥的妻子却是冯国璋的女儿，表面上虽然是敌人，实际上究竟有翁婿情谊。冯国璋兵扎浦口，陈之骥兵扎南京，在取消独立期间，难道说翁婿不能会面吗？陈之骥渡江，拜见丈人去了。何海鸣趁此时机，来一个再独立。举陈之骥为都督，而何自任总司令。布告发出后，陈之骥由浦口回城，带着护兵，径往都督府，何海鸣降阶相迎，高呼陈都督万岁。陈问道："何先生，你发动独立，有饷多少？"何答："造币厂有的是饷。"陈问："有兵多少？"何答："我和你同心协力。你的兵，就是我的兵。"陈顾左右道："将他绑了。"何笑道："你我是同志，难道能杀我吗？"陈说："我不杀你，程都督回来了定会杀你。"何海鸣被绑了。可是陈的部下，议论哗然，说："他从前不是主张独立吗？程都督迟疑不决，他不是哭了一场吗？现在见了丈人，就变了样。那可不行。"陈听着风声，晓得事不妙，悄悄地逃出城去，索性地托庇在丈人麾下，不再回营。陈去了，何海鸣松绑了，又来一次再独立。八月十七日，北军进占天堡

[1] 郭斌佳《民国二次革命史》记为刘建藩。

城，民军囊沙为垒，作殊死斗。十九日，又夺回来。第一师的第三团，第八师的二十九团，全部都是湖南人，都是视死如归的勇士。人自为战，天堡城五得五失，血战不懈。直战到最后一人，狮子山炮声寂然，北军才攻进朝阳门。张勋报捷电刚才拟好，攻入朝阳门的辫子兵，又触着地雷而退出了。两军隔着一道厚墙，又连续血战四五天。只杀得尸成山阜，血满沟壕，彼此还相持不下。北军分几路进攻，用地雷轰炸城垣，才把太平门攻破。同时火烧下关，也和辛亥年火烧汉口一样。辫子兵进城时，尚有三三两两口操湘音的兵士，在南门及鼓楼一带，找着辫子兵厮杀。张勋愤怒至极，发下一道命令说："弟兄们，努力吧。进城后三天之内，由你们打'起发'。奸掳烧杀，尽可自由。"辫子兵还待吩咐吗，沿门抢劫，十室九空。可是打了"起发"的兵，逃亡的也不在少数。张勋本人，挨到第四天才摆驾进城，发出安民的布告。这叫做"屠城三日，下令封刀。"

战火中之铁血鸳鸯　程德全临走的时候，不是将都督印信，交给他的参谋长杨克明吗？克明和北军，是有勾结的。黄兴离开南京的那一天，也是因为内部不稳的原故。取消独立，虽然是用的程德全名义，实际上是他的代理人做的。这一件事，他的兄弟克勤，极表反对。回到家中，向新婚的顾爱珠女士讲道："完了，完了。大哥出卖了党，出卖了这一座城。连我们一家在内，都出卖了。大祸临头，此地万不可住，我们到苏州去吧。"爱珠的娘家，为苏州沧浪亭顾宅。克勤想带着家眷，前往岳家居住。克明回来说："苏州是去不得的。沪宁路上，已经发生战争，沿路是兵，如何去得？南京独立，已经取消，转瞬就平安无事了。何必走呢？"克勤怒道："你会投降，我是不投降的。难道留在这里，伸着头颈等敌人来杀吗？"说时，城内乒乒乓乓，到处放起枪来。外间纷纷传说城内兵变，四出纵火。街巷间贴出传单和布告，声明拥护袁大总统，反对革命党军。由此接连两三天，换了两个都督。南京城内，已经陷于混乱的状态。城内鼓角悲鸣，城外烽烟满地。再想迁徙，也来不及。攻破太平门的那天，都督府派来军队，将克明的家小，接到府内去了。因为北军将领，还怕克明靠不住，将他的家小接进去，作为押头。克勤是坚决不去的，将新妇爱珠送到教堂避难。只见街市间逃难的人民，纷纷如蚁。孩啼妇哭，惨不忍闻。传言临时都督早已逃走了，张勋所率的辫子兵已经进城了。沿路见人便杀，见财便抢，见妇女便掳。随便地闯入民家，在卧房里面开起烟灯，三个五个地横躺着。妇女受其蹂躏致死的，不在少数，秦淮河里，到处漂着妇女的死尸。克勤夫妇，在教堂住了两三天，听说张勋进城，出了安民的布告，街上可以走路。爱珠因为教堂太不方便，同克勤回到家中。次日克明的马弁，带着一个北兵，说克明请克勤谈话。克勤不去，但是有北兵逼着，势不能不去。一去之后，两天不见回来。爱珠着急得很，着厨司黄恩前去打听。黄恩打听回来，报道："二老爷并没到都督府，大老爷也不曾请他。听得鼓楼刘公馆的大司夫讲，二老爷被杨升和北兵扭到成贤街的竹林里头，一刀杀死。"爱珠听说，晕倒在地。正在哭泣时，克明带着卫队回来，问明情形，向爱珠安慰道："这是纷乱中常有的事。你不要过于伤心吧。"爱珠也勉强忍着悲哀，不再啼哭。讲道："他要是跟着大哥一路，就不会出这大的乱子了。"克明道："是呀。这也只怪二弟的性情过于倔强，我何曾没劝过他?"说到这里，向杨升吩咐道："你快去买一口大棺木，好去收殓二老爷。"爱珠道："慢着。我还有话同你讲。"一言未了，从怀中搜出手枪把杨升打死。接着，又向着克明放了一枪，但是没有命中，打碎了春台上的一架自鸣钟。最后，又反手自击，登时死在地上。克明并不悲伤，立即操笔作书，命卫士送呈张勋。其文道："绍公大师钧鉴：职归家省亲，突遭重变。缘因胞弟克勤，曾任前都督参议，与乱党关系甚深。弟妇爱珠，亦同恶相济。其同谋作乱，自在意中。职归家细心考查，果查得渠等谋乱情事。业经分别处死，以遏乱萌"等语。可是他虽然这样邀功，还是不能博得北洋军人的信任。张勋做了都督，他终于被撤解职，到上海做寓公。不久被党人刺死，为克勤夫妇复仇。所得的收场，也不过如此而已。

张勋之明升暗降 辫子兵进南京城，气焰熏天，横冲直撞。混乱之中，杀伤了三个日本人。袁世凯怕得罪了主子，特派李盛铎前往南京查办此事。李与张为同乡，当然是替他回护的。不过日本驻华的山座公使不肯答应，说非将张勋撤换决不罢休，并且要张着上将服装，带兵九百人到驻宁日领事馆举枪谢罪。张勋不敢怠慢，照样而行。袁世凯原定南京都督一席是要给冯国璋的。这时候，正好借"外交"为名，将张撤换。张说：“宫保不要我干吗？我这功名，是性命拼出来的。”袁世凯又怕得罪他，派段芝贵、钱能训二人，向张疏通，授以长江巡阅使名义，他才答应。于是乎张勋撤职，以冯国璋为江苏都督。

亡命后之党人生活 上海、南京失败后，党人多匿居于租界。袁政府照会上海领事团，列举其所谓乱党重要分子，计为黄兴、李烈钧、陈其美、柏文蔚、钮永建、刘福彪、白逾桓、居正八人，领事团签字许可了。孙中山先生与黄兴等，均于八月上旬东渡。在国内势难立足的党人亦陆续东渡。孙中山先生到东京后，住在头山满的家中。命田梓琴在芝区琴平町组一机关，以容纳无住处的党人，名曰“大田公寓”。又将武人集合于大森，聘日本武官，教授战术，名曰“浩然学舍”。将文人集合于神田，聘日本博士教授政治法律，名曰“政治学校”。更组织一民国杂志社，为党的言论机关。所有经费，都是由孙先生筹措的。孙先生以讨袁失败，由于党纪不严，团结不固，谋改组为中华革命党，陈英士首先赞同。但党中有一部分，欲拥黄兴为领袖，组织欧事研究会。后来的政学系，即多属于这一派。他们尽管分化，孙先生则一视同仁，毫不歧视。其精神之伟大，于此可见。党人个个都穷，因为辛亥革命后党人之任官职者，未闻有贪污情事，焉得而不穷。但是有孙先生维持，虽穷而不至于断绝生活。最感痛苦的，是内地秘密工作的党人，行动既不能自由，生活又完全无着。故在上海、汉口、广州各处，三三两两，伏处在鸽子笼式的小屋中，以一枚烧饼度日者，各处都有。稍一不慎，便会被侦探捉去，或监禁，或杀头。党人的生命，哪里还有保障呢。

第三十章　袁世凯完成武力统一

逮捕国民党议员　赣宁之役告一结束，南方各省，都安置了袁系的私人。于是袁世凯捻髯而笑道："今而后，南人不复反矣。"不过国民党的武力虽然都被铲除，而国会的势力，依然存在。此时总统尚未选举，想解散国会，势不可能。于是再想方法，来致力于国会的控制。自宋案发生后，国民党议员，分为激烈与稳健两派。稳健派主张依据法律，制成完密的宪法，以束缚袁世凯的政治行动；激烈派以为口头竞争，空谈无补，因而相率南下，举兵讨袁。故湖口作战时，张继及白逾桓等早已南下。留京的重要分子，仅有吴景濂、李肇甫、张耀曾、谷钟秀诸人。京师总检察厅写信给代理国民党理事长吴景濂，须从速取消黄兴、李烈钧、柏文蔚、陈其美等党籍，否则就认为是乱党机关，立予封闭。吴景濂唯唯听命，始得无事。然而八月二十七日，袁世凯仍以串通乱党为词，逮捕国民党议员朱念祖、张我华、丁象谦、高荫藻、常恒芳、褚辅成、刘恩格等七人及政友会议员赵世钰。因此两院议员，提出质问案；世凯置之不理。九月三日，参议院选举议长，国民党提王正廷，进步党提王家襄。王家襄以一百十一票对王正廷九十三票当选。国民党的衰象，至此已暴露无遗了。

宪委会之党籍比较　民国《临时约法》，规定制宪大权操诸国会。是以第一届正式国会开会后，即以制宪为唯一天职。虽在南北交战期间，而宪法起草委员会，仍于七月初旬积极进行。及各路讨袁军相继失败，更欲据宪法起草委员会，孤军奋斗，以期得到法律的胜利。兹将六十名委员中之党籍人数，列举于下：

甲、参议院

一、国民党议员：计为汤漪、杨永泰、宋渊源、朱兆莘、高家骥、蒋曾焕、段世源、金永昌、张我华、蒋举清、吕志清、向乃祺、金兆棪、王鑫润等十四人。

二、进步党议员：计为王家襄、丁世峄、蓝公武、曹汝霖、陆宗舆、王揖唐、解树强、陈铭鉴、阿穆尔宁奎、陈善等十人。

三、政友会议员：计为赵世钰、王用宾、石德纯、金鼎勋等四人。

四、新共和党议员：计为饶应铭、车林桑多布二人。

乙、众议院

一、国民党议员：计为张耀曾、李肇甫、伍朝枢、易宗夔、褚辅成、彭允彝、谷钟秀、孙润宇、孙钟、杨铭源、徐秀钧、刘恩格、陈景南、李芳等十四人。

二、进步党议员：计为汪荣宝、刘崇祐、王印川、李国珍、汪彭年、王敬芳、李庆芳、孟森、张国溶共九人。

三、政友会：史泽咸一人。

四、超然社议员：夏同龢一人。

上列六十人中，反对政府者，为国民党、政友会、超然社三派的委员共计三十四人。赞成政府者，为进步党、新共和两派的委员共计二十六人。又七月二日，选举参议院十五名与众议院十八名为候补委员。国民党籍又占半数以上。照这样看来，国民党虽说衰颓，而国会存在的力量，还占优势。因此在大选以前，袁世凯是很费踌躇的，故有逮捕议员八人之事。

进步党内部之分化　自从共和、民主、统一三党合并为进步党后，汤化龙以少数的民主党，取得议长地位。同时进步党的职员，民主党又占多数。因而旧共和党中的民社派，如张伯烈、郑万瞻、彭介石、胡鄂公等，甚为愤慨。提出反对的理由：一、少数的民主党，违背合并原则，垄断进步党的权利。二、共和党开最后协议，系少数出席者独断决议合并。三、共和党隐匿黎元洪及湖北共和党支部请求履行合并原约的电报。持此理由，宣言脱离进步党，仍守共和党名义。

是为新共和党，计与统一党之黄金鹏、吴宗慈、王湘等联合，共四十余人。不过共和党的主张并不变更，还是拥护袁世凯为总统，以反对国民党。所以他们尽管脱离进步党，进步党并不感慌恐，这是因为于大选没有影响的原故。

选举大总统之怪现象 赣宁战事终结后，熊希龄出组内阁。国民党的稳健派，竟与进步党提携，进步党亦感觉两党有提携的必要，表示竭诚接受。袁世凯睹此情形，恐中了国民党的离间之计，势将不利于己，乃嘱其秘书长梁士诒别组一有力的御用党，以压抑之。梁氏顺从意旨，因与李庆芳一派的议员同志会司徒颖、黄胄九之潜社，及集益社等小政团，于九月十八日合组为公民党，以适应大总统选举的要求。除用金钱收买而外，并以威力压迫之。十月六日，举行总统选举会，袁世凯授意军警及侦探，化装为公民团，由宣武门至众议院，包围得水泄不通。所有议员，只许进不许出，以免人数不足而流产。那些假公民，高声呼道："不选出我们愿意的大总统，你们休想出院。"议员们被围得没有饭吃，饥火和怒火在肚里燃烧着，连选两次，都是流产。议员共七百五十九人，第一次投票，袁世凯得四百七十一票，黎得一百五十四票，伍廷芳、孙文也有几票，因票数都不合法定，流产。第二次，袁得四百九十七票，黎得一百六十二票，仍然不足法定票数。第三次，袁才以五百零七票，当选为大总统。次日，黎元洪得六百十票，当选为副总统。本来都是压迫选出来的，公民党却因此立功，遂为后来的交通系，打下基础。其党中干部，为李庆芳、梅光远、权量、陆梦熊诸人。

回光反照的民宪党 自公民党组织成功以后，国民、进步两党，感受刺激甚深，更进一步，谋相互的提携，遂于十月二十一日，举行民宪党的创立会。计国民党的议员为张耀曾、谷钟秀、汤漪、孙润宇、杨永泰、张治祥、钟才宏等，进步党为丁世峄、李国珍、蓝公武、刘崇祐、汪彭年、解树强，各脱离其所属的原有党籍，而并为民宪党。其余之国民党议员，有主张解散国民党而悉合并于民宪党者，有主张不抛弃国民党之光荣历史与名义者；争论结果，卒依吴景濂、李肇甫诸人的主张，维持国民党名义，而与民宪党相联络。

袁世凯解散国会 袁世凯是早就想解散国会的，因为总统一席，尚未到手，所以忍耐着。及至总统选出，这一个呱呱堕地的产儿，就不问身从何处来，而要学鸱枭之食母高飞了。其时湖北内务司长阮毓崧到总统府谢委，袁问道："你几时到差呢?"阮答道："我是湖北第二区的候补众议员。现在有空缺出来，应该由毓崧递补，正要向总统请示。"袁道："做内务司长多好；为甚么要当议员，那一班议员是甚么东西，我马上要办他们。你还是回湖北上任去吧。"十一月四日，先下解散国民党的命令，粤籍议员伍汉持在天津被枪毙了。同日有军警三百余人，包围顺治门外彰仪门大街国民党本部，追缴国民党证章及党证。五日，军警包围参众两院，追缴议员证章四百三十八件。议员离京要五人作担保，保其日后不得反对政府。但是候补议员，仍以国民党为多，为斩草除根计，非进一步解散国会不可；袁又通电各省，借口民党捣乱及宪法之不适国情，限于五日内呈复意见。各省疆吏当然以袁的意见为意见，所回的电，都主张取消政党，解散国会。汤化龙和梁启超前往谒袁，请缓下令；袁默然。他们去见内阁总理熊希龄，主张内阁总辞职，以阻止下令；熊也默然。去谒黎元洪，请其主张公道；黎更是默然。实则国民党的议员，都取消了，根本就不能开会。十一月十五日，由参议院议长吴景濂、众议院议长汤化龙署名，正式宣告停会，国会就无形解散了。

黎元洪离鄂赴京 由一九一一年十月十日，即武昌起义、建国共和之日起，至一九一三年十一月十五日国会解散，共和告终之日止，这两年零三十五日期间，吾鄂为革命而牺牲的同志该有多少。算是输出了成千成万革命人民的血，培植了一个反革命的黎元洪。黎元洪离鄂进京的时候，正是辛亥年火烧汉口、攻陷汉阳、炮打武昌的袁世凯终于以武力消灭革命党，完成其统一与独裁的一天。凡属鄂省军政党一切问题，为袁世凯所企图解决的，都不劳袁世凯费丝毫之力，由黎元洪代为解决了。黎元洪此次进京，当然是踌躇满志的。不过他是湖北人，生于斯，长于斯，歌于斯，哭于斯，聚族于斯，而且服官于斯。一旦离开故乡，少不得在报上发表文字，作为对于父老昆季姊妹的临别赠言。因而触动了湖北人的悲哀，在当时《大汉报》的楚社日刊上，题诗送别。这一首诗，名曰楚狂之歌。是由湖北人蔡寄鸥执笔，体会着湖北人一般的心情而挥泪写出的，歌曰：

我本楚狂人，狂歌声欲嘶。学为泽畔吟，放浪武昌矶。俛仰叹今古，楚人其殆而；昆季不相亲，安望相扶持。昔日有伍员，去国泪如丝。中途遇良友，把酒哀别离；复楚与存楚，意见竟分歧。昔有屈大夫，秉笔作骚词。忠也而获谤，信也而见疑；至今汨罗水，呜咽不胜悲。昔日有陈胜，揭竿举义旗，其徒曰吴广，患难本相依；胡为功未成，背道各分驰，三户可亡秦，独力宁能支。昔日有项羽，拔山山可移。子弟八千人，临去不相随。可怜垓下死，只有一虞姬；四面皆楚歌，英雄泪满衣。昔有陈友谅，相从徐寿辉，起义天目山，勋望何巍巍。胡为君与臣，自己相诛夷；不及牧牛郎，犹能创国基。上下数千年，吾楚忒颠危；往者不可谏，来者犹可追。谁欤在武昌，平地一声雷；大哉黎宋卿，帐前多健儿。拔剑不相下，天颜讵敢违。功狗既当烹，功人安可为。瞻望鹦鹉洲，芳草何萋萋；瞻望黄鹤楼，笛声何凄其。古人不可见，神仙不可跻。万骨皆枯槁，荒凉六大堆（阳夏辛亥战役，无名英雄之墓曰“六大堆”）。一将功已成，掉头去不归。哀哉我楚人，犹自醉如泥。沐猴不可冠，井蛙不可窥。拔剑仰天啸，作此楚狂诗。

这一首诗歌当时登在报上，是一纸风行的。黎元洪读之不知作何感想。他走的时候，曾派其参谋长金永炎代理都督职务。是打算保留这一地位，以便卷土重来的。哪晓得段祺瑞来了，金永炎小心迎候，一见面，段祺瑞就开口问道：“副总统待你不错，你为何不随从副总统一同进京呢?”这就是讽令金永炎离鄂的表示。接着，袁世凯下令，任段芝贵为湖北都督，也就是阻止黎元洪回鄂的表示。由此，黎元洪就一去不复返了。他到京之时，袁派自己所乘的金漆朱轮双马车接他，这辆马车，就是壬子八月用以迎接孙中山先生的。并规定副总统月俸一万元，每月公费二万元，待遇也算得优厚。并由汤化龙作介绍，以黎的少女配袁的少子，结成了儿女亲家。黎所住的地方，正是清那拉氏幽禁载湉的所在，名叫瀛台。黎也受宠若惊，大有此间乐不复思乡的意思，因于十二月十九日，呈辞鄂督兼职。呈辞中有云：“元洪屡觐钧颜，仰承优遇。恩逾于骨肉，礼渥于上宾。推心则山雪皆融，握手则池冰为泮。驰惶靡措，诚服无涯”等语。不过待遇虽然优厚，行动却不自由。黎后来感觉沉闷，求袁给以答谢各国承认民国专使名义，借以周游各国。袁恐其脱去樊笼，吝而不与。可见黎在京所处的地位，也和清末载湉一样，不过是坐的高等监牢而已。

附　　录

参考书目

湖北革命实见记（胡石庵著）
湖北革命知之录（张难先著）
六君子传（湖南陶菊隐著）
辛亥割记（居正著）
武昌首义纪实（李廉方著）
六十谈往（胡祖舜著）
鄂之镜（纪直夫著）
美国侵华史（刘大年著）
辛亥革命先著记（杨玉如著）
辛亥革命纪实（吴醒汉作）
血史（胡庵石著）
开国实录（胡祖舜著）
东方杂志国内大事记（上海出版）
文学社武昌首义纪实（章裕昆著）
国光新闻（北京出版）
民立报（上海出版）
震旦民报（汉口出版）
民国日报（汉口出版）
大江报（汉口出版）
武汉阳秋（查光佛著）
武昌两日记（龚侠初著）
革命闲话（田桐著）
辛亥革命之列强态度（王光祈译）
民国政党史（湖南谢彬作）
民权素（王双热编）
梅川日记（居正著）
驴背集（胡思敬著）
张文襄治鄂记（张春霆著）
张文襄奏议初编
满清宫闱秘史
马上女儿传（胡石庵著）
谭嗣同传（唐拂尘作）
民报（日本东京出版）
大汉报楚社日刊（汉口出版）
民心报（武昌出版）
中华民国公报（武昌出版）
群报（武昌出版）

近代史資料专刊

鸦片战争时期思想史资料选辑
太平天国资料
太平天国文献史料集
太平军北伐资料选编
山东义和团案卷（上、下）
义和团史料（上、下）
筹笔偶存
庚子纪事
杨儒庚辛存稿
辛亥革命先著记
鄂州血史
云南杂志选辑
云南贵州辛亥革命资料
辛亥革命资料类编
华侨与辛亥革命
徐树铮电镐
一九一九年南北议和资料
秘笈录存
五四爱国运动（上、下）
五四运动回忆录
陆海军大元帅大本营公报选编
陕甘宁边区参议会文献汇辑

近代史資料专刊（22 种 25 册）由知识产权出版社 全国百佳图书出版单位 结集出版。